中国道路的哲学形态

——首届中国哲学家论坛文集

赵剑英　主编

THE PHILOSOPHY FORM OF CHINESE PATH:
PROCEEDINGS OF THE FIRST FORUM OF
CHINESE PHILOSOPHERS

中国社会科学出版社

图书在版编目（CIP）数据

中国道路的哲学形态：首届中国哲学家论坛文集／赵剑英主编.—北京：中国社会科学出版社，2020.9（2020.12 重印）

ISBN 978 – 7 – 5203 – 6693 – 9

Ⅰ.①中…　Ⅱ.①赵…　Ⅲ.①中国特色社会主义—哲学—文集
Ⅳ.①D616 – 02

中国版本图书馆 CIP 数据核字（2020）第 167289 号

出 版 人	赵剑英	
责任编辑	王　琪	
责任校对	杨　林	
责任印制	王　超	

出　　　版	中国社会科学出版社
社　　　址	北京鼓楼西大街甲 158 号
邮　　　编	100720
网　　　址	http://www.csspw.cn
发 行 部	010 – 84083685
门 市 部	010 – 84029450
经　　　销	新华书店及其他书店
印刷装订	北京君升印刷有限公司
版　　　次	2020 年 9 月第 1 版
印　　　次	2020 年 12 月第 2 次印刷
开　　　本	710 × 1000　1/16
印　　　张	18
字　　　数	245 千字
定　　　价	128.00 元

首届中国哲学家论坛专家合影（2019 年 10 月，浙江·萧山）

前　言

中国道路催生当代中国哲学形态

赵剑英*

　　中华人民共和国成立70年来，中国共产党领导中国人民经过坚持不懈的接续奋斗，实现了伟大的历史性变革，取得了辉煌的发展成就。这一伟大变革和成就用一句话概括就是"近代以来久经磨难的中华民族迎来了从站起来、富起来到强起来的伟大飞跃，迎来了实现中华民族伟大复兴的光明前景"。这一伟大变革与成就充分证明了中国道路的正确性、中国理论的科学性和中国制度的优越性，彰显了中华文化的先进性，也体现出当代中国哲学的智慧和力量。

　　70年来中国经济社会发展之所以取得如此大的成就，特别是改革开放以来我们所走出的中国特色社会主义道路之所以成功，不是偶然的，而是有其历史必然性和合理性的，它表明中国共产党带领中国人民一定做对了什么，从哲学上讲，我们一定是掌握了事物发展的"道"，"道"就是事物存在发展的内在逻辑和规律性。中国道路之所以取得如此辉煌的成就，必定有其内在规律，这个内在规律或逻辑的最高境界、最高层次或者是最基本的道理就是哲学。

　　哲学是时代精神的精华。马克思主义哲学更是揭示了自然、社

　　* 赵剑英，中国社会科学出版社党委书记、社长，南开大学—中国社会科学院大学21世纪马克思主义研究院特聘教授，中国历史唯物主义学会副会长，中国特色社会主义理论研究会副会长。

会和人类思维的一般规律，是科学的世界观和方法论。历代中国共产党人都非常重视马克思主义哲学对推动社会发展和历史进步的重要作用，习近平总书记多次强调，全党都要加强对马克思主义哲学的学习和运用，"努力把马克思主义哲学作为自己的看家本领"。70年来，哲学在中国共产党带领中国人民进行的革命、建设和改革的伟大实践中发挥着不可替代的作用，特别是在面临何去何从的重大历史抉择的关口，对于思想解放和理论创新、实践创新发挥着重要的引领作用，哲学本身也在应对时代之问中不断获得创新发展。在新时代，面对百年未有之大变局，面对全球化、信息化、多样化、多极化等时代特点和错综复杂的国际国内形势，在奔向民族复兴的征程上，我们哲学家的一个重要使命与任务就是要提炼并丰富中国道路的哲学形态，为民族伟大复兴提供哲学智慧和精神支撑与引领。

　　面对当代中国实践经验和当代中国哲学观念的变革，西方的理论是缺乏解释效应的，用中国理论阐释中国实践，立足中国实践升华中国理论，建构属于我们自己的、原创性的当代中国哲学形态和话语体系成为时代之必需，中华民族复兴之必需。这一问题在世纪之交就已提出，如德高望重的高清海先生在 2004 年就提出："中华民族的未来发展需要有自己的哲学理论。"中国特色社会主义进入新时代，建构当代中国哲学形态更加紧迫，一方面，新时代中国特色社会主义的发展亟须哲学理论支撑，中华民族的复兴理应包含中华民族的文化复兴和哲学复兴；另一方面，中国特色哲学社会科学"三大体系"建设也迫切需要哲学这一反思理论的启发和滋养。构建当代中国哲学形态是当代中国哲学工作者的重大历史使命和艰巨任务，需要中国的哲学家们做出不懈的努力。

　　当前，构建当代中国哲学形态的时机已经成熟，可以说，这是一个需要建构我们自己的哲学理论并能够建构我们自己的哲学理论的时代。从实践层面上看，经过 40 多年的持续快速发展，中国特色社会主义道路、理论、制度趋于成熟，中国特色社会主义道路自信、理论自信、制度自信和文化自信日益彰显，实现现代化的"中国方案"越来越受到世界各国特别是发展中国家的关注和认同，这些都为当代中国哲学形态的提出和构建奠定了坚实的现实基础。从理论层面来看，70 年来的社会主义建设实践特别是改革开放 40 多年来中国哲学研究可以说已经完成了许多基础性研究工作，学术积累和准备工作已较规范和厚实。具体表现在：一是回溯和重读马克思、恩格斯经典文本，厘清马克思主义哲学的基本原理和主要观点，深入把握其本真形态和精神实质。二是对中国传统哲学具有现代性的思想资源进行深掘，并开始加以创造性地转换。特别是在贯通马克思主义与中国优秀传统文化之间的关系上取得了重要的思想成果。三是充分地借鉴和吸收现代西方哲学的合理、优秀思想因素，对西方哲学的研究在很多方面已经跟上前沿。四是近 10 多年来中国哲学西方哲学和马克思主义哲学之间一直进行着对话和交流讨论，探讨当代中国哲学形态的建构问题，形成了许多富有创见的思想资源。五是对全球化条件下的中国特色社会主义实践经验进行概括和总结，不断进行理论创新，形成了一系列丰富的理论成果，特别是党的十八大以来形成了习近平新时代中国特色社会主义思想，开辟了马克思主义哲学新境界，这一新思想推动了当代中国哲学的综合创新，为建立以马克思主义哲学为主导和灵魂的当代中国哲学新形态提供了指引。总之，无论在现实层面，还是在理论层面，构建当代中国哲学形态都已具备了很好的条件。

新时代构建当代中国哲学形态，要注重中国特色社会主义与西方资本主义之间的比较，从比较的视野发掘中国国家治理的哲学智慧。比如，与西方资本主义国家相比，中国具有强大的国家治理能力，能够集中精力办大事，这是我们的一大优势。但是我们在经济社会发展取得巨大成就的同时也存在一些不足，集中地表现为发展的不平衡性和不充分性，不能满足人民日益增长的美好生活需要和促进人的全面发展。正如党的十九大报告指出的："人民美好生活需要日益广泛，不仅对物质文化生活提出了更高要求，而且在民主、法治、公平、正义、安全、环境等方面的要求日益增长。"我们要在继续推动发展的基础上，着力解决好发展不平衡不充分问题，大力提升发展质量和效益，更好地满足人民在经济、政治、文化、社会、生态等方面日益增长的需要，更好地促进人的自由全面发展、社会全面进步。用哲学话语表达就是，我们要坚持马克思主义真理原则和价值原则相统一，把实事求是和人的全面自由发展的哲学观念贯穿到国家治理和经济社会发展中。

（本文根据作者在首届中国哲学家论坛上的发言稿整理而成）

目　录

发扬光大中国古代哲学优秀传统，推进当代中国马克思主义哲学新发展

——在首届中国哲学家论坛上的讲话

王伟光

王伟光，中国社会科学院大学教授，南开大学终身教授，中国辩证唯物主义研究会会长

非常高兴与各位老朋友、老师和同事们相聚在萧山。临来时，赵剑英同志问我，要不要准备讲话稿，我回答不要稿子了。今天就打了个腹稿，谈些随感吧。

首先感谢萧山区委、区政府的大力支持，为我们提供了良好的开会条件。区委书记因事到外地，区长刚上任就代表区委、区政府出席了今天的会议，充分说明区委、区政府对这次会议的重视，更加体现了对哲学的重视，我提议请大家鼓掌表示感谢。

今天的会是哲人盛会，高朋满座。研究哲学的人，自称哲学家可能显得不自量，但可以自称爱哲学的人。古人言，"山不在高，有仙则名。水不在深，有龙则灵"。萧山山不高、湖不深，我们的哲学论坛人不太多、会议规模也不太大，充其量也就是个小小的座谈会，但来的同事们皆为当代中国知名的哲学学者。可以说，人不在多，会不在大，会议成功与否，关键在于在座各位能否碰撞出哲学思想的火花，倘若能闪烁出思想的火花，会议开得就有价值。

会议选址在萧山，萧山取名于其周边的萧然山，是历史厚重、人文荟萃的地方。据说8000年前这里就有了人类文明，为跨湖桥文化。至于8000年前跨湖桥文化能不能成立，尚待考古学家们论证。但据说越王勾践曾在此活动，在萧然山上遗留有越王城。相传萧然山取名与越王勾践有关系。越王勾践为吴王夫差战败，败后神情萧然，即缺乏生气、寂寞冷落、若有所思的样子。越王驻跸此山故取名萧然山。越王勾践在萧然山卧薪尝胆，最后终于灭掉吴国，这是2500年前的事情了。唐代著名诗人贺知章大概也是萧山一带的人。"少小离家老大回，乡音无改鬓毛衰。儿童相见不相识，笑问客从何处来"，这是他《回乡偶书》的第一首。第二首为"离别家乡岁月多，近来人事半消磨。唯有门前镜湖水，春风不改旧时波"。镜湖为古名，今为鉴湖，萧山的湖水也应为鉴湖水系，说明诗人就是这一带的人。萧山距东晋著名书法家王羲之名震天下的"天下第一行书"《兰亭集序》挥笔成就的地方颇近。东晋穆帝永和九年（353）三月初三，阳光明媚、风和日丽，王羲之与谢安、孙绰等东晋名士在山阴兰亭，也就是当今绍兴兰亭饮酒赋诗唱歌，众位一共作了 37 首诗汇，编成集，请王羲之作序，王羲之畅意挥毫、一气呵成《兰亭集序》。看来萧山这一带乃为名人荟萃、文采聚生的地方。萧山给我们的哲学论坛增添了厚重的人文色彩，我们在这里热议哲学问题，也会受到浓厚的人文历史熏陶吧。

刚才赵剑英同志致辞时，谈到哲学的重要性。我就赵剑英同志的话题对哲学的功能问题再谈谈我的看法。我在北大读书时，十分崇拜讲授古希腊哲学的老师王太庆先生。他授课不用讲稿，手握一本古希腊哲学家的专著，如柏拉图的《理想国》，一边念原文，一边用中文翻译讲给学生听。下课铃声一响，他把书一合、夹一书签留作标志，下堂课接着讲。我记得十分清楚，他讲了一段古希腊哲学家的故事，很能说明哲学的功能：

古希腊早期有个著名的哲学家泰勒斯（约公元前 624—前 547 年），专门研究哲学、宇宙和星空。有一天他散步时仰望晴空，研究宇宙大学问，一不留神掉到坑里了，跟在他身边的女奴嘲笑他："您还是哲学家，还是聪明的人，是研究宇宙的，掉在坑里都不知道。"但是泰勒斯并不把这句话当回事，依然研究宇宙、研究哲学。他办了一件很了不起的大事。有一年整个希腊种植了很多橄榄树，他通过观察宇宙，发现橄榄要丰收，就把希腊榨橄榄油的机器全部买断，果然当年橄榄大丰收，都要到他那儿榨油，他发了大财。另一位古希腊哲学家亚里士多德（公元前 384—前 322 年）为泰勒斯辩护说："学哲学的人可以一不小心掉进坑里，但不学哲学的人本来就在坑里，从来没有出过坑，也不知道坑外是什么样子。"中国有句成语"井底之蛙，坐井观天"。如果不了解世界上的大道理，不懂得科学的世界观或宇宙观，就永远生活在坑里，只能坐井观天，不晓得天下的事情。看来哲学家由于懂哲学，研究宇宙大学问，不是不会办事，而是观大势、办大事。

"哲学"一词，除个别语言之外，全世界大多语言发音都是从英语"philoshofy"而来的。英语发音是从哪里来的？是从古希腊语发音来的，古希腊语"哲学"是由两个词根组成，第一个词根是"爱"，第二个词根是"智慧"，两个词根结合在一起，是"爱智慧"的意思。古希腊大哲学家，同时也是大数学家的毕达哥拉斯（约公元前580—前490年）说："我不是一个智者，我是一个爱智慧的人。"当然，这是一句自谦的话。严格来讲，在古希腊人看来，哲学家是智者，是充满智慧的人，哲学是专门研究智慧的学问。在中文里，哲学这两个字翻译得很贴切，哲就是哲理，就是使人变聪明的道理，哲学就是使人变聪明的学问，哲学家就是深谙哲理的人。正如习近平总书记所说的那样："哲学是人类的智慧之学。"① 那么哲学有什么用呢？可以说，哲学不像其他各门学问，如物理、化学、生物、数学等，都有专门的用处。比如，学建筑的，可以设计房子、建筑房子；学医的，可以给人治病。学哲学的既不会盖房子，又不会看病……没有什么专门的用处。

哲学到底有什么用呢？从王太庆老师讲的故事可以看清楚哲学的功能，哲学没有专门的用处，却有大用处，这个大用处就是研究宇宙、研究自然、研究世界、研究社会，研究人的思维的最一般规律，从而得出对整个自然、整个人类社会、整个人类思维发展最一

---

① 《习近平总书记系列重要讲话读本》，学习出版社、人民出版社2014年版，第174页。

般规律的总看法。也就是说，哲学是研究世界观的大学问，如果懂得了关于整个世界的大学问，就可以办大事，也可以办成大事。

哲学是时代精神的精华。恩格斯说："一个民族想要站在科学的最高峰，就一刻也不能没有理论思维。"① 一个民族如果缺乏哲学思维，是没有希望、没有前途的。中华文明之所以连绵不断发展到今天，再创世界辉煌，其中一个重要文化原因，就是中华民族拥有一脉相承的哲学思维的优秀传统。今天我们的会议共商"哲学之是"大有必要。

我们党一贯重视领导干部学哲学、用哲学。从毛泽东、邓小平、江泽民、胡锦涛到习近平都大力倡导领导干部学好哲学、用好哲学。习近平总书记高度重视领导干部学好哲学、用好哲学。他组织政治局两次集体学习辩证唯物主义和历史唯物主义。《求是》杂志 2019年第 1 期发表的习近平总书记的文章《辩证唯物主义是中国共产党人的世界观和方法论》，就是他在政治局集体学习辩证唯物主义的讲话。他反复强调："我们党自成立起就高度重视思想上建党，其中十分重要的一条就是坚持用马克思主义哲学教育和武装全党。学哲学、用哲学，是我们党的一个好传统。"② "学习党的基本理论，掌握马克思主义立场观点方法，以此作为政治上的望远镜和显微镜。"③ "现在的领导干部不少人受过专业训练，不缺乏专门知识，但其中的很多人不懂哲学，不善于辩证思考，很需要在思想方法和工作方法上提高一步。"④ "必须不断接受马克思主义哲学智慧的滋养，更加

① 《马克思恩格斯选集》第 3 卷，人民出版社 1995 年版，第 467 页。

② 习近平：《推动全党学习和掌握历史唯物主义　更好认识规律更加能动地推进工作》，《人民日报》2013 年 12 月 5 日第 1 版。

③ 《中央党校举行 2010 年春季学期第二批入学学员开学典礼——习近平出席并讲话》，《人民日报》2010 年 5 月 13 日第 4 版。

④ 习近平：《在中央党校 2009 年春季学期第二批进修班暨专题研讨班开学典礼上的讲话》，《学习时报》2009 年 5 月 18 日第 1 版。

自觉地坚持和运用辩证唯物主义世界观和方法论。"① "党的各级领导干部特别是高级干部，要原原本本学习和研读经典著作，努力把马克思主义哲学作为自己的看家本领。"② 陈云有一句话概括得既准确又通俗易懂："学习哲学可以使人开窍，学好哲学，终身受用。"③ 这些都说明学习掌握哲学思维、学习掌握马克思主义哲学的极端重要性。我们一定要发扬光大中华优秀传统哲学和马克思主义哲学，这是我们当代哲人的初心和使命。

刚才赵剑英同志说，我们在萧山召开了首届中国哲学家论坛，应该还有第二届、第三届，在座的各位老师都是发起人，以后每一年或两年都要聚一下，讨论重大哲学问题。我同赵剑英同志商量，建议在萧山或其他地方创造条件建立一个中国哲学院或中国哲学学院、中国哲学书院，让当代中国哲学界的专家学者经常相聚；也可以搞一个中国哲学家纪念馆，纪念在中国哲学史上留下闪光之处的哲学家。如果建在萧山，也为萧山这座千年古城增添文化色彩。此其一。其二，建议继续举办中国哲学论坛，多年前十几个中国哲学学会在海南省海口市共同发起了中国哲学论坛，为第一届。中国社会科学院哲学研究所与上海研究院准备联合十几个中国哲学学会，共同筹办第二届中国哲学论坛。上海研究院是中国社会科学院与上海人民政府共同发起成立的研究机构，上海市人民政府每年支持经费6000万元。可以考虑设立一个常设机构，譬如中国哲学论坛组委会，把中国哲学论坛长期办起来。中国社会科学院大学与南开大学合作，创办了21世纪马克思主义研究院，作为坚持和发展马克思主义中国化、时代化、大众化的重要研究机构，得到教育部和天津市

---

① 习近平：《辩证唯物主义是中国共产党人的世界观和方法论》，《求是》2019年第1期。

② 习近平：《推动全党学习和掌握历史唯物主义　更好认识规律更加能动地推进工作》，《人民日报》2013年12月5日第1版。

③ 《陈云文选》第3卷，人民出版社1995年版，第362页。

人民政府的支持。我作为研究院的创办者之一在这里表个态，支持办好中国哲学院、中国哲学论坛，办成为中国哲人切磋哲学的知名学府和研究哲学的哲人盛会。

今天我就谈这些，仅供参考，谢谢大家。

（本文根据会议录音整理）

从理论思维看当代中国哲学研究

孙正聿

孙正聿，吉林大学哲学社会科学资深教授，教育部人文社会科学重点研究基地吉林大学哲学基础理论研究中心主任

"理论思维的起点决定着理论创新的结果。"① 当代中国的哲学研究及其理论创新，是同它的理论思维的"起点"、理论思维的"变革"和理论思维的"提升"息息相关的。改革开放 40 年来，理论思维的变革和提升，构成了当代中国哲学研究的理论思维的新起点，为构建具有主体性、原创性的当代中国哲学的学科体系、学术体系和话语体系提供了不可或缺的理论思维的坚实基础。

一　当代中国哲学研究的理论思维的起点

当代中国的哲学研究，是在推进社会解放思想和实现自身思想解放的双重化进程中展开的。哲学自身的思想解放，不仅是哲学推进社会解放思想的前提，而且是哲学自身发展的动力。改革开放以来中国哲学的思想解放，突出地表现在：从两极对立、非此即彼的思维方式当中解放出来；从唯上唯书、教条主义的研究方式当中解放出来；从自我封闭、排斥外来的学术视域当中解放出来；从照本宣科、僵化枯燥的话语方式当中解放出来。哲学自身的思想解放，构成了改革开放以来中国哲学研究的理论思维的起点。

哲学研究中的非此即彼、两极对立的思维方式，集中地表现在把复杂的哲学问题和哲学派别冲突简单化、抽象化和庸俗化，以"贴标签"的论断代替具体的研究。哲学是理论形态的人类自我意识，它所研究的人与世界、思维与存在、主体与客体、感性与理性、真理与价值、理论与实践、理想与现实、标准与选择、自由与必然等全部哲学问题，无不包含着人类实践和认识的极为复杂的难题，

---

① 习近平：《在哲学社会科学工作座谈会上的讲话》，人民出版社 2016 年版，第 20 页。

并因此引发包括唯物主义哲学与唯心主义哲学在内的复杂的派别冲突。哲学的派别冲突是在不同的时代展开的，哲学的历史演进是在不同时代的派别冲突中实现的。在哲学发展进程中所展开的派别冲突，总是以先前的哲学问题和哲学成果为基础，聚焦于人类在其发展中所面对的时代性的实践和认识的难题，因此，每个时代都有自己时代水平的哲学派别冲突，特定时代的唯物主义哲学总是同自己时代的唯心主义哲学相比较而存在、相斗争而发展的。离开特定时代的哲学问题和哲学论争，就会把复杂的哲学问题和哲学论争简单化、抽象化和庸俗化，并因而把丰富多彩和不断深化的哲学思想变成某些简单的论断和凝固的教条。在哲学的发展进程中，哲学不仅是在不同派别的哲学论争中发展的，而且是在同一派别的不同形态、不同水平的哲学之间的变革中前进的。唯物主义哲学从古代的朴素唯物主义发展到近代的机械唯物主义再发展到马克思主义的现代唯物主义，已经从旧唯物主义变革为新唯物主义。超越两极对立的思维方式，从简单化、抽象化的哲学论断走向具体的、深化的哲学研究，特别是以马克思主义的新唯物主义的理论思维开展哲学研究，这是当代中国哲学在自身的思想解放中所形成的理论思维的起点。

哲学研究中的非此即彼、两极对立的思维方式，是同唯上唯书、教条主义的研究方式密不可分的。哲学是思想中所把握到的时代，任何重大的哲学问题都源于时代性的重大现实问题，任何时代性的重大现实问题都深层地蕴含着重大的哲学问题。近代以来的哲学之所以日益凸显以"思维和存在的关系问题"为基本问题的主体与客体、感性与理性、直觉与逻辑、归纳与演绎、分析与综合、真理与价值、个人与社会、个体理性与普遍理性、理论理性与实践理性的关系问题，之所以构成以唯物论与唯心论、经验论与唯理论、辩证法与形而上学之间的关系为主要标志的哲学派别冲突，其真实的根源就在于近代哲学在时代的变革中经历了由中世纪的"信仰的时代"到文艺复兴时期的"冒险的时代"再到17世纪的"理性的时代"、

18 世纪的"启蒙的时代"、19 世纪的"思想体系的时代"的历史性转换。现代哲学之所以实现马克思主义哲学的"实践转向"和现代西方哲学的"语言转向",之所以形成以科学哲学、文化哲学、社会哲学、经济哲学、价值哲学、政治哲学、生态哲学为主要标志的"部门哲学"或"分支哲学"的兴起,之所以日益凸显科学主义与人文主义、结构主义与解构主义、自由主义与群体主义、坚守形而上学与拒斥形而上学、国家利益优先与人类利益优先为主要标志的哲学派别冲突,其真实的根源就在于人类在"历史已经转变为世界历史"① 的进程中实现了文明形态的变革,并从而实现了表征人类文明的哲学理念的变革。实践的发展,文明的变革,哲学理念的创新,要求哲学研究必须面向自己的时代、研究和回答自己时代的重大问题。20 世纪 70 年代末关于真理标准的大讨论,不仅实现了当代中国的空前的解放思想,而且推进了当代中国哲学研究的空前的思想解放,总体上从唯上唯书、教条主义的研究方式当中解放出来。"问题导向"的理论思维成为当代中国哲学在自身的思想解放中所形成的理论思维的起点。

　　从两极对立的思维方式和教条主义的研究方式当中解放出来,其直接体现就是从自我封闭、排斥外来的学术视域中解放出来。作为理论形态的人类自我意识,哲学本身具有两个主要特征:其一,哲学是人类文明的理论表征,是在理论上对人类文明进步的总结、积淀和升华。哲学是历史性的思想,哲学史则是思想性的历史,历史性的思想总是生成于思想性的历史之中,因此,当代中国的哲学研究不能离开表征人类文明进步的世界性的哲学史。其二,哲学是以时代性内容、民族性形式和个体性风格求索人类性问题,哲学理论的范畴体系和表达方式具有显著的民族性特征,哲学命题的思想内涵和价值诉求则具有深层的人类性特征,因此,当代中国的哲学

---

① 《马克思恩格斯全集》(第 3 卷),人民出版社 1960 年版,第 42 页。

研究不能离开世界各个国家、各个民族对人类性问题的探索。20 世纪 80 年代以来，中国哲学界在已有的"汉译名著"的基础上，大量地引进、翻译、评介现代外国哲学的学术著作，具体地研究以胡塞尔、维特根斯坦、海德格尔、弗洛伊德、波普、库恩、德里达、福柯、罗尔斯、诺齐克、哈耶克以及卢卡奇、葛兰西、柯尔施、阿多诺等为主要代表的现代西方哲学的各种哲学流派和哲学思潮，为当代中国的哲学研究输入了新鲜的和厚重的学术资源。批判地汲取这些学术资源，反思这些哲学流派和哲学思潮所表征的人类性的时代性问题，拓展了当代中国哲学研究的理论视野，也从理论思维上推进了当代中国哲学的思想解放。

语言是思想的现实。当代中国的哲学研究，在从两极对立的思维方式、教条主义的研究方式和排斥外来的学术视域中解放出来的过程中，不仅梳理出了一系列具有思想内涵的学术命题和学术观点，而且提炼出了一系列具有时代内涵的新的学术命题和学术观点，迫切需要以富有思想内涵和时代内涵的哲学范畴体系构建当代中国哲学的学科体系、学术体系和话语体系。学术体系是话语体系的思想内容，话语体系则是学术体系的表达方式。作为理论形态的人类自我意识，人类性的哲学问题总是展现在具有民族特征的概念框架、范畴体系和话语方式之中。如何在马克思主义哲学与中国传统哲学和西方哲学的"对话"中推进马克思主义哲学的中国化、时代化和大众化，并形成具有主体性、原创性的当代中国哲学的话语体系，成为改革开放以来中国哲学主要的努力方向。中国化、时代化、大众化的当代中国马克思主义哲学话语体系，既要深刻地体现马克思主义哲学的思想内涵和时代内涵，又要切实地体现中国哲学范畴体系所蕴含的中国特色、中国气派和中国风格，还要积极地汲取现代外国哲学所提出的哲学命题和哲学观点。马克思主义哲学大众化的话语体系，则不仅要求突破"从概念到概念"的"经院化"的哲学话语体系，而且必须改变"原理加实例"的"庸俗化"的哲学话语体系，以"有理""讲理"的方式激发人们的理论兴趣，拓宽人们的理论视野，撞击人们的理论思维，提升人们的理论境界。这就要求当代中国的哲学研究从僵化枯燥的话语方式当中解放出来，以马克思主义的实践观点的理论思维，不断地探索和构建具有主体性和原创性的当代中国哲学的话语体系。

作为理论形态的人类自我意识，任何民族和任何时代的哲学，都是经由哲学家的理论思维所创建的哲学，都是哲学家以其理论思维对人类文明的总结和升华所构建的哲学。哲学家个人的思辨和体验，与人类的思想和文明，熔铸于作为历史性思想的哲学理论之中，并展现在作为思想性历史的哲学史之中。每个时代的人类都有该时代的特定的人类历程和理论资源，时代性的人类历程又总是表现为哲学家对它的独特的生命体验，时代性的理论资源又总是表现为哲学家对它的独特的理性思辨，由此构成的就是各异其是且丰富多彩的具有"署名"意义即"有我"的哲学。在这个意义上，作为理论形态的人类自我意识的"哲学"，既是哲学家以"个人"的名义讲述"人类"的自我意识，又是哲学家以"人类"的名义讲述"个人"的自我意识。哲学家在何种程度上把握到时代性的哲学问题，并在何种程度上对时代性的哲学问题做出理论回答，决定着该种哲学理论的生命力和影响力。在人类思想史上，之所以没有一种思想理论能达到马克思主义的高度，之所以没有一种学说能像马克思主义那样对世界产生如此巨大的影响，是因为马克思以其人类解放的价值诉求、实践观点的理论思维和勇攀高峰的科学研究，把时代性的重大问题和"人民的最美好、最珍贵、最隐蔽的精髓"升华为以他的名字命名的马克思主义。沿着马克思开辟的哲学道路构建当代中国哲学的学科体系、学术体系和话语体系，就要坚持不懈地"守正创新"，充分发挥哲学工作者的主动性、积极性和创造性，以马克思主义的理论思维去洞察、概括、反思和回答时代性的重大现实问题所蕴含的重大哲学问题，以艰辛的理论探索和丰硕的理论成果构建具有主体性、原创性的当代中国哲学。

二　当代中国哲学研究的理论思维的变革

当代中国哲学思想解放的直接结果，就是实现了哲学研究的理论思维的变革。这种理论思维的变革，集中地体现为：变革了以素朴实在论为基础的直观反映论的思维方式；变革了以机械决定论为基础的线性因果论的思维方式；变革了以抽象实体论为基础的本质还原论的思维方式。理论思维的变革，实现了当代中国哲学研究的哲学理念的创新。

在当代中国哲学思想解放的进程中，最为突出的是变革了以素朴实在论为基础的直观反映论的思维方式。改革开放以来，中国哲学界特殊地关注和坚持不懈地展开了对马克思的《关于费尔巴哈的提纲》（以下简称《提纲》）的研究。这种关注和研究绝非偶然，而是由于这份被恩格斯称作"包含着新世界观的天才萌芽的第一个文件"① 的《提纲》，在世界观的高度变革了全部旧哲学的理论思维。在《提纲》的一开头，马克思就尖锐地提出："从前的一切唯物主义（包括费尔巴哈的唯物主义）的主要缺点是：只是从客体的或直观的方式去看待现实、事物、感性，而没有从主体方面去理解。"② 这意味着，马克思以前的唯物主义的根本问题，就在于它"只是"从"客体的或直观的"方式去看待人与世界的关系，也就是仅从"被动"的或"给予"的角度去看待人与世界的关系，这就是哲学意义上的以素朴实在论为基础的直观反映论的思维方式。

直观反映论的思维方式，最为显著的特征就是马克思所指出的"只是"从"客体的或直观的"方式去看待人与世界之间的主客体关系，而没有从主体的方面去看待人与世界的主客体关系。对此，马克思、恩格斯曾明确地提出："凡是有某种关系存在的地方，这种

---

① 《马克思恩格斯选集》（第4卷），人民出版社1995年版，第213页。
② 同上书，第54页。

关系都是为我而存在的；动物不对什么东西发生'关系'，而且根本没有'关系'；对于动物来说，它对他物的关系不是作为关系存在的。"① 人对世界的关系，是以人作为认识和改造世界的主体为前提的，是以人的目的性、对象化活动为基础的，是以"人们自己创造自己的历史"为内容的，是以"人给自己构成世界的客观图画"为导向的。主体对客体的关系，不仅包括主体对客体的认知关系、价值关系和审美关系，而且是以人的感性的实践活动及其历史发展所形成的"文明"为现实基础和真实内容的。作为哲学基本问题的"思维和存在的关系问题"，不仅交织着主体与客体之间的复杂的认知关系、价值关系和审美关系，交织着主体的意识内容与意识形式、对象意识与自我意识、外延逻辑与内涵逻辑、知性思维与辩证思维、理论理性与实践理性的矛盾关系，而且包含着列宁所指出的"活生生的、多方面的（方面的数目永远增加着的）认识"，包含着"无数的各式各样观察现实、接近现实的成分"②。离开主体对客体的极为丰富和极为复杂的矛盾关系，以直观反映论的思维方式去对待人与世界、思维与存在的关系，就会把作为哲学基本问题的"思维和存在的关系问题"抽象化和简单化，并因而把全部哲学问题抽象化和简单化，把哲学的学术命题、学术思想和学术观点变成枯燥的条文和现成的结论，从而陷入列宁所尖锐批评的把哲学理论"当做实例的总和"③。改革开放以来，中国哲学界以实践观点重新理解和阐释马克思主义的能动的反映论，从主体对客体的能动反映出发，具体地探索人的认识活动中的反映与创造、选择与建构、直觉与逻辑、思想与反思的辩证关系，不仅深入地探讨了主体对客体的认知关系、价值关系和审美关系，揭示了知、情、意的复杂的矛盾关系，而且深入地研究了作为特殊的主客体关系的主体间关系，揭示了主体之

---

① 《马克思恩格斯选集》（第 1 卷），人民出版社 1995 年版，第 81 页。

② 列宁：《哲学笔记》，人民出版社 1974 年版，第 411 页。

③ 同上书，第 407 页。

间的复杂的社会关系和文化关系，从而凸显了以人的主动性、丰富性和创造性为基本内涵的"主体性"问题，深刻地改变了哲学研究的直观反映论的思维方式。

直观反映论的思维方式，与线性因果论的思维方式，是互为表里并且相辅相成的。因果关系，既是事物之间、观念之间、事物与观念之间的最基本、最直接、最简单的关系，又是事物之间、观念之间、事物与观念之间的最重要、最间接、最复杂的关系。以直观反映论的思维方式去看待因果关系，A 事物引发 B 事物，则 A 为因而 B 为果；B 事物又引发 C 事物，则 B 为因而 C 则为果；由 A、B、C 而又引发一系列继发事物，则构成前后相继的线性因果链条。以这种思维方式去看待和解释因果关系，就是典型的（也就是直观的）线性因果论的思维方式。线性因果论的思维方式，如同直观反映论的思维方式，首先是基于作为"共同经验"的常识思维。在以常识即"共同经验"为中介所构成的人对世界的关系中，人作为既定的经验主体，世界作为既定的经验客体，主体是以"直观"的方式把握世界，客体则是以"给予"的方式呈现给主体，在这种"直观—给予"的主客体关系中，人和世界都是既定的、稳定的、确定的存在，事物之间、观念之间以及事物与观念之间的因果关系也是对应的、线性的存在，由此就构成了把握世界的直观反映论和解释世界的线性因果论。

以机械决定论为基础的线性因果论的思维方式，既根源于作为共同经验的常识思维，又形成于近代以来的科学思维。按照恩格斯的总结和概括，19 世纪以前的近代科学，主要是"搜集材料"的科学、关于"既成事物"的科学。它的主要特征是把自然界分解成各个部分，进而把各种自然过程和自然对象分解成不同的门类，对有机体的内部按其多种多样的解剖形态进行研究。这种做法所形成的思维方式，就是把自然界中的各种事物和各种过程孤立起来，不是从运动的状态而是从静止的状态去考察，不是把研究对象当作本质上变化的东西而是把对象看作永恒不变的东西。这种把事物当成"既成事物"的研究方式被移植为哲学的理论思维，就构成了以机械决定论为基础的线性因果论的思维方式。从 19 世纪开始，人类的自然科学研究，已经由主要是"搜集材料"的科学，关于"既成事物"的科学，发展为"整理材料"的科学，关于"过程"即"事物的发生和发展"以及"这些自然过程结合为一个伟大整体"的科学。正是针对自然科学的这种基本状况，恩格斯提出："经验的自然研究已经积累了庞大数量的实证的知识材料，因而在每一研究领域中系统地和依据其内在联系来整理这些材料，简直成为不可推卸的工作。同样，在各个知识领域之间确立正确的关系，这也是不可推卸的。于是，自然科学便走上理论领域，而在这里经验的方法不中用了，在这里只有理论思维才管用。"[1] 对此，恩格斯进一步指出："对于现今的自然科学来说，辩证法恰好是最重要的思维形式，因为只有辩证法才为自然界出现的发展过程，为各种普遍的联系，为从一个研究领域向另一个研究领域过渡，提供了模式，从而提供了说明方法。"[2] 在"广阔的研究领域"即科学研究中，不仅自然科学研究离不开作为理论思维的辩证法，而且社会科学研究同样离不开作为理论思维的辩证法。"在社会历史领域内进行活动的，是具有意识的、经过思虑或凭激情行动的、追求某种目的的人；任何事情的发生都不是没有自觉的意图，没有预期目的的。"[3] 这表明，"研究"人的活动与历史规律、历史的偶然性与必然性、历史的进步与倒退、人类的现实与未来，离开作为理论思维的辩证法，同样"没有达到思想清晰的任何可能"。正是在对以相对论、量子力学以及系统论、控制论、信息论等现代科学的哲学反思中，在对人的历史活动与历史的发展规律、人与自然、人与社会、人与自我的辩证关系的哲学

---

① 《马克思恩格斯选集》（第 4 卷），人民出版社 1995 年版，第 284 页。
② 同上书，第 284 页。
③ 同上书，第 247 页。

探索中，当代中国的哲学研究变革了以素朴实在论为基础的直观反映论的思维方式和以机械决定论为基础的线性因果论的思维方式，真实地确立起辩证法的理论思维。

在哲学发展史上，以抽象实体论为基础的本质还原论的思维方式，是全部"形而上学"的理论思维即本质主义、根源主义和绝对主义的思维方式。本质还原论的思维方式把事物的现象与本质割裂开来、对立起来，又把认识的主观性与客观性割裂开来、对立起来，还把真理的相对性与绝对性割裂开来、对立起来，试图寻求与现象相分离的本质、与主观性相对立的客观性、与相对性相割裂的绝对性，把某种抽象的"实体"作为最深层的本质、最彻底的客观性和最完美的绝对性，从而形成了以抽象实体论为基础的本质还原论的思维方式。正因如此，马克思以前的全部旧哲学——包括唯心主义和旧唯物主义——都把哲学定位为对终极之真、至上之善和完满之美的寻求。这种绝对的、终极的、至上的真善美，构成了马克思所揭示的使人"自我异化"的"神圣形象"。正因如此，马克思提出，近代哲学的根本任务就是揭露人在"神圣形象"中的"自我异化"。不仅如此，马克思进一步提出，"为历史服务的哲学"要在揭露"神圣形象"的基础上，揭露人在"非神圣形象"中的"自我异化"。① 不是寻求"解释世界"的"终极真理"，而是以"改变世界"的自觉"在批判旧世界中发现新世界"，这是对以抽象实体论为基础的本质还原论的最为彻底的超越，也就是对全部旧哲学的"形而上学"的最彻底的超越，由此构成的就是马克思主义哲学的实践观点的理论思维。对此，马克思明确地指出："社会生活在本质上是实践的。凡是把理论导致神秘主义的神秘东西，都能在人的实践中以及对这个实践的理解中得到合理的解决。"② 马克思的实践观点的理论思维，就是从人的目的性、对象性的实践活动，即人对世界

① 《马克思恩格斯选集》（第 1 卷），人民出版社 1995 年版，第 2 页。

② 同上书，第 60 页。

的否定性统一关系去看待思维与存在、主观与客观、理论与实践、理想与现实、相对与绝对、自由与必然等全部哲学问题。它不仅把人与世界之间的全部矛盾的现实根源归结为人的实践活动，而且把解决人与世界之间的全部矛盾的现实基础归结为人的实践活动，从而构成"关于现实的人及其历史发展"①的马克思主义哲学。超越直观反映论和线性因果论的思维方式，特别是超越"形而上学"的本质还原论的思维方式，确立马克思的"改变世界"的实践观点的思维方式，这是当代中国哲学研究所实现的最深层的理论思维的变革。

三　当代中国哲学研究的理论思维的提升

当代中国哲学自身的思想解放及其所实现的理论思维的变革，真实地提升了当代中国哲学研究的理论思维。这种提升，突出地表现在：提升了当代中国哲学捕捉和把握时代性问题的理论洞察力；提升了当代中国哲学分析和提炼时代性问题的理论概括力；提升了当代中国哲学阐释和论证时代性问题的理论思辨力；提升了回答和解决时代性问题的理论思想力。以时代性的人类性问题为实质内容的"问题导向"，构成当代中国哲学研究的理论思维的新起点。

哲学研究之所以必须"问题导向"，是因为理论是思想中的现实，哲学是思想中所把握到的时代。哲学研究的最坚实的立足点和出发点，就是从时代性的重大现实问题中捕捉和把握其蕴含的重大哲学问题。这就要求哲学研究首先必须提升其捕捉和把握时代性问题的理论洞察力。究竟如何把握"我们的时代"？究竟怎样看待"中国道路"？究竟怎样实现"文明形态变革"？马克思、恩格斯在《德意志意识形态》中明确提出，"我们的时代"是"历史已经转变为世界历史"的时代，而他们所处的"我们的时代"的主要特征则

---

① 《马克思恩格斯选集》（第4卷），人民出版社1995年版，第241页。

是"东方从属于西方"。以20世纪40年代中期第二次世界大战结束为标志，在"人民要革命，国家要独立，民族要解放"的新的历史进程中，特别是在中国人民从站起来、富起来到强起来的中国特色社会主义的伟大实践中，不断地改变着"东方从属于西方"的世界格局，"历史"转变为"世界历史"的"我们的时代"，具有了新的深刻的时代内涵。从时代的和世界的视野看，当代中国所面对的问题，并不仅仅是中国自己的问题，而且是中国所面对的世界性的和时代性的问题；当代中国所选择的中国特色社会主义道路，并不仅仅是中国自己的发展道路，而且是中国所开拓的创建人类文明新形态的发展道路；当代中国所积累的建设中国特色社会主义的经验，并不仅仅是中国自己的建设经验，而且是为解决人类问题贡献了中国智慧和中国方案。中国特色社会主义进入新时代，不仅迎来了实现中华民族伟大复兴的光明前景，而且拓展了发展中国家走向现代化的途径，给世界上既需要加快发展又希望保持自身独立性的国家和民族提供了全新选择。以构建"人类命运共同体"的基本理念为导引的人类文明形态变革，催生塑造和引导新的时代精神的哲学理念创新。以时代性的重大问题为导向，从中国特色社会主义的伟大实践中"提炼出有学理性的新理论"，"概括出有规律性的新实践"，为人类文明形态变革提供创新性的哲学理念，这是当代中国哲学理论创新的坚实根基和重大使命。

"问题导向"的理论洞察力的提升，直接地体现为分析和提炼时代性问题的理论概括力的升华。马克思在《资本论》序言中提出，"分析经济形式，既不能用显微镜，也不能用化学试剂。二者都必须用抽象力来代替"①。分析经济形式需要理论思维的抽象力，分析和提炼时代性问题同样必须依靠理论思维的抽象力。在经济全球化、政治多极化、文化多样化、社会信息化的"我们的时代"，究竟蕴含

---

① 《马克思恩格斯选集》（第1卷），人民出版社1995年版，第99—100页。

着怎样的时代性的特征与趋向？对这种时代性的特征与趋向应当做出怎样的概括和表达？从时代性的政治、经济、科技、文化和精神生活的变革上看，"我们的时代"的特征与趋向，显著地表现在从"东方从属于西方"的"殖民时代"到"东方崛起"的"后殖民时代"、从以"机械化"为标志的"工业时代"到以"人工智能"为标志的"后工业时代"、从以寻找"绝对"为标志的"形而上学时代"到以寻求"相对之绝对"为标志的"后形而上学时代"。"后殖民时代"深刻地改变了世界的政治经济格局，要求互利互惠的经济全球化和合作共赢的政治多极化，因此必须突破"零和博弈"的"冷战"思维。以建设"人类命运共同体"的哲学理念推进人类文明形态变革，正在和必将成为不可抗拒的世界潮流。"后工业时代"深刻地改变了当代人类的存在方式，科技创新成为文明进步最重要的驱动力。在新技术革命和产业革命的进程中，人们的生活方式、学习方式、工作方式、消费方式、交往方式正在发生深刻的变革。以日常经验科学化、日常消遣文化化、日常交往社交化、日常行为法治化、农村生活城市化为主要标志的现代化的生活方式，正在成为"历史"转变为"世界历史"的进程中的普遍化的人类存在方式。当代人类存在方式的变革，必然导致社会思潮和精神家园的变革，并由此引发反映和表达时代精神的哲学理念的变革。同一性与差异性、确定性与非确定性、相对性与绝对性、多元性与统一性，不仅成为当代哲学探讨的重要哲学问题，而且在这种探讨中凸显了当代哲学的核心问题——标准与选择的问题。以"形而上学"为标志的前现代哲学之所以被称作"传统哲学"，就在于全部的传统哲学都把自己的使命定位为寻求某种绝对的、确定的、终极的真理，由此就把世界分裂为真与假、善与恶、美与丑的非此即彼、抽象对立的存在。这就是统治人类思想几千年的非历史的理论思维。在这种非历史的理论思维中，人的全部思想和行为的根据和标准，就是某种绝对的、确定的、终极的真理，由此构成的就是"没有选择的标准"。从"形而上学"到"后形而上学"的哲学理念的变革，就是以历史性的理论思维把哲学所寻求的真善美理解为时代水平的人类自我意识，把哲学所寻求的真理理解为"相对之绝对"——历史性的相对和时代性的绝对，把人类自身的存在理解为"超越其所是"的创造性的和开放性的存在。然而，现代西方哲学在"拒斥形而上学"的过程中却形成了从"没有选择的标准"到"没有标准的选择"的哲学思潮，并由此构成了"没有标准的选择的存在主义的焦虑"。从世界性和时代性的宏大视野看，无论是当代人类选择什么样的文明形态，各个国家选择什么样的发展道路，还是每个个人选择什么样的生活方式，都不可回避地蕴含着"选择的标准"。"没有标准的选择"是非现实的虚假的选择。把"人民对美好生活的向往"和实现"中华民族伟大复兴"作为建设中国特色社会主义的根本目标，把构建"人类命运共同体"和实现"每个人的全面而自由的发展"作为人类文明新形态的根本标准，这应当是当代中国哲学确立的根本性的哲学理念。

捕捉和把握时代性问题的理论洞察力，分析和提炼时代性问题的理论概括力，需要诉诸阐释和论证时代性问题的理论思辨力。理论思辨力，就是以理论思维的概念、范畴和逻辑去把握、分析、判断和论证问题的能力。列宁指出，"思维的范畴不是人的用具，而是自然的和人的规律性的表述"①，"是帮助我们认识和掌握自然现象之网的网上纽结"②，因此，这样的范畴就"不只是抽象的普遍，而且是自身还包含着特殊东西的丰富性的普遍"③。对此，列宁进一步引证黑格尔的话说："凡是没有思维和概念的对象，就是一个表象或者甚至只是一个名称；只有在思维和概念的规定中，对象才是它本

①　列宁：《哲学笔记》，人民出版社 1974 年版，第 87 页。
②　同上书，第 90 页。
③　同上书，第 98 页。

来的那样。"① 对于如何使用概念把握对象，列宁又进一步提出，必须达到"概念的全面的、普遍的灵活性，达到了对立面同一的灵活性"②，"这些概念必须是经过琢磨的、整理过的、灵活的、能动的、相对的、相互联系的，在对立中是统一的"③。这就是辩证思维的"运用概念的艺术"④。当代中国的哲学研究，在捕捉和把握时代性问题、分析和提炼时代性问题的进程中，不断地提升了"运用概念"的理论思辨力，不仅从反映与创造、选择与建构、直觉与逻辑、思想与反思的辩证关系去看待人的认识活动，从目的性与对象性、特殊性与普遍性、理想性与现实性、有限性与无限性、自由与必然的辩证关系去看待人的实践活动，从理论源于实践与理论指导实践、实践推进理论与理论引导实践的辩证关系去看待理论与实践的关系，而且特别注重研究"现实的人"与"现实的历史"、"人的历史活动"与"历史的发展规律"、"资本的逻辑"与"文明的逻辑"、"社会的全面进步"与"人的全面发展"的辩证关系，切实地提升了阐释和论证时代性问题的理论思辨力。

理论洞察力、理论概括力和理论思辨力的提升，从理论思维上提升了回答和解决时代性问题的理论思想力，赋予哲学范畴和哲学命题以新的思想内涵和时代内涵。20 世纪 90 年代以来，特别是进入21 世纪以来，在持续深入的"中、西、马"对话中，中国哲学界聚焦于对"哲学"本身的理解，不仅从"何谓哲学"与"哲学何为"的相互盘诘中追问"哲学"，从哲学的"同中之异"与"异中之同"的相互印证中追究"哲学"，而且着力于从哲学与宗教、艺术、科学的相互关系中揭示"哲学"作为人类把握世界的"一种基本方式"的独特的理论性质和理论功能，从"哲学"与"部门哲学"——科

---

① 列宁：《哲学笔记》，人民出版社 1974 年版，第 242 页。
② 同上书，第 112 页。
③ 同上书，第 154 页。
④ 同上书，第 277 页。

学哲学、文化哲学、经济哲学、政治哲学等——的内在关系中寻求具有标志意义的"我们时代的哲学"。对"哲学"本身的追究，不仅升华了哲学思维的理论自觉，而且赋予"哲学"本身以新的思想内涵和时代内涵，从而拓宽和深化了当代中国的哲学研究。哲学思维的理论自觉，直接地引发对包括"存在""矛盾""实践""真理""价值""本体""反思""自我意识"等哲学基本范畴的重新审视和重新阐释，对"主体与客体""同一与差异""相对与绝对""自在与自为""必然与偶然""自由与必然"等哲学主要问题的重新审视和重新理解，特别是引发了对作为哲学基本问题的"思维和存在关系问题"的重新理解和重新阐释。这些重新审视、重新理解和重新阐释，不仅推进了对构成人类思想和人类文明的基本信念、基本方式、基本逻辑和基本观念的前提批判，而且深化了对构成人类思想和人类文明的最深层的基本观念——哲学理念——的前提批判。这种"前提批判"，变革了作为理论形态的人类自我意识的"哲学"，也变革了"哲学"所表征的人类自我意识，赋予人类思想和人类文明以新的思想内涵和时代内涵。马克思说："光是思想力求成为现实是不够的，现实本身应当力求趋向思想。"① 不仅是反映和表达时代精神，而且要塑造和引导新的时代精神，推进人类文明形态的变革，这是"为历史服务"的马克思主义哲学的历史使命，也是"面向未来"的当代中国哲学研究的根本取向。

[本文系国家社会科学基金重大项目"构建当代中国马克思主义哲学学术体系研究"（编号：19ZDA017）的阶段性成果，原载《哲学研究》2020 年第 1 期]

---

① 《马克思恩格斯选集》（第 1 卷），人民出版社 1995 年版，第 11 页。

人类命运共同体理念的
基础和意义

李德顺

李德顺，中国政法大学终身教授、人文学院名誉院长

人类命运共同体，是习近平总书记在国际关系问题上提出的一个新理念。2011 年《中国的和平发展》白皮书明确表示，要以命运共同体的新视角寻求人类共同利益和共同价值的新内涵。党的十八大报告强调，人类只有一个地球，各国共处一个世界，所以我们要倡导人类命运共同体意识。习近平总书记在 2017 年的新年贺词中说，他真诚希望，国际社会携起手来，秉持人类命运共同体的理念，把我们这个星球建设得更加和平、更加繁荣。党的十九大报告当中，习近平总书记呼吁各国人民要同心协力构建人类命运共同体，建设持久和平、普遍安全、共同繁荣、开放包容、清洁美丽的世界。

人类命运共同体这一新理念的提出，是对马克思主义的继承和发展，是对马克思关于人类解放这一根本宗旨的完整理解和一贯追求。学习和理解人类命运共同体理念，实际上也是学习理解马克思主义基本原理的一个重要课题。

一　为什么提出人类命运共同体理念

最近一两个世纪以来，全球发展出现了很多新情况，对人类的生存、发展以及未来的前途命运敲响了警钟，比如从 19 世纪末到 20 世纪初出现的环境生态危机、资源危机、局部战争特别是以核武器为主的军备竞赛，给人类的生存造成极大威胁。这些问题不是哪一个国家、哪一个地区、哪一个民族或哪一个政党可以单独面对或者解决的。

环境生态危机处置不当可能危及子孙后代的生存。地球上的资源终究是有限的，如果按照传统的方式竞相开发，仅仅着眼于利用而不保护和造就再生资源，资源终有一天会用完，到那时人类怎么生活？核武器的发展及战备核竞赛，对人类的生存造成严重威胁。据统计，现在世界各国所储备的核武器，已经足够毁灭人类50次以上。如果爆发核战争，互相动用核武器的话，地球将成一片废墟。

另外，在思想文化层面，一些极端的思潮和制度体系正在瓦解着人类共同体秩序，如单极霸权主义，有些国家总想称霸，总想主宰他人甚至全世界的命运，动辄用自己的价值观或经济军事力量推行单极主义，实际上是以极端的方式瓦解人类命运共同体。而与其相反的个体还原主义，则是把一切问题都还原成个体或团体、国家、阶级、阶层的问题，不承认人类有整体生存发展的权利和责任问题。这种还原主义是从另一方面瓦解人类命运共同体。单极霸权主义、个体主义及其他极端思潮，与人类命运共同体的意识导向是相悖的，是瓦解人类共同体秩序、瓦解人类共同体联系的有害因素。所以，思考人类现实生活中的问题，把握时代脉络，提出人类命运共同体观念，具有新的时代意义。

二 怎么理解人类命运共同体

人类命运共同体是人类主体的一种具体形态。当以人类整体为主体来看待世界上一切事物的价值，面对这个层面上的所有问题，就形成了人类命运共同体的观念。在现实生活当中，人的主体层次是多元的，每一个层次的人都是主体形态的一个层面或一种结构，对此可从纵向和横向两个方面来理解。

从纵向来看，个人是主体的最小单位，往上有很多共同体形态，比如一个家庭、一个企业、一个地区、一个阶层或者阶级、一个民族、一个国家，一直到许多国家构成的整个人类社会。如果历史地、动态地看，我们的先人和后代都是无限发展着的人类成员。

从横向来看，人类共同体及其所包含着的国家、民族、阶级、阶层、个人等主体形态，每个层面都是多元的，而不是单一的。国家是多元的，民族是多元的，阶级阶层是多元的，企业、行业也都是多元的，个人更是多元的。

从纵向和横向两个维度，理解人的现实存在形态及人的活动所形成的各种主体形态时，不能简单化、单一化。因为每一个层面的共同体都可以是一定的主体或一定行为的主体。主体是哲学的抽象表达，用比较现实的语言来说，就是权利和责任的担当者，一切认识和实践的行为都会构成一定的主体。

纵横两个维度的多元层次结构之间是不能简单互相归结的，不能把所有的主体形态都归结成某一种形态，主体在每个层次上的形态都有它独立的性质和意义。比如，企业可以是一个经济主体，有它自身的权利和责任，有它的功能，有它特殊的命运，这是不能用企业中所有职工的状态来替代的。其他层次的主体也是如此，一个球队，球员可以经常换，有些老牌球队队员换了好几代，但球队还是那个球队，仍然是一个独立的主体。相反，队员都在，但球队解散了，不能作为赛场上的主体参与比赛，它的主体存在也就消失了。

理解人类社会主体的层次和结构，建立主体多元的观点，是对现实的清醒的理解，也是对人的存在形态的尊重和理解。现实的主体形态是多层、多元的，人类命运共同体是多元多层的主体形态最高层面、最具有整体性的形态。什么叫命运共同体？就是许多人组合在一起形成的现实社会行为的担当者，是一定权利和责任的担当者。理解共同体关键在于理解其中的个人是以什么样的纽带联系在一起的，联系共同体内所有成员的纽带才是构成共同体的实质的或标志性的因素。人类命运共同体的纽带就是命运，命运是什么？是祸福与共、生死攸关的关系，人类命运共同体就是大家有共同的立场、共同的价值标准和目标。

比如，环境问题、生态问题使人类和自然界的关系出现矛盾。在巨大的自然灾害面前，人类命运与共是必然趋势，保护环境对于人类自身的意义已经没有争议了。各国以对人类命运的关怀态度来处理环境保护问题，是人类主体的呈现和到位。如果看不到气候、环保问题上各个国家的共同利益，只想着本国利益，这是个体主体的立场，而不是人类主体的立场。

理解人类命运共同体时，要紧紧把握住共同体联系的纽带，就是存续攸关、祸福与共这样一种人和人之间、地区和地区之间、国家和国家之间的一致性。当我们把古往今来及子孙后代看作无限发展的整体，特别是在面对某些毁灭人类的自然灾难和人为灾害时，就能看到涉及所有人、所有国家、所有地区、所有团体的共同立场。人类命运共同体是最高的主体形态，和其他不同层次的共同体：个体、家庭、企业和行业、阶级阶层、民族、国家以及其他层次的主体之间，是相互区别而不是相互对抗的关系，是兼容而不能替代的关系。人类作为最高层次的主体，不能够简单地化解为构成它的各种因素和成员，更不能把整体消解为个体，不能把系统简单地等同于要素的组合。

中国倡导人类命运共同体，并不是要所有人、所有事一概服从或等同于人类命运共同体，而是说在人类共同命运的问题上存在着人类命运共同体，在多层次的主体之间的关系当中，不一定非是对抗的关系，可以是互相兼容而并不替代的关系。这里最重要的是理解主体概念。主体是人们在一定条件下因某种联系纽带而结成的实体。这个实体有它特定的权利和责任范围，不是其他任何实体所能替代的。比如球员和球队的关系，球员有个人的权利和责任，球队有球队的权利和责任，有些人以为球队的权利和责任可以还原成球员个人的权利和责任，这其实是忽视了球队作为共同体的权利和责任。比如，一个球员在自己家穿什么鞋，是他自己的权利，但是在训练和比赛时，球员穿什么鞋是由球队决定的。反之，如果球队要求球员在家穿什么鞋，也是不可以的。这混淆了不同主体权利和责任的界限。

搞明白各层次主体之间的关系，能更好地理解各层次主体的权利和责任。在什么事情上，谁是主体，谁就要到位。在个人的事情上，个人是主体，个人的权利和责任就要到位。人类命运共同体作为一个最高层面的主体时，人类主体要到位。涉及人类的可持续发展、生死存亡这样的事，必须以人类的利益和命运为衡量尺度，不能把它当成个体、团体或某个国家、某个地区的事，更不能用这些尺度和原则去否定人类命运的共同整体。人类命运共同体和其他共同体的权利和责任，都在各自的对象性关系当中确立，不应该随便超越主体的权利和责任的范围。

人类命运共同体虽然是最高层次的主体，但它和国家、民族、阶级、阶层、企业、行业、个人等主体一样，需要担负起自己的权利和责任。很多人不理解这个问题，以为高一层次的主体，就可以无视和吞并低一层次主体的权利和责任，因此导致了霸权主义思维、单极主义思维，这是不理解人类主体层次的多元化和多样性的表现。理解人类命运共同体，关键要抓住共同体联系的纽带，这个纽带有时间、空间、质和量的现实规定性，不能凭借想象随意取舍、错位强加。

三　人类命运共同体有价值观共识和实践上到位的问题

人类社会发展到 20 世纪，出现了一些新的迹象，提示我们要把人当作整个的一个类来看待。随着科学技术和工业的发展，地球上很多事情都联结到一起，西方人称为"蝴蝶效应"，这边的蝴蝶扇扇翅膀，传递到那边可能就会引起一场风暴。这种连带关系说明，地球上很多人为的界限已经或正在被打破，人类生活实践正在走向相互依存、相互补充、祸福与共的时代。所以，人类命运共同体观念的提出，具有深刻含义和现实意义。从哲学上讲，它意味着主体性思维的变革，要摒弃传统的单一主体思维和两极对抗思维，走出历史上极端化的意识形态。

单一主体思维在价值问题上和真理问题上，区别于人类认识世界、改造世界所遵循的真理观。真理的主体只有一个，就是不断发展着的人类整体。每一个时代的人、每一个科学研究者，都需要依据人类所具有的能力和方式去认识世界，他认识世界所得到的真实可靠的结果，就是知识、真理。知识和真理虽然可能是由个人发现的，如很多真理性认识是由天才的科学家、伟大的发现者发现的，但是知识和真理本身是人类共同的财富，不管以什么方式来表达，知识和真理都没有民族性、地区性、阶级性，是人类普遍的共同财产。

在知识和真理问题上，我们承认的唯一主体就是不断发展着的人类整体。人类发展到什么阶段、得到哪些知识、认识哪些真理，在下一个阶段又会超越它、丰富它、发展它，不断前进。只有符合人类整体的认识和实践成果，才能构成知识和真理，而不是个人的个性化的编造。人类命运共同体的一个表现，是人类在知识科学真理体系上是统一的、权威的。但是在价值问题上，人类主体只是多元主体中的一个层面，不能把它看作唯一的。

在思维方式上，我们过去总习惯拿真理的眼光看待价值问题，实际上是以单一主体的眼光看待多元的价值关系和价值判断。这样就不能理解价值的多元性。在有些事情上，多种不同的价值判断可能都是对的。就像一双鞋摆在这里，这双鞋的客观存在是不以人的意志为转移的，不管对谁来说，它都是一双鞋，而不是一个球。这是属于知识和真理领域的问题，是一元的。但是如果问一双鞋到底是好穿不好穿，让大家试穿后实事求是地做出评价，那么回答肯定是多样的，有人觉得鞋好穿，有人说鞋大，有人说鞋小，有人说鞋好看，有人说鞋难看。为什么会这样？因为鞋子好穿不好穿是价值判断，同一双鞋穿在不同人的脚上，效果肯定不一样，这是事实。如果有人说自己穿过，明明很好，别人为什么说不好？于是想办法说服别人，迫使别人也承认这双鞋穿着好，这就是霸权主义思维，是文化霸权主义，属于价值独断主义的思维方式。

用知识和真理的方式理解价值问题，实际上就走向了单一主体。

单一主体抹杀和忽视其他多元多层次主体的权利和责任，必然发展成两极对抗的思维，认为在价值判断上也像在知识和真理问题上一样，只有对错之分，有一个是对的，其余就是错的，最后演变成正确和错误、我和非我、此一方和彼一方的对抗关系，而不能够沿着多元之间如何和平、和谐、和睦相处的思路去想。比如，过去国际上两大阵营之间搞"冷战"就属于两极对抗思维。其实世界并不是只有社会主义和资本主义两大阵营，还有广大的第三世界国家和民族。世界客观上是多元的，而很多人不承认世界是五彩缤纷的。这种非黑即白的思维，是无法正确理解人类命运共同体概念的。人类命运共同体是把整个人类作为一个主体，主张以"和而不同"的态度对待现实社会的多元价值主体。2000多年前的中国人就提出了和而不同的理念，在今天看来不仅非常正确，而且非常超前。多元主体、多元价值之间寻求和而不同，是世界保持繁荣发展的重要条件。

但是，有了一个好的理念，当实践还没有发展到相应程度的时候，人类也未必就能够理解和贯彻它。虽然在中国，在孔子之前就已经提出"和而不同"的观点，还提出"和实生物，同则不继"，区别了和与同的关系，主张多元文化之间和平、和睦、和谐相处。但在实践中，我们奉行的是求"合"，合并、合拢、合一的合。《三国演义》开篇讲，"话说天下大势，分久必合，合久必分"，是按照分分合合的方式去处理社会矛盾和社会多元价值关系的，想变成由一个主导一个、一方吃掉一方，或一方统治一方，想把多元变成合和分的关系，要合就得同，同质同性才能合，不同质同性就不能和谐共处。这种思维方式在我国历史上的历次战争和变革中体现得比较多，这是用分合的理念代替了和而不同的理念。

分合的理念就是以同代合，不同就不能合，实际上是回到了冲突和对抗的思维中，总体上还是理解不了、实现不了多元之间的和而不同，不知道多元主体是可以按照平等的方式保持自己的个性，而整体上形成一种和谐氛围。有些价值观念认为，凡事总得有个输赢，老想着最终谁吃掉谁、谁统治谁、谁战胜谁。整天想着博弈，氛围就不会很好。如果主体之间真诚相待，互相合作，互相配合，那么彼此的关系就会积极而富有建设性。建立共同体的关键，是认识到共同体存在所需要的价值取向和价值选择问题。

和而不同是多元人类社会的理想状态。马克思主义设想的未来的共产主义其实就是这样的状态。马克思主义认为，共产主义社会以每个人的自由全面发展为原则，它提供社会条件、环境和机制，让每个人都能自由而全面地发展，但并不是所有的人都长成一个样子，而且人的全面性也不是事先设计好了的，它是一种随着社会进步发展而不断生成着的全面性。人是最全面、最丰富、最有活力的生命形态，如果没有和而不同的理想目标作为整体背景，它就不可能实现。试想，每一种价值取向都排斥其他价值取向，然后凭着实力、权力和暴力排斥异己，不允许大地上开各种各样的花朵，而只准开一种花朵，这样的取向就是不理解人类、不尊重人类。如果不理解人类的主体形态，对人类命运共同体这个最高层次的主体应该担负什么、面对什么，也不会有清醒的、确切的定位和追求。

构建人类命运共同体，是人类历史文化发展到今天，在实践当中，特别是在世界走向全球化的过程中，由最敏感、最先进的思想家观察到、把握到并提出来的重大理念，是一个为人类命运和前途着想的新理念。虽然"命运共同体"这个词很久之前就有，但是把它作为我们国家执政党和政府面对世界的主导理念，我认为这不仅是非常必要的，而且是非常及时的。在事关人类命运和前途的大问题上能够把握住时代进步的脉络，不仅对于构建新的世界秩序非常重要，而且对于自觉地担当起中华民族的历史责任来说，也是非常重要的。

四　中华民族振兴与构建人类命运共同体一脉相承

实现中华民族的振兴，是全体中国人在担当人类进步历史任务进程中的觉悟。作为人类命运共同体的成员，我们要有自觉的权利和责任的担当意识。地球上有很多人，有人自觉，有人不自觉，当代中国人在构建人类命运共同体的时代任务中，主动站起来担当我们的权利和责任，这是非常宝贵的，也是勇气和智慧的体现。

我们致力于中华民族振兴，致力于构建人类命运共同体，不是要和美国争霸，不是要给世界当头，"争霸"和"当头"都是旧的两极思维，是单一主体思维的延续。中国从毛泽东开始就不称"王"，邓小平同志明确表示中国不称霸，党的十九大报告里面又重新强调了我们不称霸。中国不管怎么强大也不称霸。倡导构建人类命运共同体，不是为了让全世界臣服在我们脚下，而是像习近平总书记讲的，建设一个和平发展、共同繁荣的世界，不同国家、不同民族之间互惠互利，共同繁荣，共同发展。这是人类以前没有至今也还没有出现过的状态。但是，它是人类历史发展到今天迫切需要召唤的一种状态。有人把中华民族的振兴纳入中美争霸、两极对抗的思维里面去，这是对构建人类命运共同体意义的错误理解。

在实现人类共同繁荣发展的过程中，中国没有缺席。作为人类命运共同体中体量最大的成员，中国共产党在这个问题上积极倡导，起到了引领潮流、引领历史的作用。老一辈革命家董必武同志说"坚持到底就是领导"，领导世界潮流也不是把我们的东西强加给别人，或者是建立一种势力，让别人服从和追随我们，而是召唤朋友，大家共同构建。如果仔细翻阅党的十八大以来的中央有关文件及习近平总书记讲话，就会看到我们在对待国际上的各种纠纷和冲突时，是遵照命运共同体这个理念，倡导主权平等、对话协商、合作共赢、共享共建、可持续发展，而不是用"冷战"时代的对抗性思维——颠覆、侵略、征服。中国对谁都不用这种态度。中国不是为了争霸而倡导人类命运共同体，确实是为了追求人类的和平发展，是把地球作为全人类共同的美好家园来建设的。中国出台的一些政策和策略，像"一带一路"倡议、成立亚投行、参与国际维和活动等，都是扮演协调世界冲突的角色。这些举措都指向构建人类命运共同体。在以习近平同志为核心的党中央领导下，构建人类命运共同体已经不仅仅是一个理念，它和全面建成小康社会、全面深化改革、全面依法治国、全面从严治党的部署紧紧相连。中国要坚决走好自己的道路，做好自己的事情，还要在世界上倡导构建人类命运共同体，这种宏伟远大的思维方式和战略姿态，会给创新提供新的思想动力。如果能够充分深刻地理解这一点，对于我们做好今后的工作，有非常重要的指导意义。

人和人之间一旦形成共同体，客观上，就有了共同的利益、共同的命运和共同的价值。主观上，人们需要自觉地认识、把握、遵守它，这样就形成了共同的价值观念。共同的价值观念和共同体成员自己的价值观念处在不同的层次上，是不能互相代替的。比如前面谈到的球队和球员的例子。球员对自己的运动生涯有什么样的定位和追求，是他自己的价值观；如果他加入一个球队，参与球队的训练和比赛，这个球队的所有队员、教练和领队的价值共识，就是球队的共同价值观。共同价值观保证球队在比赛时，能够充分发挥自己的实力，有所作为。但是一个球队也不会仅仅以输赢为全部追求，通常还要把体育运动或某一项运动的存在、繁荣和发展当作共同价值观的组成部分。假如某一项球类运动在奥运会上被取消了，或者是因为社会不支持而衰亡了，这就不再是其中哪个球队的兴衰问题，而是所有球队的共同问题。一个球队是一个共同体，这项球类运动的所有参与者，也会结成一个共同体；而各类体育运动或体育事业所有的参与者，也会形成一个命运共同体。人类的命运共同体就是这样向多方面、向所有人不断向上展开、提升，最后最高的问题，就是整个人类如何生存和发展，达到这个层面的共同体意识，就叫人类命运共同体意识。每一个层面的共同体，都应该而且能够形成自己的价值共识或者叫共同的价值观，这种价值观意味着共同体要作为主体承担它的权利和责任。

最近有个争论比较激烈的道德难题——电车难题。情境是：有一辆电车失去控制，一直往前跑，前方有一个道岔，如果直走会轧死5个人。如果拐到岔道上去，会轧死1个人，这时候应该怎么办？有人按照传统观念，认为救5个人比救1个人值得，于是就扳了道岔。失控的车子拐向岔道后轧死了1个人，直道上的5个人获救。事情发生以后，社会上大多数人肯定这个人的行为，但是被轧死的那个人的家属却起诉扳道岔的人，说他是杀人凶手。那么此人究竟是见义勇为的英雄，还是杀人凶手呢？这个案子50年前就在西方被提出来了，多年来学界一直在争论，还有人专门写了书。西方有两种价值观是相互冲突的：按照传统的功利主义价值观，为了大多数人的幸福，可以牺牲少数人，因此扳起道岔的行为应该被肯定；但以个人为本位的自由主义价值观则认为，我个人的事必须我同意，没经我同意就把人给轧死了，我就起诉你是凶手。这个争执，在传统价值观的语境和学理上，很不容易解决。因为双方说的都有理有据。组成一个临时陪审团，陪审团也争论不休，找不到答案。最后只好提议抽签解决，这就陷入了一个死胡同。

像这样的问题，关键是要理解多层主体之间的关系。这个扳道岔的人，执行的是当时社会主导的公共规则，他是自己行为的主体，但不是制定这个规则的主体。坚持自由主义价值观的那些人说他是杀人凶手，是没有以公共价值观念为前提。但按照当时的社会规则来说，他们可以这样。因为那个人扳了道岔，死者家属失去亲人固然是事实，而问题是他应找谁负责？实际应该由公共规则的制定者和维护者来负责，而不是由具体行为者负责。每一个共同体、每一个民族都有自己的规则。有权制定和执行规则，就有责任为规则的后果埋单，就要担当后果的责任。如果一个社会制定了规则，当有人因为执行规则而造成了损失时，这个共同体不出来担责任，那么以后它的规则就没人信任，没人执行了。

电车难题一类的价值冲突问题，仅凭借抽象的理论思维是不能解决的。实际上，这个问题并不难解决：死者家属可以要求由规则制定者，也就是事件所在地的政府出来埋单。同样，如果有人见义勇为牺牲了，他牺牲的代价应由社会和国家担当，即规则制定者，作为规则的主体要到位。其实在现实生活中，很多国家已经在立法上解决了这个问题。《中华人民共和国国家赔偿法》和紧急避险的相关法律条文，规定人们在执行公务或是紧急避险时，为了减少大的损失而采取措施，带来了另外的损害后果，这时就不由行为者担责任，而由国家社会担责任。这类法律原则和规定，充分体现了不同主体要担当起相应的权利和责任这一原则。社会共同体制定了规则，执行了规则和规范的人遇到麻烦或遭受了损害，共同体要来担当责任，也就是共同体的主体要到位。

每个共同体都有自己的价值取向和价值规范，并且通过法律的、道德的、行政的及其他各种各样的规定加以执行。共同体既然有权力制定和执行规范，也就有责任和义务，担当执行规范的后果。凡是行使权力的主体，就要担当后果的责任，这就是主体层次分明，充分到位。我们理解共同体的时候，对每一个共同体的权利和责任，都要以它的主体定位。通过主体定位理解它享有什么样的权利，应担当什么样的责任。

人类命运共同体也是权利和责任的统一，人类面对自然的时候，有开发自然界、改变自然界的权利，为人类的生存发展服务，我们也一直享有这个权利。当自然环境恶化，威胁到人类生存发展的时候，这不是哪个时段的人或者哪个地区的人孤立的权利和责任，而是人类整体的权利和责任。因此在保护环境资源、避免核战争毁灭人类这样的问题上，毫无疑问也是人类整体的责任，不能推给某一部分人，所有人都要承担责任。

有些问题是其他层次的主体的权利和责任问题。比方说某一阶级、某一国家，不能随意把自己的价值观说成是全人类的普世价值观。普世价值观要从全人类命运共同体这个立场出发。而人类内部的各个国家、各个民族、各个地区的价值观存在多样性、多元化，有些价值观甚至是相互对立、冲突的，更不能简单地以整个人类的名义来解决。只能是当大家看到对立和冲突的可能之后，回到人类命运共同体的整体立场，来思考和回答这些问题，才能够提升和消解这样的对立和冲突。很多事情的解决依赖于对各种层次的共同体及人类命运共同体主体的定性和理解，这是我们思维变革的一个层次、一个具体的导向。

比如邓小平同志提出的"一国两制"方针。"一国两制"是把全体中国人看作一个命运共同体，为了祖国的统一，为了全体中华儿女的和平、和睦、和谐相处，我们可以把政治的、意识形态的、阶级的、经济的那些差别和分歧放在第二层来处理。祖国要统一，中华民族要统一，这是"一个国家"；在它之下，可以有两种不同的制度，保持和而不同，即"一国两制"，正是中华民族作为一个整体的表现。如果不是站在这个高度上，"两制"之间是不可能妥协相容，不可能彼此协调的。有人总是搞不懂什么叫和而不同，认为要和就得同，不同就不能和。按照这种思维，一国就只能"一制"，要"两制"就得是两国。原因在于他们不理解中华民族命运共同体，是高于某一地区、某一派别的共同主体。分裂祖国的那些人，连中华民族共同体的事实都不承认，他实际上是背叛和出卖整个中华民族的。

比整个中华民族更高层次的主体，就是全人类命运共同体。中华民族不但自己要统一和谐、全面发展，而且也要和世界上别的民族一起，在地球这个共同的环境当中，在其他很多问题上，构成共同利益、共同命运的这样一种联系。可见，人类命运共同体，实际上是超越两极对立思维、"冷战"思维、简单化思维、狭隘的主体性思维的重要历史节点。

（根据中国干部学习网录音报告整理，原载《领导科学论坛》2017 年第 22 期）

唯物史观与中国的改革开放

李景源

李景源，中国社会科学院学部委员，哲学研究所研究员

邓小平在改革开放初期讲过一段话，他说：我们要从问题堆里找长远的、根本解决问题的东西，为什么要抓理论研究？就是为了这个。他1992年1月去深圳讲话时讲，我们穷了几千年了，要发达起来，是时候了。不发展经济，不改善人民生活，任何一条路都是死路。一定要把经验告诉后来的人，走得更顺一点。历史不会给我们很多机会，如果不紧紧抓住，我们就对不起国家，会遗恨万年。所以，我们要以重大问题为纲，来总结改革开放的根本经验。

习近平总书记在哲学社会科学工作座谈会上指出，理论创新只能从问题开始，问题是创新的起点，也是创新的动力源。只有聆听时代的声音，回应时代的呼唤，认真研究解决重大而紧迫的问题，才能真正把握住历史脉络、找到发展规律，推动理论创新。几年前，在一次座谈会上，习近平总书记提出了一个重要的理论问题。他说自己担任中央党校校长时，提出学马列要学经典，学经典要学立场、观点、方法，问题是要弄清楚经典著作与中国特色社会主义理论的内在联系究竟是什么。他理解，两者的内在联系应该是总体性的、根本性的联系。我当时的回答是：要简要地回答这个问题，首要的一环是搞清楚1975年的整顿和1978年的改革开放之间的关系。现在学术界研究改革开放，一说到"拨乱反正"，都从1978年5月11日《光明日报》发表的真理标准问题讨论文章开始，我们要真正探讨中国特色社会主义理论的起源，至少要追溯到1975年的整顿。邓小平后来回忆这段历史的时候说："其实，拨乱反正在1975年就开始了。那时我主持中央党政工作，提出了一系列整顿措施，每整顿一项就立即见效，非常见效。这些整顿实际上是同'文化大革命'唱反调，触怒了'四人帮'。"①
胡乔木后来讲到，1975 年的整顿，实际上内容不仅包括了改革，而
且包含了开放。邓小平逝世后，江泽民在追悼大会上的悼词中说，
1975 年的整顿实际上是后来改革的实验。这些话清楚地告诉人们，
研究改革开放的起源，应该从 1975 年的整顿入手。

什么是社会主义，怎样建设社会主义？这是邓小平 1975 年春出
来工作时要回答的主要理论问题。1974 年，毛泽东曾对非洲的社会
主义发展不起来产生了困惑，并指示国内学者进行研究。当时，毛
泽东有"三项指示"：一是关于无产阶级专政理论学习的指示；二是
关于安定团结的指示；三是把国民经济搞上去的指示。这三项指示
是有内在张力的。对这三项指示的不同理解表现为党内两个思潮、
两种历史观的斗争。邓小平敏锐地抓住了安定团结和把国民经济搞
上去这两条，明确提出以"三项指示"为纲整顿各条战线"文化大
革命"造成的乱象。"四人帮"坚持以阶级斗争为纲，主张在上层
建筑领域对资产阶级实施全面专政，他们把发展生产和按劳分配都
说成是走资本主义道路。干部和群众普遍产生了"抓革命保险，抓
生产危险"的畏难情绪。为了实现中国的发展，邓小平决定批判这
些观点。针对"四人帮"宣传的"搞生产就是唯生产力论，就是以
生产压革命，就是取消以阶级斗争为纲，就是走资本主义道路"的
谬论，邓小平在 1975 年 6 月与马天水谈话时说，中国这么多人口，
国民经济搞不上去怎么行？"批'唯生产力论'，谁还敢抓生产？现
在把什么都说成资产阶级法权。多劳多得是应该的嘛，也叫资产阶
级法权吗？搞生产究竟应当用什么东西作为动力？"② 邓小平石破天
惊地提出历史发展动力问题，揭示了党内存在的两条发展路线的分
歧背后是两种历史观的斗争，集中表现在三个方面：一是坚持以阶
级斗争为纲还是以经济建设为中心，包括生产力与阶级斗争在人类

---

① 《邓小平文选》第 3 卷，人民出版社 1993 年版，第 81 页。
② 《邓小平年谱（1975—1997）》上卷，中央文献出版社 2004 年版，第 56 页。

历史发展过程中的地位和作用的评价，阶级斗争革命和生产力革命的关系问题，以及政治和经济的关系；二是物质利益与革命精神的关系问题；三是按劳分配与资本主义道路问题。

针对"搞生产就是唯生产力论，就是走资本主义道路"的观点，邓小平在 1975 年 3 月至 5 月，在多次会议上指出，把国民经济搞上去同"唯生产力论"是两回事，搞社会主义建设，不能不搞生产，不能不搞科学技术，我们强调劳动生产率，强调科学技术，不能算作"唯生产力论"。粉碎"四人帮"之后，1977 年 10 月，邓小平在会见加拿大麦吉尔大学东亚研究中心主任林达光时指出，根据马克思列宁主义的观点，最根本、最活跃的因素是生产力，上层建筑要为经济基础服务。"四人帮"否认生产力的重要，认为只要上层建筑的问题、所有制的问题解决了，就能进入共产主义。谁提发展生产力，就被说成是"唯生产力论"。这是我们同"四人帮"的重大争论之一。如果不是生产力发展到物质极大丰富，怎么能实现按需分配，怎么进入共产主义？马列主义没有"唯生产力论"这个词，这个词不科学。针对"四人帮"鼓吹的"以阶级斗争为纲""以革命压生产"的极"左"言论，邓小平首次讲清了三种革命的关系。他在一次讲话中指出："革命是要搞阶级斗争，但革命不只是搞阶级斗争。生产力方面的革命也是革命，而且是很重要的革命，从历史的发展来讲是最根本的革命。"[①] 此后，他又强调改革是第二次革命，革命是解放生产力，改革也是解放生产力。任何革命都是扫除生产力发展的障碍，阶级斗争革命和改革的目的是解放生产力和发展生产力，是为生产力方面的革命服务的。1978 年 12 月 2 日，他约胡耀邦、胡乔木、于光远谈在中央工作会议闭幕会议上的讲话稿问题，他亲笔拟定讲话提纲，其中包括"政治与经济的统一，目前一时期主要反对空头政治"。"四人帮"只讲阶级斗争革命，不讲甚至反对

---

① 《邓小平文选》第 2 卷，人民出版社 1994 年版，第 311 页。

生产力革命，把生产和革命对立起来，就是搞空头政治。邓小平讲，四个现代化是最大的政治，因为它符合全国人民的根本利益。邓小平有一个重要思想，即政治工作要落实到经济上面，政治问题要从经济角度来解决。他说："我们要学会用经济方法管理经济。"要"按照经济规律管理经济"。① 这样，通过揭示三种革命的关系，把共产党人的革命观和政治观重新奠定在历史唯物主义的基础上，彻底批判了"四人帮"长期鼓吹的"以阶级斗争为纲""政治可以冲击一切"的唯心史观。邓小平的三种革命论，在深刻总结现实的社会主义所遭遇的挫折，纠正将"革命"异化的极"左"思潮以及"告别一切革命"的错误言论，防止社会主义自毁长城，重新将唯物史观作为中国特色社会主义的哲学基础等根本问题上做出了重大贡献。

针对"四人帮"只讲革命精神，不讲物质利益的唯心史观，在《解放思想，实事求是，团结一致向前看》这篇改革开放的宣言书中，邓小平明确指出："不讲多劳多得，不重视物质利益，对少数先进分子可以，对广大群众不行，一段时间可以，长期不行。革命精神是非常宝贵的，没有革命精神就没有革命行动。但是，革命是在物质利益的基础上产生的，如果只讲牺牲精神，不讲物质利益，那就是唯心论。"②

针对"四人帮"教条式理解马克思关于按劳分配是资产阶级法权的论述，把实行按劳分配定性为走资本主义道路的形而上学观点，邓小平进行了深入的思考。他指出，资产阶级权利问题，要好好研究一下，从理论上讲清楚，澄清"四人帮"制造的混乱。在另一次讲话中，他说按劳分配政策很值得研究，不能搞平均主义，平均主义害处太大了。在党的十一届三中全会的主题报告中，他明确提出要允许一部分地区、一部分企业、一部分工人农民，由于辛勤努力

---

① 《邓小平文选》第 2 卷，人民出版社 1994 年版，第 130 页。
② 同上书，第 146 页。

成绩大而收入先多一些，生活先好起来，这必然产生极大的示范力量。这是一个大政策，一个能够影响和带动整个国民经济的政策。

为了解决历史观的拨乱反正问题，邓小平指导并发动了三次大讨论，即关于"唯生产力论"的讨论、关于"物质利益"问题的讨论、关于"按劳分配原则"的讨论。这三次讨论的内容，既是政治经济学的基本问题，更是哲学历史观的基本问题。1977 年底，邓小平委托胡耀邦将三篇文章交给《哲学研究》在复刊号上发表，题目分别是《历史唯物论还是历史唯心论？——对"四人帮""批判唯生产力论"的反批判》（林子力、有林）、《生产力是最革命的因素——驳"四人帮"在生产力问题上的谬论》（罗元铮、赵履宽）、《社会主义社会生产关系和生产力又相适应又相矛盾的科学论断不容篡改》（方辛）。除了发表这三篇文章，他还指示《哲学研究》编辑部就这一问题召开首都理论界座谈会，进一步深入批判"四人帮"在所谓"唯生产力论"问题上的极"左"谬论。第二场讨论是在《人民日报》等报刊上进行的关于"物质利益"方面的探讨，林子力和有林的另一篇文章《论政治与经济的关系》也同时在《经济研究》杂志上发表。第三场讨论是关于按劳分配原则的讨论，邓小平在 1978 年 3 月至 4 月，多次找胡乔木、邓力群谈话，就修改《贯彻执行按劳分配的社会主义原则》发表意见，在谈到按劳分配问题时说，应当有适当的物质鼓励，少劳少得，多劳多得，说得清楚。现在有人把不是毛主席的东西，强加给毛主席，说按劳分配产生资产阶级，这根本不行。5 月 5 日，《人民日报》以特约评论员署名发表该文。在邓小平的支持下，《评"四人帮"对"唯生产力论"的批判》一书，于 1977 年 6 月作为征求意见稿，由广东人民出版社出版，内部发行。1978 年 3 月由人民出版社和广东人民出版社联名正式出版。在邓小平的推荐下，该书曾作为政治局集体学习的材料。

关于"两个凡是"的争论，是历史观领域拨乱反正的继续。所谓"两个凡是"的内容即"凡是毛泽东同志圈阅的文件都不能动，凡是毛泽东同志做过的、说过的都不能动"。这种观点主张一个人讲的每句话都对，只要照抄照转就行了。否则，就是犯了弥天大罪。邓小平指出："这是个重要的理论问题，是个是否坚持历史唯物主义的问题。"① "两个凡是"违反了毛泽东同志实事求是的思想，是唯心主义和形而上学的反映。"按照历史唯物主义的观点来讲，正确的政治领导的成果，归根结底要表现在社会生产力的发展上，人民物质文化生活的改善上。如果在一个很长的历史时期内，社会主义国家生产力发展的速度比资本主义国家慢，还谈什么优越性？"② "一个党，一个国家，一个民族，如果一切从本本出发，思想僵化，迷信盛行，那它就不能前进，它的生机就停止了，就要亡党亡国。这是毛泽东同志在整风运动中反复讲过的。"③ 鉴于这个问题的重要性，邓小平从 1977 年 2 月起，多次对"两个凡是"提出异议，认为它不是马克思主义。4 月 10 日，邓小平针对"两个凡是"的错误观点致信华国锋、叶剑英，强调"我们必须世世代代地用准确的完整的毛泽东思想来指导我们全党、全军和全国人民"④。讲毛泽东思想，不在于引用很多毛主席的话，而在于发挥他的根本思想。关于真理标准问题的讨论，在时间和内容上都与"两个凡是"直接相关。1978 年 7 月 22 日，邓小平同胡耀邦谈话时指出，《实践是检验真理的唯一标准》这篇文章是马克思主义的。争论不可避免，争得好。引起争论的根源就是"两个凡是"。这样，关于"两个凡是"和真理标准问题的讨论，本质上也是在历史观领域拨乱反正的重要内容。"两个凡是"就是"四人帮"的历史观，也是林彪鼓吹的"句句是真理，一句顶一万句"的圣人史观的变种。1977 年 11 月 28 日，邓小平同胡乔木、于光远、邓力群谈话时说："要写一写关于上层建筑和

---

① 《邓小平文选》第 2 卷，人民出版社 1994 年版，第 38 页。
② 同上书，第 128 页。
③ 同上书，第 143 页。
④ 同上书，第 39 页。

经济基础、生产关系和生产力的文章。'四人帮'是不讲生产力的，他们甚至连生产关系也不多讲，只强调上层建筑。他们讲上层建筑也是只强调'专政'的一面，只讲'专政'问题，但人民内部存在的极大量的问题不是专政，例如管理就不是专政。"① 这是邓小平对"四人帮"唯心史观最完整的一次批判，也是对他从整顿到改革开放路线所坚持的根本思路的哲学表达。

综上所述，从1975年至1978年，邓小平自觉地运用唯物史观来思考和解答国际共产主义运动中所提出的重大理论和实践问题，提出并推动开展了关于生产力、物质利益、按劳分配等涉及人类历史发展动力的重大讨论，确立了以经济建设为中心代替以阶级斗争为纲的基本路线，开启了改革开放的历史进程，恢复了生产力标准和人民利益标准在唯物史观中的核心地位，为中国特色社会主义的理论和实践探索奠定了历史观基础。

① 《邓小平年谱（1975—1997）》上卷，中央文献出版社2004年版，第243页。

"创建当代中国哲学理论"：
我们当如何"接着讲"？

王南湜

王南湜，南开大学哲学系教授，中国辩证唯物主义研究会常务理事

"创建当代中国哲学理论"，是高清海先生在其生前发表的最后一篇文章中留给我们的"哲学遗嘱"。作为高先生的学术后辈，执行这一"遗嘱"，自是我们责无旁贷之事；但如何有效地执行，却并非一个简单的问题，而是我们要认真地用生命去思考的问题。这种思考是对高清海先生学术生命的延续，是在最为真切的意义上对于高先生的纪念。对于高清海先生这样一位终生奉献于当代中国哲学事业的思想者来说，最好的纪念莫过于推进他所钟爱的事业，即将他未竟的"创建当代中国哲学理论"事业延续下去，"接着讲"下去。

一

"创建当代中国哲学理论"，是高清海先生孜孜以求的事业，但先生所召唤的却并非任何一种特殊的哲学理论，而是能够体现中华民族亦即"我们的苦难和希望、伤痛和追求、挫折和梦想"的"当代中国哲学理论"，因而，它是一种具有极大普遍性诉求的理论。面对这样一种普遍性的宏大目标去"接着讲"，无疑存在着诸多可能的入手之处，但笔者想指出的是，从高清海先生那里"接着讲"，我们当能够更切近地抓住"创建当代中国哲学理论"的核心问题，从而能更有效地推进这一宏伟事业。

关于为何要从高清海先生那里"接着讲"的问题，笔者在两年前的一篇文章中曾对中国马克思主义哲学发展中张岱年、冯契和高清海等几位"学院派"哲学家的理论贡献做过一点梳理，其中的讨论或许能够回答这一问题。笔者曾写过这样一段话：

张岱年、冯契、高清海三位先生，称得上是二十世纪最著名的三位"学院派"马克思主义哲学家。三位先生虽然学术性格和研究领域各异，但却有一个显著的共同点，那就是终生持续探讨如何重建现代中国所需要的哲学，即能够鼓舞国人精神的哲学。"论现在中国所需要的哲学"，是张岱年先生 1935 年发表的一篇文章的标题；而"中华民族的未来发展需要有自己的哲学理论"，则是高清海先生 2004 年发表的一篇文章的标题。前者是张岱年先生青年时期（时年 26 岁）之作，后者则是高清海先生生前（时年 74 岁）发表的最后一篇文章，被视为"高清海先生的哲学遗嘱"。两篇文章发表的时间间隔大半个世纪，且一为青春之作，一为垂暮之作，但却在文章的标题中都出现了"中国"或"中华民族"、"哲学"、"需要"这些关键词。这些词语意味着什么呢？它意味着从上个世纪初期直到当今，创造中华民族所需要的哲学理论历史使命仍然未能完结，仍然需要我们做出持续的努力。[1]

所谓"持续的努力"，便是不仅要对诸位先生的哲学思想"照着讲"，更重要的是要接续诸位先生的思想趋向，推进以至完成诸位先生的哲学愿望，亦即要对诸位先生的哲学思想"接着讲"。三位先生之间虽然并无直接师承关系，甚至也无深度学术上的交集，但从学理上看，却有某种内在的逻辑关联，因而也可以说从张岱年先生到冯契先生，再到高清海先生，其间存在着一种理论的接续，即一种"接着讲"的序统。基于这一序统，我们今天要"接着讲"的便直接的是接续高清海先生的问题，这也就间接的是对三位先生之创建当代中国所需要之哲学理论的"接着讲"。

既然是直接接续于高清海先生的"接着讲"，那么，这个"接着讲"要接着高先生的问题来讲。为此，我们需要回到高先生所留给我

---

① 王南湜：《重建中华民族的价值理想——中国马克思主义哲学一条未彰显的发展路径及其意蕴》，《学习与探索》2017 年第 7 期。

们的问题。高先生在被视为其"哲学遗嘱"的《中华民族的未来发展需要有自己的哲学理论》一文中，给我们留下的是这样一个理论任务："'当代中国哲学'就是这样一种由中国哲学家探索、创造的主要反映我们自身的境域和问题的'民族性'、'时代性'和'人类性'内在统一的哲学样式。"①"民族性""时代性"和"人类性"三个方面，是高先生对这一重大任务所规定的基本原则或轮廓。这三项原则无疑是高度概括而抽象的，但高先生不仅在该文中做了相当的讨论，更重要的是其晚年一直思考的就是这一问题，并发表了一系列思考的重要成果。这给我们提供了一个颇有深度的理论框架或颇高的讨论平台，使得我们能够在一个相当高的起点上来进一步思考。下面就据此做进一步讨论，看看我们当如何在高清海先生之后"接着讲"。

二

"民族性"是高清海先生所呼唤的"当代中国哲学理论"的首要特征。高先生把"民族性"列为建构当代中国哲学之第一原则，初一看，似乎也像那些耳熟能详的此类言说一样，亦只是一种老生常谈，无甚新意。人们下意识地认为，关于"民族性"，人们谈论得已经很多了，似乎很难再说出什么新的东西。但高先生此处的论说，却不同于那些习见的说法，而是颇见深意，触及民族性问题之深层。一说到民族性，最常见的说法便是强调要有中国的民族形式，而内容方面似乎可以是一般的。而谈及民族形式时，作为比照的也是一种笼统的西方哲学，似乎"西方"是一个单一的整体，其哲学也是整齐划一的东西。但高先生在文中不但未将西方哲学视为单一性的存在，而是将西方诸国哲学的不同作为一个无可置疑的事实来指证民族性之必然性：

---

① 高清海：《中华民族的未来发展需要有自己的哲学理论》，《吉林大学社会科学学报》2004 年第 2 期。

在近代哲学发展史中，英、法、德三国哲学的关系最足以说明问题。这三个国家的发展程度尽管有所差别，它们所处的历史阶段和面临的历史任务却是基本相同的，即都需要结束专制压迫、解放个人、争取自由，以便为资本主义的发展扫清道路。这可以说是那时它们共同的奋斗目标。这里给我们的启示是，它们并没有因为目标相同、任务一致，在哲学理论上便去互相借用或彼此搬运别国的理论，法国并没有因为有了英国的理论，德国也没有因为有了在先的英国和法国理论便放弃自己的哲学创造；而是相反，它们每个国家都独立地创造了反映本国特殊发展情况、富有"自我个性"的哲学理论。①

这里，高先生在人们往往熟视无睹的境况中，独具只眼地看到了其间的问题，将民族性问题的讨论引向了内容方面的深度方向。诚然，只是比照英、法、德三国哲学的不同来指证民族性之必然性，尽管从形式方面进入内容方面，但论证本身仍是现象性层面的。人们也可能会将这段话理解为英、法、德三国哲学理论的不同只是法、德的哲学家们为了与英国哲学相区别，而进行的有差别的理论创作。哲学理论既然是哲学家们的创造，就不可避免地是哲学家们的有意识的活动，若只是停留于这个层面说事，自然不免流于肤浅。但高先生的论证并未止于此，而是从一个更深的层面做了展开。诚然，哲学家是能够自由地构造任何他所欲构造的理论，但这种自由构造的哲学能否成为一个时代真正的哲学，亦即成为时代精神的精华，却是有待时代的抉择。并非一个时代所创造的哲学理论都能够成为时代精神的精华，即成为真正的哲学。只有那些能够抓住时代脉搏的理论，才有望成为时代精神的精华。在此意义上，真正的哲学家的创造并非任意而为的，而是为某种超越于自身意识的东西所推动

———————

① 高清海：《中华民族的未来发展需要有自己的哲学理论》，《吉林大学社会科学学报》2004 年第 2 期。

的活动。这其中的道理，便是高先生所指出的：

> 哲学理论所以有个性，这同人的本性有关。就本源意义而言，哲学代表的是一种人所特有的对自身生存根基和生命意义的永不停息的反思和探究性活动，通过这种反思和探索，不断地提升人的自我意识和生存自觉，是哲学的根本使命。哲学作为人的"生命之学"，它既不可能是先验的"知识"性体系，也不可能是现成的"科学"，因为人的生命不是生活在世界之外的幽灵，它总是存在于具体、现实的"场域"和"语境"之中，在不同的场域，人的生命存在充满着特殊性和差异性，或者说，人的生命的"样式"和"活法"具有不同的特质和内容。因此，哲学对人生命意义的追问和反思，便不是对脱离时空之外的生命本性的抽象演绎和思辨，而是对生活在历史中的、在特殊的社会关系综合体中实现着自己的目的和利益的人的具体生命的审视和反思。①

将哲学作为人的"生命之学"，作为对于处在历史中的、各个特殊的社会关系综合体中追求着自己目的和利益的人的具体生命之意义的追问与反思，便自然地、不可避免地具有各异的民族性，甚至个体性。

如果我们沿着高清海先生的思路，再向更具体的民族性方面进一步追问，即追问当代中国哲学之民族性到底如何体现，或者说，追问在我们创建当代中国哲学理论之时，到底应当从何着手去体现民族性，那么，我们就来到民族性问题的最核心之处。在此，虽然没有现成的答案，但高先生给我们指出了一条正确的思考之路，那就是从我们自身的生命历程去追问，而不能指望直接可搬用的东西：

---

① 高清海：《中华民族的未来发展需要有自己的哲学理论》，《吉林大学社会科学学报》2004 年第 2 期。

西方哲学是以西方人特有的生命形态和生存经验为基础的，它的审视和追问方向也主要是西方人特有的生命经验，我们不可能期望让他们代替中国人去理解、反思我们自己的生命境遇和生存意义，仰仗他们的理论具体解决中国的现实问题。中华民族的生命历程、生存命运和生存境遇具有我们的特殊性，我们的苦难和希望、伤痛和追求、挫折和梦想只有我们自己体会得最深，它是西方人难以领会的。我们以马克思的哲学为指导，对于这类具体问题也仍然需要有我们自己的理论去回答和解决。①

这里的关键词是在"中华民族的生命历程、生存命运和生存境遇"中的"我们的苦难和希望、伤痛和追求、挫折和梦想"，即处于这一独特的生存境遇中的"希望""追求"和"梦想"。何谓中华民族的"希望""追求"和"梦想"？用哲学术语讲，就是中华民族的"价值理想"。也就是说，一种哲学之民族性的核心是其"价值理想"。那么，"创建当代中国哲学理论"的核心之点也就是将中华民族之价值理想呈现于哲学理论之中。

说到中华民族之价值理想，便不能不进一步追问：从人类历史看，与其他文化民族相比，中华民族之"价值理想"到底有何独特性？这是因为，尽管"当代中国哲学"不可能现成地从传统中搬来，而必须是当代人的创造，但这种创造若是割断了与传统价值理想的关联，便不可能还是"中国的"，从而也就不可能为广大国人所接受。人们常说，哲学或文化是人们的精神家园。既是"家园"，便必有世世代代生活于其中，体现着"我们的苦难和希望、伤痛和追求、挫折和梦想"的血肉相连的亲切感。因而，若是割断了传统，也就

---

① 高清海：《中华民族的未来发展需要有自己的哲学理论》，《吉林大学社会科学学报》2004年第2期。

丧失了亲切感，也就难以为人们所接受而失去了其效能。

关于中华民族价值理想的独特之处，这里不可能进行详细的述论，但可以指出一点，那就是中国文化传统中的价值理想是与"家"的理念分不开的，这与源于希腊和基督教文明的西方文化传统大不相同。希腊文明的典型特征是"城邦"，城邦之为政治共同体或公共领域，是与家庭之为私人领域全然分别的。而基督教文明的典型特征是教会，教会之为精神共同体亦是与家庭分别的。但中华文明之典型特征是家国一体，是以"家"为基本单元而扩展为"国家"观念。在这里，"国"不仅不与"家"相分离，而且"家"是"国"之价值合理性的根基。这种价值理想构造方式，在宋儒张载的"民胞物与"观念中得到最为典范的表达。而这种思维方式并非只是思想层面的存在，还有着实在的社会存在方式的支撑。尽管中国社会结构形态经历了多次重大变化，但在这种变化中，"家"的存在方式以变化了的形态延续了下来，从而"家"之观念也就以变化了的方式延续了下来。因此，可以预言，尽管今日之中国正在经历两千年未有之巨变，但中国特有的"家"之存在必定会以新的方式延续下去，从而"家"之观念也就必定会相应地以新的形式延续下去。因此，我们对于中华民族价值理想的当代重建，也就必然要从"家"的观念的重建开始。

三

高清海先生所呼唤的"当代中国哲学"的第二个基本特征是"当代性"。"当代性"这一规定往往被人视为不言而喻之事，以为只要是当代人创建的东西便自然具有"当代性"。但认真说来，要做到"当代性"并非易事。"当代性"绝非那种追赶时髦理论，更非卖弄几个时尚词语，而是要树起民族的当代之魂，即在当代"为往圣继绝学，为天地立心，为生民立命"，从而贡献精神力量于"为万世开太平"。这里且看高先生对"当代性"的理解：

"哲学"是民族之魂。哲学标志着一个民族对它自身自觉意识所达到的高度和深度，体现着它的心智发育和成熟的水准。从这一意义说，创造"当代中国哲学"，实质就是要创造中华民族的"思想自我"。一个社会和民族要站起来，当然经济上的实力是必要的基础，然而这并不是关键，关键在于首先要从思想上站立起来，一个在思想上不能站立的民族，哪怕它黄金遍地，也不可能真正成为主宰自己命运的主人。①

"创造'当代中国哲学'"，一方面有赖于整个中华民族"从思想上站立起来"，而哲学作为时代精神之精华，便是对"思想上站立起来"的中华民族精神之表达；另一方面，哲学也绝非只是消极的"反映"，而是以自己的方式促成民族在思想上的站立。因此，"创造'当代中国哲学'，实质就是要创造中华民族的'思想自我'"，这便是高先生效法宋儒张载为创造"当代中国哲学"设定的目标！实现这一目标，这是何等崇高而艰巨的使命，如何可能是轻而易举的呢！故若欲仿效高先生投入创造"当代中国哲学"的崇高使命，便只能以先圣之语来自励："士不可以不弘毅，任重而道远。仁以为己任，不亦重乎？死而后已，不亦远乎？"（《论语·泰伯第八》）那么，如何实现这一目标？高先生也给予了原则性指引：

> 当今中国社会正处在社会转型的关键时期，它内在地要求人们从理性的高度来判断中国社会的历史方位，澄明社会发展的价值前提，反思未来发展的可能道路，也即是说，创建当代中国哲学理论，乃是中国人反思自己的生命历程、理解自己的

---

① 高清海：《中华民族的未来发展需要有自己的哲学理论》，《吉林大学社会科学学报》2004 年第 2 期。

生存境域、寻找自己未来发展道路的内在要求和迫切需要。①

因此，中国哲学的"当代性"绝非人们通常所认为的那样，是所谓的与当代西方哲学同步，追赶当代最时尚的哲学潮流，人家现代了，我们也跟着"现代"，人家后现代了，我们也紧随着"后现代"。或者干脆将中国传统的东西贴上"现代"的标签，说成是比西方更早为"现代"的，甚至早已经是"后现代"的。若从高先生所理解的"当代性"来看，这种亦步亦趋的观念"更新"或旧物翻新的"贴牌"游戏是毫无价值的，是精神的倦怠、思想的懒惰。而真正的"当代性"需要真真切切的理论创新。这创新的关键之处非他，便是对于中国社会或者说中华民族生命的历史与现实的再认识，只有在这一再认识的基础上，才有可能形成真正具有"当代性"的中国哲学。

这一"再认识"之所以必要，根本之点"便在于中国社会的极大独特性，而以往对于中国社会历史发展的认识却又往往简单地比附于西方社会而极大地忽略了这一点。社会存在具有历史路径依赖性，中国社会发展之独一无二性，他国皆未有过之社会存在方式，无法简单归结为西方概念中任一种。简单地套用西方之模式，如古代之整体主义与现代之个体主义，皆有可能无法真正把握中国社会之特征"②。既然西方既有的理论都是基于西方社会发展之特征而构建的，它对于中国社会的历史与结构的把握便不可避免地在相当程度上是不适合甚或是扭曲的，因而，这一"再认识"同时是对于认识中国社会方法的再认识，并在这种再认识中创造适合于中国社会之认识方法和理论。

但这种"再认识"可能会被认作对于中国历史之独特性的哲学

---

① 高清海：《中华民族的未来发展需要有自己的哲学理论》，《吉林大学社会科学学报》2004 年第 2 期。

② 王南湜：《社会科学对象的建构性与当代中国社会科学的建构》，《学习与探索》2019 年第 8 期。

性思辨，即依据某些简单的规定，简单地将中西方认定为两种不同类型，设定西方人具有某些特征而中国人具有某些相异或相反的特征，然后推断中国未来发展之途径。这种极度抽象的思考不能说毫无意义，但对于实现中国哲学之"当代性"来说，其意义是极其贫乏的。依据高先生对于实现这一"当代性"之要求，这种再认识和理论创造也不能停留在哲学层面，对比西方社会，对中国社会做某种概观性描述，而十分有必要通过建构适合于中国社会之再认识的各门实证性的社会科学，来进行深入细致的再认识。在这一再认识中，哲学一方面为各门实证社会科学提供适当的方法论基础，另一方面借助各门社会科学之眼观察中国社会，并从中提取概括出对于中国社会真实而非虚幻的总体性认识。在这方面，马克思之从青年时期的哲学思辨走向对于资本主义社会之经济运行把握的政治经济学批判研究，当作为我们中国社会再认识的范例。

四

　　高清海先生所呼唤的"当代中国哲学"的第三个基本特征是"人类性"。

　　何为"人类性"呢？说到"人类性"，人们往往会不假思索地将之与"民族性"对立起来，以为"人类性"便是从不同文化传统中抽绎出若干个在某种意义上具有普适性的概念或范畴。但认真说来，这样制作出来的寡淡无味的"人类性"是没有多少意义的。当然，还有相反的说法，径直将民族性等同于世界性。照一种流行的说法，越是民族的便越是世界的。此说颇为"辩证"，也颇为费解，至少愚钝如我者便百思而未得其解，尚待识者揭秘。

　　而高先生所理解的"世界性"或"人类性"，既非那种简单地抽绎出来的寡淡之物，亦非现成地以辩证法之名给民族传统之物贴上"世界性"的标签，而是须建基于当代中国哲学家的辛劳创造。而这一创造前提是"'当代中国哲学'生长在世界发展到今天的理论语境，它必须以人类文化已有的全部历史的成果为基础，并广泛地吸纳别国一切有价值的先进思想，从这一意义上说，它作为当代中国的哲学，同时也就具有了世界性和人类性"①。高先生为何要设定这样一个前提呢？这是我们必须追问的。要回答这一问题，我们又需回到前述关于创造"当代中国哲学"必须直面"中华民族的生命历程、生存命运和生存境遇"中的"我们的苦难和希望、伤痛和追求、挫折和梦想"之问题，即创造当代中国哲学，必须直面这些根本问题而思。但在现时代，中华民族所遇到的根本性问题，已不再仅仅是中国自己内部的事情，而是已经成为世界性的，因而，要使得这一思考能有效地回应当代问题，便必须面向全世界、全人类，从而必须通过对于全人类优秀文化之把握，方能够胜任。在当代，任何一个民族国家的问题，都已经深深地卷入世界范围之中，已经没有一个国家能够独自存在和发展。也就是说，在全球化发展的今日，整个世界已经形成了一个息息相关的人类命运共同体，对于处于这样一种命运相关的世界之中的民族国家自身问题的处理，如何能抛开他国的优秀文化而在与世隔绝的情况下独自进行？在当今时代，可以说，民族性与世界性在某种意义上已经相互贯通、融为一体。在这种条件下所从事的哲学思考，如果是真正能够切中自身民族现实生活的，那么，它也必定是具有世界性或人类性的。

但以上所说的民族性与人类性之贯通，还只是在一种十分一般的意义上看的。由于中华民族在人类历史上所具有的独特性，对于此一贯通还需从更为深层的意义上去理解。人类历史或世界历史诚然是由各民族历史汇合而成，但在世界历史的进展中，各民族国家所贡献的作用却并不相同，而是在特定的历史时期，总会有一些民族在其中发生了更显著的作用。这些贡献了更大作用的民族，黑格尔曾将之称为世界历史民族。由此观之，中华民族由于超级巨大的

---

① 高清海：《中华民族的未来发展需要有自己的哲学理论》，《吉林大学社会科学学报》2004年第2期。

体量和极为独特的发展道路（从秦汉时代便开始的中华民族大一统国家的建构，至少从唐宋以来的在某种意义上的现代国家体制之建构）这两个方面的独特性，而在当代重新具备成为世界历史民族之资格。在这种情形之下，我们不能把中国道路仅仅理解为一种典范，一种对于其他民族国家构成成功的示范样本，而是由于中华民族之超级巨大体量和独特的发展道路，必须将这一中国道路理解为由于中国的发展本身便改变了世界历史之格局，或者更准确地说，改变了世界历史之进程和方向，从而在同时将中国性渗透到全世界，使得中国的民族性本身即成为世界性或人类性的。如此一来，当代中国哲学家对于中国问题的思考若是真正切中了问题，它便同时具备了当代性、民族性和世界性或人类性。

如果我们沿着高清海先生所指出的进路"接着讲"，那么，经过数十年的努力，高先生所设想"'当代中国哲学'就是这样一种由中国哲学家探索、创造的主要反映我们自身的境域和问题的'民族性'、'时代性'和'人类性'内在统一的哲学样式"①，当能显现于中国大地之上，并放射其能量于全世界。

（本文原载《现代哲学》2020 年第 3 期）

---

① 高清海：《中华民族的未来发展需要有自己的哲学理论》，《吉林大学社会科学学报》2004 年第 2 期。

论中国道路及其本源意义

韩庆祥

韩庆祥，中共中央党校一级教授，中共中央党校专家工作室领衔专家，中国人学学会副会长，中国马克思恩格斯研究会副会长，第十八届中央政治局第 11 次集体学习主讲专家

　　学术界、理论界对中国道路问题较为关注，时常把中国道路看作一个根本性问题。然而，由于人们多把中国道路仅看作一个政治问题而非学术问题，还没有从学理上加以深入理解和阐释，致使中国道路成为人们熟知并非真知、知其然而不知其所以然的一类问题。在把中国道路首先看作政治问题的前提下，如何把中国道路也看作一个学术问题，进而把中国道路由政治话语转化为学术话语？如何从学理上理解和把握中国道路及其意义？迄今为止，学术界还未真正解决好这些问题，因而还没有从学理上对中国道路做出一个精准、精练、彻底、合乎逻辑且令人信服的阐释，更没有认识到中国道路所具有的本源意义。本文认为，把中国道路看作一个学术问题，进而从学理上加以深入探讨，不仅有助于从外延上拓宽中国道路问题研究的学术空间，而且有助于从根本上深刻认识中国道路所具有的本源意义。

一　对"道路"的探寻是贯穿马克思主义发展史的一条根本主线

　　马克思主义发展史到底是一种什么样的发展史？答案种种，然而还没有哪一本著述把马克思主义发展史从根本上明确看作对道路问题探寻的历史。

　　空想社会主义之所以是空想主要体现在两个方面：一是它对未来理想目标的设想没有建立在现实的基础之上；二是它关于未来理想目标的实现较为注重人的理性、改良、道德教育、宣传舆论、天才人物的作用，没有真正找到切实可行的科学道路。于是，实现社会主义理想目标的道路问题就成为需要后人继续深入探寻的一个根本性问题。

马克思、恩格斯把社会主义由空想变为科学，创立了科学社会主义。科学社会主义对空想社会主义的变革主要体现在道路问题上。一是马克思、恩格斯把对未来理想社会之理想目标的设想建立在现实的基础上，这一现实就是对社会基本矛盾的理解，就是对资本主义社会发展规律和人类历史发展一般规律的把握；二是马克思、恩格斯找到了一条实现社会主义理想目标的根本路径，这就是《共产党宣言》所确立的：全世界无产者联合起来，通过无产阶级革命，消灭私有制，消灭剥削，进而解放无产阶级，解放全人类，促进每个人自由而全面地发展。在马克思、恩格斯那里，科学社会主义就是关于无产阶级解放条件的学说，其核心就是致力于探寻实现社会主义、共产主义与人的自由全面发展的道路。

马克思晚年集中思考和研究的是东方社会如何跨越"卡夫丁峡谷"的问题，其实质就是东方社会的发展道路问题。1867 年，《资本论》第 1 卷出版后，俄国学者正在思考俄国废除奴隶制后向何处去的道路问题。他们对《资本论》中所提出的由封建生产方式向资本主义生产方式转变的历史必然性、对俄国农村公社的命运尤其是俄国社会的发展道路等问题展开了激烈争论。1881 年初，俄国革命民主主义者查苏利奇致信马克思，希望马克思能说明对俄国农村公社的发展道路和发展命运的看法。马克思针对他提出的问题，也着重对东方社会发展道路问题进行思考，并作了回应。"一方面，土地公有制使它有可能直接地、逐步地把小地块个体耕作转化为集体耕作，并且俄国农民已经在没有进行分配的草地上实行着集体耕作。俄国土地的天然地势适合于大规模地使用机器。农民习惯于劳动组合关系，这有助于他们从小地块劳动向合作劳动过渡；最后，长久以来靠农民维持生存的俄国社会，也有义务给予农民必要的垫款，来实现这一过渡。另一方面，和控制着世界市场的西方生产同时存在，就使俄国可以不通过资本主义制度的卡夫丁峡谷，而把资本主义制度所创造的一切积极的成果用到公社中来。"①

列宁把科学社会主义由理论付诸实践，"十月革命"就是科学社会主义在俄国的具体实践。列宁在晚年从实践到理论所探寻的根本主题，就是小农经济占优势的俄国向社会主义过渡的道路问题。列宁指出当时俄国小农经济占优势。要使小农经济向社会主义过渡，必须利用国家资本主义。他指出："一切民族都将走向社会主义，这是不可避免的，但是一切民族的走法却不会完全一样，在民主的这种或那种形式上，在无产阶级专政的这种或那种形态上，在社会生活各方面的社会主义改造的速度上，每个民族都会有自己的特点。"②这里所谓的"走法"，实质上就是道路问题。

自 1921 年中国共产党登上历史舞台以后，马克思主义的发展就具体体现为马克思主义基本原理与中国具体实际相结合及其发展历程上，亦即马克思主义在中国的历史发展。"十月革命"一声炮响，给中国送来了马克思列宁主义。马克思主义在中国的历史发展进程首先表现为马克思主义基本原理与中国革命具体实际相结合，这是在新民主主义革命时期实现的。这一次结合的核心问题，就是关于中国革命的道路问题。当时毛泽东和王明的争论，实质上就是关于中国革命走什么样的道路这一根本问题。2014 年 4 月 1 日，习近平主席在比利时布鲁日欧洲学院演讲时，回顾了当时中国是如何选择社会主义道路的：1911 年，孙中山先生领导的辛亥革命推翻了统治中国几千年的君主专制制度。旧的制度推翻了，中国向何处去？中国人苦苦寻找适合中国国情的道路。君主立宪制、复辟帝制、议会制、多党制、总统制都想过了、试过了，结果都行不通。最后，中国选择了社会主义道路。

1956 年初，在中国社会主义基本制度将要确立这一历史时刻，毛泽东把在新中国如何建设社会主义道路的问题提到了重要议事日

---

① 《马克思恩格斯选集》第 3 卷，人民出版社 2012 年版，第 824—825 页。

② 《列宁专题文集·论社会主义》，人民出版社 2009 年版，第 398 页。

程，这一问题成为以毛泽东同志为主要代表的中国共产党人所面对的最为紧迫的根本问题，这实际上也是马克思主义基本原理与中国社会主义建设具体实际相结合的问题。1956 年 4 月，在中央政治局扩大会议上，毛泽东曾经说过，他认为最重要的教训是独立自主，调查研究，摸清本国国情，把马克思列宁主义的基本原理同我国革命和建设的具体实际结合起来。①

这意味着，毛泽东特别强调要把马克思主义基本原理同中国社会主义建设的具体实际结合起来。这一结合的核心问题，就是应该独立思考中国自己的社会主义建设道路问题，这表明我们党在精神上具有一定的独立性和主动性。在这一问题上，我们党既反省、反思了一定历史时期对"苏联模式"的照搬，又强调了要破除迷信，反对本本主义、教条主义。这次结合，毛泽东明确将其称为第二次结合。毛泽东强调吸取苏共二十大的经验教训，"最重要的是要独立思考，把马列主义的基本原理同中国革命和建设的具体实际相结合"。对此，毛泽东深有体会地说："民主革命时期，我们走过一段弯路，吃了大亏之后才成功地实现了这种结合，取得了革命的胜利。现在是社会主义革命和建设时期，我们要进行第二次结合，找出在中国进行社会主义革命和建设的正确道路。"② 第二次结合的主要理论成果，根据顾海良教授的研究，一是社会主义社会基本矛盾理论；二是统筹兼顾，注重综合平衡理论；三是以农业为基础、工业为主导、农轻重协调发展理论。在笔者看来，这其中最为核心的，是社会主义社会基本矛盾理论。因为对社会主义社会基本矛盾及其性质的理解，是关系社会主义如何搞法的一个重大问题。这个问题实质上就是社会主义建设的道路问题。

1978 年我国开启改革开放和社会主义现代化建设新步伐以后，

---

① 《十七大以来重要文献选编》（上），中央文献出版社 2009 年版，第 253 页。

② 《十七大以来重要文献选编》（上），中央文献出版社 2009 年版，第 253—254 页。

马克思主义在中国的发展就体现为马克思主义基本原理与新时期中国改革开放的具体实际相结合，这次结合的实质和核心就是对实现社会主义现代化的道路问题的探究。根据历次党代会的主题，完全可以明确地把这条道路确定为中国特色社会主义道路。

党的十八大的召开，是马克思主义在中国发展的一个新的里程碑。"新"就新在是"中国特色社会主义新时代"，是"我国发展新的历史方位"，是实现"强起来"的新时代，是我国由大国向强国实现伟大飞跃的新的历史方位。在这一新时代或新的历史方位，马克思主义的发展就具体体现为马克思主义基本原理与我国新时代中国特色社会主义实践相结合，与大国成为强国即实现"强起来"的历史实践相结合。这次结合具有里程碑意义，其结合之实质和核心就是要进一步深入探究实现"强起来"的具体道路问题。党的十九大报告第四部分及其之后的内容主要就是对全面建成社会主义现代化强国、实现中华民族伟大复兴之具体道路的阐述。

由上可以看出，马克思主义发展史从根本上就是对道路问题探寻的历史。

二　运用"五定"总体框架揭示中国道路的核心要义及其生成机制

既然对道路的探寻是贯穿马克思主义发展史的一条根本主线，那么，从学理上来讲中国道路的生成机制是什么？究竟什么是中国道路的核心要义？或者说如何从学理上揭示中国道路的核心要义及其生成机制？中国道路，就广义而言，主要包括中国革命的道路、中国社会主义建设的道路、社会主义现代化建设的道路与和平发展道路；就狭义而言，主要是指当代中国致力于实现社会主义现代化、实现中华民族伟大复兴的中国特色社会主义道路。这里，本文按照一个完整的逻辑框架，从五个维度力图对中国道路尤其是狭义上的中国特色社会主义道路的核心要义及其生成机制做出学理上的揭示。

（一）定性：坚持中国共产党的领导

揭示中国道路，首先要对中国道路进行定性，这主要回答"谁来领航""往哪领航"的问题。这一维度讲的是中国道路的本质逻辑。性质决定着方向，方向决定着道路。方向问题是中国道路的首要问题。

中国道路在性质上既不是走资本主义的邪路，也不是走封闭僵化的老路。中国共产党的领导是中国特色社会主义最本质的特征，中国共产党的领导是中国特色社会主义制度最大的优势。此外，是中国共产党探寻并开创了中国道路。显然，坚持中国共产党的领导是中国道路最本质的特征，它体现着中国道路的根本性质。

中国共产党登上中国历史舞台，就开始探寻中国革命的道路问题；1956年，中国共产党开始主动探究在中国建设社会主义的道路问题；1978年我国开启改革开放以后，中国共产党真正开始探寻并开创了中国特色社会主义道路。由于找到了正确的道路，就使得中国发生了翻天覆地的变化。历史的逻辑确实如此：没有中国共产党，就没有新民主主义革命的胜利；没有中国共产党，就没有新中国；没有中国共产党，就没有改革开放。中国共产党正是在探寻中国道路并创造历史成就的过程中呈现出领导力的，也是在运用总体方略实现战略目标的历史进程中实现其领导力的。因此，只有读懂中国共产党，才能理解中国道路；只有理解中国道路，才有助于理解中国共产党。在中国道路中，之所以必须坚持中国共产党的领导，是因为中国共产党不仅是中国道路的真正探寻者、开创者与领航者，而且其指导思想具有引领力、奋斗目标具有感召力、组织资源具有动员力、实现蓝图具有恒定力、自我革命具有净化力。在中国道路的核心要义中，坚持中国共产党的领导具有总体性地位与核心性作用。

（二）定位：立足历史方位

揭示中国道路，在搞清楚"谁来领航""往哪领航"之后，逻辑上就必须进一步为中国道路进行定位，即搞清楚"我在哪里"（"我在何处"）。这一维度，讲的是中国道路的历史逻辑，实际上是关于中国道路的历史坐标问题。这里所讲的历史坐标实质上就是中国道路所处的历史方位。确定历史方位至关重要，因为只有首先搞清楚"我在哪里"（"我在何处"），才能进一步搞清楚"走向何方"。这实质上讲的是中国道路的总依据、立足点问题。

　　历史方位既然是历史坐标，它就确定着中国道路所处的历史阶段。在不同历史阶段，中国道路会有不同走法，同一条根本相同的道路也会有具体不同的走法。中国道路是中国共产党在不同历史阶段且解决不同的社会主要矛盾和根本问题的进程中开创出来的。在1978年改革开放初期，即在我国"欠发展"的历史方位，我们党主要是解决人民日益增长的物质文化需要同落后的社会生产之间的矛盾，由此所要解决的根本问题或首要任务，就是解放和发展社会生产力，解决的方法是发展科学技术，利用市场机制。党的十八大以后，中国特色社会主义进入了新时代，我国发展进入了"发展起来以后"新的历史方位。此时，我们党与时俱进地把人民日益增长的美好生活需要和不平衡不充分的发展之间的矛盾作为社会主要矛盾，由此把逐步实现全体人民共同富裕、不断促进人的全面发展作为全面建成社会主义现代化强国、实现中华民族伟大复兴的根本支柱，作为新时代新的历史使命和奋斗目标，把贯彻落实新发展理念、实施"两大布局"（统筹推进"五位一体"总体布局和协调推进"四个全面"战略布局）作为总体方略。显然，中国道路既具有相对稳定性，也具有开放性和未完成性，具有与时俱进的品格，它不是封闭、保守、僵化的，而是开放、创新、发展的，是向世界开放的。

　　立足历史方位的中国道路具有三大实践功能。第一，保持清醒头脑，不冒进、不保守。明确历史方位，就知道"我在何处"。"所以人类始终只提出自己能够解决的任务，因为只要仔细考察就可以发现，任务本身，只有在解决它的物质条件已经存在或者至少是在生成过程中的时候，才会产生。"① 我们只能根据自己所处的历史方位来确定奋斗目标。这样，就既不会冒进，也不会保守。第二，坚持与时俱进，不停滞、不封闭。随着历史进步和实践发展，我们要与时俱进地确定奋斗目标，并全力以赴地实现这一奋斗目标，中国道路也随之得以拓展。比如，随着民族历史日趋成为世界历史，中国道路的世界维度会日益展现。只有这样，才会不停滞、不封闭。第三，明确工作重点，不迷失、不折腾。明确工作重点，就可以紧紧围绕工作重点做好工作，并以抓重点带好面上的工作。这样，既不迷失方向，也可避免瞎折腾。中国共产党人十分重视历史方位问题，并以此来与时俱进地拓展中国道路，推进中国发展。

（三）定标：把解放和发展生产力、逐步实现全体人民共同富裕和促进人的全面发展作为实现社会主义现代化、实现中华民族伟大复兴的三大根本支柱

揭示中国道路，在搞清楚"我在何处"之后，逻辑上就需要对中国道路进行"定标"，回答"走向何方"的问题。确定"我在何处"，就是为了明确"走向何方"。这一维度讲的是中国道路的目标逻辑。道路自然包含道路所指向和达到的战略目标。战略目标是中国道路的题中应有之义。没有战略目标的道路不能称其为道路。

确定战略目标，既要以实事求是地把握社会主要矛盾和所解决的根本问题为基础和前提，也要以对"历史方位"的定位为基础和前提，确定战略目标，与确定历史方位直接相关，这叫作"定位"决定"定标"。在什么样的历史方位，就确定什么样的战略目标。也就是说，我们党所确定并实现的战略目标是历史的、与时俱进的。在"欠发展"的历史方位，邓小平首先判定我国的社会主义依然处在"初级阶段"，因而其首要任务和奋斗目标就是"解放和发展生产力"。习近平把中国特色社会主义确定为进入了新时代，我国发展

---

① 《马克思恩格斯选集》第 2 卷，人民出版社 2012 年版，第 3 页。

进入了新的历史方位，即我国"发展起来以后"的历史方位。由此，他把"逐步实现全体人民共同富裕，建设富强民主文明和谐美丽的社会主义现代化国家"、实现中华民族伟大复兴、促进人的全面发展，作为新时代中国共产党的战略目标。这样的逻辑次序可归结为：解放和发展生产力——逐步实现全体人民共同富裕——促进人的全面发展。解放和发展生产力、逐步实现全体人民共同富裕和促进人的全面发展，从根本上影响着实现社会主义现代化、实现中华民族伟大复兴。所以，在中国道路中，解放和发展生产力、逐步实现全体人民共同富裕和促进人的全面发展，是实现社会主义现代化、实现中华民族伟大复兴的三大根本支柱。

中国道路中的战略目标，主要表达的是中国道路的目标追求和价值取向。解放和发展生产力、逐步实现全体人民共同富裕、促进人的全面发展，都是社会主义的目标追求和价值取向。这种战略目标超越了以资本为主导的逻辑，走出了一条把物的发展和人的发展统一起来的以人民为中心的全面现代化道路，这是中国道路的核心。因为现代化首先是解决"物"的问题，然后在逻辑上进一步解决"人"的问题；这种战略目标凝聚着中国共产党和中国人民的共同目标追求，凸显了社会主义和现代化的本质属性，从而使社会主义和现代化互相促进、相辅相成；它注重共同富裕和每个人的全面发展，更具有感召力和凝聚力；它所呈现出的现代化是全面发展的现代化，涉及经济、政治、文化、社会、生态方方面面。它具有三大实践功能：一是明确前进方向，激发人们的主动性、能动性；二是明确奋斗目标，振奋人心、鼓舞斗志；三是画出最大同心圆，具有凝心聚力作用。

（四）定法：把贯彻落实新发展理念并实施"两大布局"作为总体方略

揭示中国道路，接下来的逻辑，就是对中国道路进行"定法"，回答"如何走法"的问题。这一维度，讲的是中国道路的实践逻辑。

所谓"定法"，就是确定实现战略目标的根本路径和方法，亦称总体方略。这是中国道路的一个核心内容。

战略目标确定之后，接着在逻辑上就要确定实现战略目标的总体方略。为实现战略目标，就必须进一步确定好实现战略目标的总体方略。为实现上述所讲的战略目标，习近平提出了贯彻落实新发展理念，统筹推进"五位一体"总体布局，协调推进"四个全面"战略布局。这实际上讲的就是实现战略目标的总体方略。在这一总体方略中，统筹推进"五位一体"总体布局是"总框架"，新发展理念是"路线图"，"四个全面"战略布局是"牛鼻子"。统筹推进"五位一体"总体布局，意味着中国道路在我国经济、政治、文化、社会和生态领域都有具体的体现。新发展理念在中国道路中具有十分重要的地位，它从"路线图"的高度来讲如何使大国成为强国进而实现中华民族伟大复兴，它体现了中国特色和社会主义本质的有机统一，体现了经济社会发展和生态文明建设的有机统一，体现了国内发展和国际发展的有机统一，体现了中国视野和世界眼光的有机统一，是对我国发展起来以后的发展新格局做出的顶层设计和战略谋划。协调推进"四个全面"战略布局，意味着要紧紧扭住"四个全面"战略布局这个"牛鼻子"，来统筹推进"五位一体"总体布局，来贯彻落实新发展理念。

（五）定力：整合推动力量，使党的领导力量、市场配置力量和人民主体力量形成合力

揭示中国道路，在逻辑上，还要进一步揭示中国道路所蕴含的推动力量，即蕴含的"定力"，回答"动力何来"的问题。这一维度，讲的是中国道路的制度逻辑。所谓定力，就是揭示实现战略目标的推动力量。路是要走的，道路是走出来的，走就需要力量来推动。没有力量推动，战略目标及总体方略都实现不了。推动力量是中国道路中不可或缺的一项重要内容。这种推动力量可概括为：积极整合党的领导力量、市场配置力量和人民主体力量并形成合力。

其中，党的领导力量是根本，市场配置力量是手段，人民主体力量是目的。

把推动力量作为中国道路的核心要义之一有其重要依据。

第一，具有历史依据。中国特色社会主义的开创是从社会结构转型开始的。现代化的本质是"社会结构转型"，即由传统的社会结构转向现代的社会结构。当代中国通过开创中国特色社会主义以实现社会主义现代化的进程，本质上就是中国"社会结构转型"的进程。1978年改革开放以后，我国开创了中国特色社会主义。1992年，我国正式明确要建立社会主义市场经济体制。社会主义市场经济体制的出现，逐渐改变了我国传统的社会结构，使中国传统社会结构发生转型。这种转型，首先体现为市场配置的力量在生长。随着市场配置力量的生长，最直接的影响，就是人民的主体力量也在不断增长。因为市场配置力量的生长，会不断增强人民的利益、能力、自立意识，以及主体、独立、自主、平等、民主意识，进而会使人民的各种诉求不断觉醒和增强。当前，人民的能力、自立、自主、民主意识的增强，就是人民主体力量增强的具体体现。随着市场配置力量、人民主体力量的不断增强，会内在要求政府转变传统职能，由管制型政府向在中国共产党领导下且仍具有主导作用的公共服务型、治理型政府转变。这样，整个中国的社会结构就会发生如下变化，即逐渐形成以党的领导力量、市场配置力量和人民主体力量为核心要素而构成的新型社会结构。这种结构，构成中国特色社会主义道路中的本质力量结构。

第二，具有理论依据。中国特色社会主义首先是社会主义，科学社会主义的基本原则不能丢，丢了就不是社会主义。科学社会主义的基本原则，就是坚持劳动人民立场，它把人民群众当作社会历史发展的主体，当作社会历史发展的动力，当作推动社会历史发展的力量源泉，当作社会历史发展的目的。由此，中国道路必须注重人民主体力量。这是中国特色社会主义之所以被称为社会主义的本质或根据。离开这一点，就不是社会主义，也谈不上中国特色社会主义道路。

中国特色社会主义之"中国特色"，从根本性来看，在经济上主要体现为市场经济。因为在科学社会主义的基本原则中，在马克思、恩格斯对社会主义的理解中，是找不到市场经济的。由于中国特殊的国情，由于中国要集中力量解放和发展生产力，也由于只有解放和发展生产力才能真正实现社会主义，所以，我们就利用了市场经济和市场机制，这就使中国的社会主义具有了"中国特色"。所以，注重市场配置力量，就成为中国道路之"中国特色"的一个核心要义。

不仅如此，中国特色社会主义之"中国特色"，从根本性上说，在政治上主要体现为党的领导。坚持中国共产党的领导（以及更好地发挥政府的作用），是中国特色社会主义的本质特征和根本要求，是中国特色社会主义制度的最大优势。

历史和实践表明，在 1978 年以来的中国特色社会主义建设实践中，在正确决策的前提下，党和政府集中一切资源和力量解难题、办大事、加速度，大力解放和发展生产力，是中国特色社会主义之"中国特色"最鲜明的本质特征。

实际上，中国特色社会主义体现在经济、政治和社会领域，就分别是建立社会主义市场经济体制、坚持中国共产党的领导和充分发挥人民群众的主体力量。换一种表述，就是注重市场配置力量、党的领导力量和人民主体力量。

第三，具有实践依据。党政军民学、东西南北中，党是领导一切的。所以，在中国道路所蕴含的核心力量结构中，党的领导力量是首要的。人民是中国共产党执政的最大底气，人民是中国共产党最根本的依靠力量，人民对美好生活的向往就是我们党的奋斗目标，为中国人民谋幸福是中国共产党人的初心。民心是最大的政治，要把人民放在我们党心目中最高的位置。由此，只有读懂人民，才能真正读懂中国共产党。在中国道路所蕴含的核心力量结构中，人民主体力量是必不可少的。在党的基本路线中，坚持以经济建设为中心，就必须坚持改革开放，而改革之一的经济体制改革之大方向是建立社会主义市场经济体制，其目的是让市场在资源配置中发挥决定性作用，更好地发挥政府的作用。由此，市场配置力量在经济领域至关重要，应成为中国道路所蕴含的核心力量结构中的一个重要因素。因此，党的领导力量、市场配置力量和人民主体力量构成中国道路中的三种根本力量。中国道路不仅注重党的领导力量、市场配置力量和人民主体力量，而且注重整合这三种力量并形成合力。只有整合并形成合力，才能真正实现战略目标，也才能真正显示出中国道路的独特优势和重大作用。

要正确处理政党、市场和人民的关系，就需要从制度上给出合理的设计。从制度设计上，这种关系，就是中国共产党要有效合理利用和驾驭资本，坚持以人民为中心，解放和发展生产力。制度上的合理设计，能够避免阶级分化和社会冲突，能够更好地促进公平正义和维护社会和谐。可见，从制度角度看，中国道路的核心，就是要构建一套既能让中国共产党驾驭市场经济，又能保证政治权力为人民谋幸福的制度体系，它构成中国道路的制度支撑。由此，从根本上说，中国道路的制度逻辑，就是构建政党、市场、人民三大核心要素之间的制度体系。

综上所述，从学理上可以把中国道路的核心要义及其形成机制概括为：坚持中国共产党的领导，立足历史方位，把解放和发展生产力、逐步实现全体人民共同富裕和促进人的全面发展，作为实现社会主义现代化、实现中华民族伟大复兴的三大根本支柱，自觉贯彻落实新发展理念，实施"两大布局"，整合党的领导力量、市场配置力量和人民主体力量并形成合力。这些核心要义具有严密的内在逻辑，构成一个有机整体。

三　中国道路的本源意义

在详尽考察、分析马克思主义发展史、马克思主义中国化历史发展的逻辑、中国共产党历史发展的逻辑、新中国历史发展的逻辑、我国改革开放历史发展的逻辑、世界历史发展的逻辑，以及近代以来中国所面临的"向何处去"这一根本问题之后，就会发现：中国道路具有本源意义，它是解释上述发展逻辑和根本问题的一种"框架"、一把"钥匙"。回溯中国共产党成立近100年来的历史，首先要从总体上解答好三个影响中国发展命运的根本性问题，这就是马克思主义为什么行、中国特色社会主义为什么好和中国共产党为什么能。要解答好这三个根本性问题，理论必须彻底，理论只要彻底，就能说服人。所谓彻底，就是要抓住问题的根本；问题的根本，就是必须从中国道路中寻找问题的本源，寻找问题的真实答案。这里所讲的本源意义，是指中国道路是理解近代以来中国的总体性问题的根本、根底、根据和基础。

（一）马克思主义中国化历史发展的逻辑，核心是围绕中国道路这一主线展开的

马克思主义中国化历史发展的逻辑，本质上是马克思主义与中国具体实际相结合的逻辑。它涉及马克思主义和中国具体实际两个根本方面。如上文所述，马克思主义的发展史，从根本上说就是对道路问题探寻的历史。

近代以来中国的具体实际，也就是中国的根本问题，归根到底，就是对中国道路的探寻。近代以降，中国就处在迷茫彷徨当中，其主要原因就是没有找到一条救国之路。当时，各种各样、五花八门的"主义"在中国都尝试过，也都在解决一个根本问题：中国向何处去？因为旧的制度被推翻以后，"中国向何处去"的道路问题便成为具有根本性的问题。当时许多仁人志士都在苦苦寻找适合中国国情的道路，但各种各样的方案都行不通。就是说，当时没有一个

"主义"和"方案"能解决中国的道路问题。

马克思主义传播到中国来，就开启了马克思主义中国化的历程，且一下子就在中国落地、扎根、开花、结果了。为什么？其中最根本的就是马克思主义在与中国具体实际相结合的马克思主义中国化过程中，找到了能解决中国问题的正确的中国道路。

马克思主义中国化即马克思主义与中国具体实际的第一次结合，是在新民主主义革命时期进行的。这次结合的实质，是关于中国革命的道路问题。这一时期，中国共产党人最关注的，是采取什么样的革命道路才能实现民族独立、人民解放。当时在党内就中国革命的道路问题展开了激烈争论，争论的焦点在于是采取城市武装暴动的道路还是采取农村包围城市的道路。历史、实践与中国共产党人最终选择了农村包围城市的革命道路，于是便实现了马克思主义中国化的第一次飞跃，其成果就是毛泽东思想。

马克思主义中国化即马克思主义与中国具体实际的第二次结合，是在1956年社会主义改造完成以后的社会主义建设时期。这次结合，毛泽东明确将其概括为第二次结合，而且认为结合的核心，就是在中国建设社会主义的道路问题。这一时期，有一个在中国建设社会主义的道路之选择问题。到底是选择"苏联模式"还是走"独立自主、自力更生"的道路？当时苏联是世界上第一个建立社会主义制度的国家，"向苏联学习"在当时的中国是共识，"苏联模式"对当时中国的影响比较大。1956年2月苏共二十大召开，是苏联历史乃至国际共产主义运动历史上的一个重要转折点，会上主要批判了对斯大林的个人崇拜。中国方面认为，苏共二十大在破除斯大林的个人崇拜并揭露其错误的严重性方面具有积极意义，同时又认为赫鲁晓夫全盘否定斯大林的做法是不对的。因此，中共中央一方面采取维护斯大林的立场；另一方面开始以苏为鉴，反对本本主义和教条主义，并自觉主动地探索适合中国国情的建设社会主义的独立的正确道路。

根据最为权威的表述，应当说毛泽东所讲的"第二次"结合，与1978年改革开放新时期我们党的政治文献所讲的"第二次"结合，既有区别，也有内在的逻辑联系。毛泽东所说的"第二次"结合，其实就是要探索在中国建设社会主义的具体道路，这条道路就是具有中国特点的社会主义道路。这与改革开放新时期我们所讲的中国特色社会主义道路具有异曲同工之处，都是对在中国怎样建设社会主义的道路问题的探索。然而，毛泽东所讲的在中国建设社会主义的具体道路只是一种初步的思考和探索，还没有形成一种完整的实践形态和理论形态，它是向我们党的政治文献所讲的真正意义上的"第二次"结合的过渡，因而还是一种"知性感悟"，还没有真正从总体上、根本上达到"理性自觉"。不过，前者为后者提供了启示，这就是在中国建设社会主义必须具有中国特点。因此，马克思主义与中国具体实际真正意义上的第二次结合的历史节点是1978年我国开启的改革开放。这种意义上的结合，就是马克思主义中国化进程中把马克思主义与中国改革开放具体实际相结合，其成果就是在我国"欠发展"的历史方位为实现"富起来"而形成的邓小平理论、"三个代表"重要思想、科学发展观。这里的第二次结合及其形成的党的创新理论成果，其实质就是开创并发展、完善中国特色社会主义道路，它实现了马克思主义中国化的第二次飞跃。

马克思主义中国化即马克思主义与中国具体实际的新的伟大飞跃，是在中国特色社会主义进入新时代逐步进行的。这次结合的实质和核心，是关于实现"强起来"的道路问题。经过长期努力，中国特色社会主义进入了新时代，这是我国发展新的历史方位。在这一新时代或新的历史方位，马克思主义与新时代中国特色社会主义实践相结合，正在实现马克思主义中国化的新的伟大飞跃。从总体上讲，强调这是一次新的飞跃，就在于党的十九大报告所讲的，它在中华人民共和国发展史上、在中华民族发展史上、在世界社会主义发展史上、在人类社会发展史上、在中国共产党创新理论发展史上，具有重大意义。这里讲的在发展史上的重大意义，意味着中国特色社会主义进入新时代是具有里程碑意义且要载入史册的，而载入史册的，往往都是具有标识性、代表性的。中国特色社会主义进入新时代，在本质上就蕴含着要实现马克思主义中国化的新的伟大飞跃，这种飞跃是具有标识性和代表性的。具体来讲，强调这是一次新的飞跃，理由如下。

第一，历史方位及其解决的社会主要矛盾不同。社会主要矛盾，是对社会发展整体状况进行总体概括的一个重要概念。在我国"欠发展"的历史方位，坚持和发展中国特色社会主义，主要是解决人民日益增长的物质文化需要同落后的社会生产之间的矛盾，而在我国"发展起来以后"的历史方位，则主要是解决人民日益增长的美好生活需要和不平衡不充分的发展之间的矛盾。前者意在解决我国"欠发展"的问题，即落后的社会生产问题，致力于把"蛋糕"做大；后者意在解决我国"发展起来以后"的问题，即发展不平衡不充分的问题，致力于推进全面协调充分发展，使人民过上美好生活，实现"强起来"。"发展起来以后""美好生活需要""不平衡不充分的发展"，显然分别是比"不发展""物质文化需要""落后的社会生产"高一个层级的概念，或者二者属于不同层级的概念。第二次飞跃主要解决我国"欠发展"的历史方位的社会主要矛盾，新的伟大飞跃则致力于解决我国"发展起来以后"的历史方位的社会主要矛盾。

第二，历史使命（历史任务、奋斗目标）不同。第一次飞跃主要肩负着实现"站起来"的历史使命，第二次飞跃主要肩负着实现"富起来"的历史使命，而新的伟大飞跃则主要肩负着实现"强起来"的历史使命，因为我们迎来了从"富起来"到"强起来"的伟大飞跃。换言之，"强起来"就是对"富起来"的伟大飞跃。

第三，道路的历史内涵不同。第一次飞跃的核心是探寻新民主主义革命时期使中华民族（中国人民）"站起来"的革命道路问题，第二次飞跃的核心是探寻我国"欠发展"的历史方位实现中华民族（中国人民）"富起来"的道路问题，而新的伟大飞跃的核心是探寻"我国发展起来以后"的历史方位实现中华民族（中国人民）"强起来"的道路问题。

第四，主线不同。新时代中国特色社会主义与新时期（改革开放之初）中国特色社会主义既有联系（都坚持一个主题，即坚持和发展中国特色社会主义），也有不同。新时期中国特色社会主义主要是围绕如何实现"富起来"这一主线，来坚持和发展中国特色社会主义，而新时代中国特色社会主义则主要是围绕如何实现"强起来""民族复兴"这一主线来坚持和发展中国特色社会主义。

第五，现代化阶段不同。1956 年前后我国所讲的现代化，还处于现代化的谋划阶段，而且主要是对经济建设或产业布局方面的谋划；1978 年之初我国所建设的社会主义现代化，主要处于现代化起飞阶段；以 2012 年党的十八大召开为历史节点，我国社会主义现代化建设进入新时代，进入新的历史方位，这就是全面建设社会主义现代化强国的时代，可称为现代化强国阶段。之所以讲要实现新的伟大飞跃，是由于实现社会主义现代化的阶段不同。

第六，中国特色社会主义在人们心中的地位不同。1978 年改革开放初期，人们较多的是从初级阶段、基本国情、生产力发展水平、社会主要矛盾等方面为中国特色社会主义进行辩护，论证其历史必然性和价值合理性，相对注重中国特色社会主义的"中国特色"；而在新时代，人们则基于"极不平凡""解决难题""办成大事""历史性成就""历史性变革""迎来了从富起来到强起来的伟大飞跃""伟大旗帜高高举起""拓展发展中国家走向现代化的途径""提供全新选择""为解决人类问题贡献中国智慧和中国方案""不断走近世界舞台中央并为人类作出更大贡献"等，更加坚定了对中国特色社会主义的自信，相对注重中国特色社会主义的"中国贡献""世界意义"与"主体性"。

第七，中国在世界上的地位不同。在"欠发展"的历史方位，中国处在世界舞台边缘，如果再不发展，就有被开除"球籍"的危险，所以1978年改革开放初期，我们强调追赶现代化；在新时代或新的历史方位，中国日益走近世界舞台中央，不断为解决人类问题贡献中国智慧和中国方案。由此，我国积极参与全球治理，积极推动构建新型国际关系，积极推动构建人类命运共同体，在世界舞台上的影响力不断提升，逐渐改变了在国际话语权中"西强我弱"的不利局面。

通过上述考察分析，可以得出这样的结论：在马克思主义中国化历史发展的逻辑进程中，由于找到了不同历史时期的正确道路并促使中国走向成功，这就为回答"马克思主义为什么行"提供了真实的答案。

（二）中国共产党历史发展的逻辑、新中国历史发展的逻辑，其本质、底色和中轴就是对正确的中国道路的追寻

对道路的探寻，不仅是马克思主义发展史的一条根本主线，也是近代以来贯穿于中国共产党历史发展逻辑、新中国历史发展逻辑的一条根本主线。只有读懂中国道路，才能为理解和把握近代以来中国共产党历史发展的逻辑和新中国历史发展的逻辑提供一把"钥匙"。

只有读懂中国道路，才能真正理解中国共产党历史发展的逻辑。自从中国共产党成立那天起，中国共产党人就开启了探寻中国发展道路的历史。中国共产党发展的历史，从根本上就是对中国道路探寻而发展的历史。中国共产党的发展历史大致可以划分为新民主主义革命时期、新中国成立后的社会主义改造和1956年后对中国社会主义建设道路探索时期、改革开放时期、中国特色社会主义新时代四个历史时期。贯穿这四个历史时期的一条主线，就是对中国道路的探索。在新民主主义革命时期，中国共产党探索的根本主题是中国革命的道路。在中国共产党的领导下，最终找到了一条农村包围

城市的新民主主义革命道路，其结果是中华民族站起来了。新中国成立尤其是1956年之后，中国共产党人探索的核心主题，就是在中国进行社会主义改造和社会主义建设的道路问题。1978年改革开放新时期，中国共产党人探寻的根本主题，是实现社会主义现代化的道路问题，我们终于找到了这条道路，即中国特色社会主义道路。党的十八大召开，意味着中国特色社会主义进入了新时代。新时代在坚持中国特色社会主义道路的基础上，中国共产党人继续探寻全面建成社会主义现代化强国、实现中华民族伟大复兴的中国特色社会主义道路之新的历史形式，依然是至关重要的。正如习近平所强调的："道路问题是关系党的事业兴衰成败第一位的问题，道路就是党的生命。""我们党在革命、建设、改革各个历史时期，坚持从我国国情出发，探索并形成了符合中国实际的新民主主义革命道路、社会主义改造和社会主义建设道路、中国特色社会主义道路，这种独立自主的探索精神，这种坚持走自己路的坚定决心，是我们党不断从挫折中觉醒、不断从胜利走向胜利的真谛。鲁迅先生有句名言：其实地上本没有路，走的人多了，也便成了路。中国特色社会主义，是科学社会主义理论逻辑和中国社会发展历史逻辑的辩证统一，是根植于中国大地、反映中国人民意愿、适应中国和时代发展进步要求的科学社会主义，是全面建成小康社会、加快推进社会主义现代化、实现中华民族伟大复兴的必由之路。只要我们坚持独立自主走自己的路，毫不动摇坚持和发展中国特色社会主义，我们就一定能在中国共产党成立100年时全面建成小康社会，就一定能在新中国成立100年时建成富强民主文明和谐的社会主义现代化国家。"①

只有读懂中国道路，才能真正把握新中国历史发展的逻辑。这一逻辑，就是迎来了从站起来、富起来到强起来的伟大飞跃。1949

---

① 习近平：《关于坚持和发展中国特色社会主义的几个问题》，《求是》2019年第7期。

年新中国的成立，标志着中华民族站起来了，从此要继续迎来实现富起来的伟大飞跃，这将会带来历史性变革，并寻求实现富起来的根本道路。由此，1978 年我国开启了改革开放和社会主义现代化建设新时期，把中国特色社会主义作为实现富起来的根本道路。从新时期到党的十八大召开中国特色社会主义进入了新时代，标志着中华民族富起来了，从此又要继续迎来从富起来到实现强起来的伟大飞跃，这也会带来历史性变革，并寻求实现强起来的根本道路。这一变革，就是党的十八届三中全会所讲的推进全面深化改革，也是党的十九大报告所讲的历史性变革。这种历史性变革主要体现在：在总体上，把贯彻落实新发展理念看作关乎我国发展全局的一场深刻变革；在经济领域，推进供给侧结构性改革，实施高质量发展，使经济发展进入新常态；在政治领域，既加强党对一切的领导，又推进全面从严治党，还致力于建设法治国家，从而使中国共产党成为最高政治力量；在文化领域，积极加强意识形态建设，注重用习近平新时代中国特色社会主义思想武装全党、教育人民；在社会领域，既积极促进公平正义、增进人民福祉，增强人民群众的获得感、幸福感、安全感，又推进社会治理创新；在科技创新领域，通过几十年的不懈努力，在许多关键领域获得技术领先地位，进而成为世界上强大的科技创新中心；在军事领域，积极推动中国军队最大规模的改革，强调全面从严治军，即政治建军、改革强军、科技兴军、依法治军；在外交政策和国际战略领域，积极参与全球治理，建设"一带一路"，构建人类命运共同体。在这些变革中，会不断丰富新时代中国特色社会主义道路新的历史内涵。换言之，这些历史性变革背后的内在逻辑，就是新时代中国特色社会主义道路的进一步发展和完善。

正是在中国共产党的领导下我们找到了实现中华民族从站起来、富起来到强起来的正确道路，并促使国家走向成功，这就为回答"中国共产党为什么能"提供了真实的答案。

（三）改革开放历史发展的逻辑，从根本上说就是探究实现社会主义现代化发展之正确道路的逻辑

只有读懂中国道路，才能真正理解中国改革开放历史发展的逻辑。改革开放历史发展的逻辑，从根本上说就是以中国特色社会主义道路实现社会主义现代化、实现中华民族伟大复兴的逻辑，这实际上也是改革开放历史发展的本真底色。1978 年改革开放之初，以邓小平同志为主要代表的中国共产党人主要致力于探寻实现社会主义现代化的中国道路，这条道路终于找到了，那就是中国特色社会主义道路。我们讲中国特色社会主义，首先讲的是中国特色社会主义道路，所以，坚定"四个自信"，把坚定道路自信置于首位。习近平指出："改革开放之初，我们党发出了走自己的路、建设中国特色社会主义的伟大号召。"① 其实，邓小平的历史性贡献是多方面的，其中最伟大的贡献，就是他领导全党全国人民成功开创了中国特色社会主义道路。1982 年 9 月，在党的十二大开幕式上，邓小平明确指出："把马克思主义的普遍真理同我国的具体实际结合起来，走自己的道路，建设有中国特色的社会主义，这就是我们总结长期历史经验得出的基本结论。"② 正如习近平指出的："中国发展的实践证明，当年邓小平指导我们党作出改革开放的决策是英明的、正确的，邓小平不愧为中国改革开放的总设计师，不愧为中国特色社会主义道路的开创者。"③ 实际上，道路问题是邓小平理论所解答的最根本的问题。如果进行认真深入的思考就会发现，邓小平理论体系中的基本理论观点都是围绕选择、坚持、拓展中国特色社会主义道路而展开的。江泽民把"建设一个什么样的党、怎样建设党"看作探索实践中国特色社会主义道路的核心内容，他指出："中国的社会主义

---

① 习近平：《决胜全面建成小康社会　夺取新时代中国特色社会主义伟大胜利——在中国共产党第十九次全国代表大会上的报告》，人民出版社 2017 年版，第 8 页。

② 《邓小平文选》第 3 卷，人民出版社 1993 年版，第 3 页。

③ 《习近平关于全面深化改革论述摘编》，中央文献出版社 2014 年版，第 2 页。

既不是苏联模式，也不是东欧模式，而是有中国特色的社会主义。走这条道路，是中国人民经过一百多年的奋斗与探索作出的历史性选择。"① 21 世纪以来，国内外形势发生了新的变化。如何紧紧抓住和利用好我国发展的重要战略机遇期，战胜一系列严峻挑战，奋力把中国特色社会主义事业推进到一个新的发展阶段，是对以胡锦涛同志为总书记的党中央领导集体之智慧和勇气的极大考验。在这种情境下，胡锦涛鲜明地指出："毫不动摇走党和人民在长期实践中开辟出来的正确道路，不为任何风险所惧，不为任何干扰所惑。"② 为解决"实现什么样的发展、怎样实现发展"而提出的科学发展观，其实质、核心是探索中国科学发展的道路，这是新时期探索实践中国特色社会主义道路的又一突破。党的十八大以来，中国特色社会主义进入了新时代，我国发展进入新的历史方位。以习近平同志为核心的党中央紧紧围绕实现中华民族伟大复兴来坚持和发展中国特色社会主义，并基于实现中华民族伟大复兴而精进推进中国特色社会主义，继续书写中国特色社会主义新篇章，由此也把道路问题看作第一位的问题。习近平之所以把道路问题看作第一位的问题，正如他所强调的："无论搞革命、搞建设、搞改革，道路问题都是最根本的问题。"③

正是这条中国特色社会主义道路，创造了中国奇迹。可以把我国改革开放以来取得的巨大成就称为中国奇迹，也应该成为我国学术研究的一个重大课题。问题的关键在于，如何从学理上揭示中国奇迹发生的本源？或者"中国奇迹到底是如何发生的"？某些西方学者用"西方模式"解释中国奇迹，认为中国是因为实行了"国家资

---

①　《江泽民思想年编（1989—2008）》，中央文献出版社 2010 年版，第 69—70 页。

②　《全党全国各族人民更加紧密地团结起来　沿着中国特色社会主义伟大道路奋勇前进》，《人民日报》2012 年 7 月 24 日。

③　习近平：《关于坚持和发展中国特色社会主义的几个问题》，《求是》2019 年第 7 期。

本主义""权贵资本主义"等才创造了中国奇迹的。中国学者理应从学理上掌握解释中国奇迹的话语权。可从许多角度来解释中国奇迹发生的原因,笔者认为首要或根本的,是要从中国道路中去寻找中国奇迹发生的本源,或聚焦于中国道路这一本源,来解释中国奇迹到底是如何发生的。改革开放以来,我们党在探索和实践中找到了、坚持了、拓展了中国特色社会主义道路。我们党能够创造出人类历史上前无古人的发展成就,走出了正确道路是根本原因。习近平在纪念孙中山先生诞辰 150 周年大会上的讲话中指出:"古今中外的历史都告诉我们,世界上没有一个民族能够亦步亦趋走别人的道路实现自己的发展振兴,也没有一种一成不变的道路可以引导所有民族实现发展振兴;一切成功发展振兴的民族,都是找到了适合自己实际的道路的民族。"① 习近平主席在世界经济论坛 2017 年年会开幕式上的主旨演讲中又强调:"经过 38 年改革开放,中国已经成为世界第二大经济体。道路决定命运。中国的发展,关键在于中国人民在中国共产党领导下,走出了一条适合中国国情的发展道路。"② 这实际上就是说,要从中国道路中寻求创造中国奇迹的本源或真实答案。

1. 坚持中国共产党的领导就能创造中国奇迹

中国共产党能用指导思想引领各种社会意识,以统一人们思想,使之达至共识。一个社会往往存在着各种各样的社会意识。对这些社会意识不加以整合和引导,社会就是一盘散沙,既缺乏正确的方向,也易出现分化的局面。中国共产党自从登上中国历史舞台那天起,就把马克思主义基本原理与中国具体实际相结合,不断推进马克思主义中国化、时代化、大众化,不断推进理论创新,与时俱进地提出了一系列先进的指导思想,并用不断发展着的、先进的指导思想整合和引领各种社会意识,统一人们的思想,从而既使人们在

---

① 习近平:《在纪念孙中山先生诞辰 150 周年大会上的讲话》,人民出版社 2016
年版,第 5 页。

② 《习近平谈治国理政》第 2 卷,外文出版社 2017 年版,第 482 页。

思想上达成共识，也明确了前进方向。达至共识并具有明确方向，就会形成一种强大的精神力量，能使人们全力以赴朝着一个正确的方向前进，这必然促使中国走向成功。历史和实践表明：一个国家和社会的发展要取得巨大成就，必须有先进的思想作指导。

中国共产党能用奋斗目标凝聚党员干部，使其凝聚在党中央的周围，并构成一个有机整体。在一个社会中，每个人都具有自己的目标追求。一个政党内的每一位党员也具有自己的目标追求。中国共产党不断运用其确立的最高纲领和最低纲领，运用中国共产党人的价值观，运用其确立的奋斗目标，来凝聚并感召每一位党员干部，从而使每一位党员干部成为党组织中的一个有机体。这一有机体可以构成一个具有战斗力的整体，从而能激发党员干部的创新活力，使其具有无坚不摧的力量。这正是中国共产党攻坚克难的雄厚资本，是中国共产党战胜一切困难的重要法宝。

中国共产党在正确决策的前提下，能组织动员国家一切资源力量解难题、办大事、加速度。中国共产党是一个具有领导力、组织力、动员力的政党，是中国的最高政治领导力量，可以运用自己的威望，运用各级党组织、运用举国体制来解难题、办大事、加速度。中国共产党所具有的领导力、组织力、动员力，所具有的解难题、办大事的能力，是世界上其他一切政党所无法比拟的。正是这种领导力、组织力和动员力以及解难题、办大事的能力，使中国共产党干成了一件件让世界瞩目且具有奇迹性的大事，解决了一个个难题，也加快了中国发展的速度。

中国共产党能一脉相承、与时俱进、开拓创新，努力把一张蓝图绘到底。善于战略谋划是中国共产党治国理政的一条基本经验。战略谋划，一般包括三个核心环节，即"战略目标—总体方略—战略安排"。这种战略谋划具有自主性，已达到高度自觉。它凝聚着中国共产党和中国人民的共同追求，具有感召力和凝聚力，不仅使我们党解决了一个个难题、办成了一件件大事，而且使中国共产党十分注重行动，能一个目标接着一个目标来实现，即能使一张蓝图绘到底，这对创造中国奇迹发挥着十分重要的作用。

中国共产党能用严明的纪律规范全体党员行为，以提升党员的格局和境界。中国共产党是一个有核心、有理论、有价值观、有组织、有制度的政党，也是一个有章可循、有纪可依的政党。这种政党不仅把每一个党员干部的行为纳入党章党纪的框架内，使其行为有规范、有约束、有秩序，而且能勇于自我革命，把较低的格局、境界提升为较高的格局、境界，从而使其具有先进性。这种先进性不仅有助于消除党内的不良倾向和作风，使中国共产党人自身硬，从而能把坚硬的"铁"打好，而且也有助于树立中国共产党的威望和权威，使人们团结在中国共产党的周围，跟着中国共产党走，在中国共产党的领导下努力实现其战略目标，从而取得巨大成就。

2. 立足历史方位且与时俱进就能创造中国奇迹

确立历史方位并与时俱进，找准历史坐标，有助于对我国的发展阶段、本质特征、实践要求做出科学研判，进而制定正确的路线、方针、政策，采取正确的行动。一切失败，都与缺乏科学研判和决策失误有关，一切成功的重要前提，都源于科学研判和正确决策。改革开放以来，我们党立足历史方位并与时俱进地根据实践发展新要求，从总体上能做出科学研判和正确决策，进而采取正确的行动。这可以使我们避免瞎折腾、走极端，从而取得重大成就。

明确历史方位并与时俱进，有助于坚持实事求是、把握历史坐标、抓住主要矛盾。中国共产党治国理政首先要认识世界，对客观世界、客观事物与基本国情做出科学研判，进而在此基础上做出科学决策。要做到这一点，首先必须坚持实事求是，从客观实际出发，确立正确认识客观世界、客观事物与基本国情的出发点。实事求是能使我们立足基本国情，反映时代、实践、现实发展态势，确定历史发展方位；能使我们把握社会主要矛盾和事物特殊矛盾；能使我们把握事物存在和发展的特点；能使我们把握我国发展的独特优势和短板；能使我们把握历史发展规律，与时俱进地紧跟时代步伐。因而，坚持实事求是，有助于解决"态势""方位""矛盾""特点""优势"和"与时俱进"的问题，这是取得成功的一个关键。以毛泽东同志为主要代表的中国共产党人领导中国新民主主义革命取得了成功，在于坚持实事求是；1978 年以来中国改革开放和社会主义现代化建设之所以取得巨大成就，既在于以邓小平同志为主要代表的中国共产党人坚持实事求是，确定中国社会主义依然处在初级阶段，也在于以习近平同志为主要代表的中国共产党人坚持实事求是，确定中国特色社会主义进入了新时代、我国发展进入新的历史方位。从客观实际出发认识客观世界、客观事物与基本国情的本来面目，核心是要揭示客观世界、客观事物中的内在矛盾，尤其是社会主要矛盾。因为矛盾决定着世界和事物的本质、性质和状况。中国共产党把揭示社会主要矛盾作为判断中国国情的基本依据之一，作为把握经济社会发展整体状况的主要依据之一，作为制定路线、方针、政策的主要依据之一，作为治国理政的基本遵循。在改革开放初期，我们党明确了我国社会发展的主要矛盾是人民日益增长的物质文化需要同落后的社会生产之间的矛盾。于是，当时我国的经济、政治、文化、社会的发展都聚焦于解决这一社会主要矛盾，从而取得了巨大成就。中国特色社会主义进入新时代，我们党明确了我国社会的主要矛盾是人民日益增长的美好生活需要和不平衡不充分的发展之间的矛盾。这意味着新时代我国的经济、政治、文化、社会、生态等各个领域都要聚焦于解决好这一社会主要矛盾。聚焦于解决好社会主要矛盾，意味着中国共产党在治国理政实践中，在实现社会主义现代化、实现中华民族伟大复兴的进程中，能抓住治国理政的根本，也能抓住事物的本质，也意味着其治国理政已经达到高度的理性自觉。揭示社会主要矛盾，其首要目的，是找到治国理政所要解决的根本问题。问题是事物矛盾的表现形式，矛盾即问题。揭示客观世界和客观事物内部的主要矛盾，发现社会主要矛盾，就能发现并致力于解决客观世界、客观事物以及工作中存在的根本问题，发现客观世界、客观事物以及工作中的根本问题，也就找到了全部工作的重点。中国共产党治国理政的一个鲜明特征，就是注重坚持实事求是，把握主要矛盾，解决根本问题，明确工作重点，这既找到了治国理政的基本遵循，又注重把解决主要矛盾和根本问题引向一个正确、合理的方向，还能抓重点带一般，从而积极推进中国快速发展。找到治国理政的基本遵循，理出中国发展的逻辑、纲目、头绪和抓手，是创造中国奇迹的一个重要原因。

3. 明确战略目标有助于创造中国奇迹

战略目标明确了人们前进的方向，能激发人们的积极性和主动性。一个具有战略目标且坚定不移地实现战略目标的政党、国家和民族，才会有决心进而自觉主动地去战胜各种艰难险阻，从而夺取一个又一个胜利，取得一个又一个成就。1978 年以来，我们党与时俱进地把解放和发展生产力、逐步实现全体人民共同富裕、促进人的全面发展，进而实现社会主义现代化、实现中华民族伟大复兴作为战略目标，并把各种资源和力量汇聚于实现这一战略目标，从而使广大党员干部（关键少数）和人民群众（绝大多数）明确了奋斗方向，也激发了广大党员干部和人民群众实现战略目标的主动性。主动性区别于被动性，它是一种精神状态，也是一种精神动力，更是一种积极进取精神。正是这种精神状态、精神动力和积极进取精神，使我国发展取得了巨大成就。

战略目标明确了人们追求的最大公约数，进而能凝心聚力，使人们达成共识。一个政党、国家和民族要健康顺利发展并取得骄人成就，就必须团结一心、凝心聚力，这就需要在战略目标上凝聚最大共识。改革开放以来，最能凝聚人心和共识的，就是确定好人们共同追求的战略目标，并以正确的路径和方式来实现战略目标。因为这能使人们聚精会神搞建设、一心一意谋发展，让一切创造财富源泉涌流、让一切创新能力迸发。改革开放之初，我们党把大力解放和发展生产力作为首要任务，赢得了全党和全国各族人民的广泛认同，激发了千百万人民群众的积极性、主动性、创造性，从而推动了中国社会大踏步发展，也取得了骄人成就；党的十八大以来，党中央提出逐步实现全体人民共同富裕、不断促进人的全面发展，进而实现社会主义现代化、实现中华民族伟大复兴的总任务和总目标，这不仅激发起全党全国各族人民的奋斗精神，而且具有凝心聚力作用，使人们心往一处想、劲往一处使。这将会进一步推进中国发展并取得重大成就。

4. 采取有效的总体方略会使中国创造奇迹

实施正确的总体方略，能使人们抓住实现战略目标的"总框架—路线图—牛鼻子"。只有战略目标，而不采取切实有效的路径和方法，实现战略目标就是一句空话。一个政党创造的执政奇迹与施政方略紧密相关，一个国家的发展奇迹与战略运筹密切相连。毛泽东指出：领导干部要有"战略头脑"，否则"一着不慎，满盘皆输"。① 习近平指出："战略问题是一个政党、一个国家的根本性问题。战略上判断得准确，战略上谋划得科学，战略上赢得主动，党和人民事业就大有希望。"② 中国共产党善于作战略谋划和战略安排，而战略谋划得好，常常会取得事半功倍的效果。正由于中国共产党善于作战略谋划和战略安排，而且在战略上判断得准确、谋划得科学、赢得了主动，从而为实现战略目标提供了根本遵循，也抓住了实现战略目标的关键因素。这是创造中国奇迹的一个重要原因。

实施正确的总体方略，能使我们发挥发展优势、补齐发展短板、打牢发展支点。发挥发展优势、补齐发展短板、打牢发展支点，是一个国家、一个地区推进发展的"铁律"。发挥发展优势，能实现重点突破，并带动其他方面的发展，进而实现快速发展；补齐发展短板，能实现全面发展和协调发展，进而提升发展质量、效益和水平，

① 《毛泽东选集》第 1 卷，人民出版社 1991 年版，第 175 页。
② 《习近平谈治国理政》第 2 卷，外文出版社 2017 年版，第 10 页。

使发展具有可持续；打牢发展支点，能使永续发展具有坚实的基础。改革开放之初，我们党相对注重发挥发展优势，注重重点突破，强调使一部分地区、一部分人先发展起来、先富起来；党的十八大以后，我国发展起来了，且努力使大国成为强国。此时，党中央治国理政的一个鲜明特点，就是注重补齐发展短板、打牢发展支点。如在经济领域积极推进精准脱贫，在政治领域主动解决党内政治生活中的"宽松软"，在文化领域注重解决"低俗""媚俗""庸俗"，在社会领域注重保障民生和推进社会治理，在生态领域注重污染防治，等等，这些都旨在补齐发展短板，提升发展质量和水平。新发展理念，在实质上就是使大国成为强国的五大根本支点，使中国的发展建立在更为坚实和牢固的基础之上，经得起"风吹浪打""压力测试""高手过招"。历史和实践证明，重点突破、快速发展、全面发展、协调发展、持续发展、高质发展，是中国取得奇迹的一个重要原因。

5. 整合推动力量必将创造中国奇迹

整合推动力量，能使力量形成合力。推动当代中国发展的力量是多方面的，其中有三种力量最为根本：一是党的领导力量，二是市场配置力量，三是人民主体力量。这三种力量相互制约、相互协调并形成合力，必然形成一种既强大又平衡的能量，从而使中国创造出惊人的奇迹。从改革开放以来我国历史发展的长过程看，党的领导力量既能使经济社会发展具有动力，也能使经济社会发展达到和谐。人民群众的勤劳致富、创造财富、默默奉献、任劳任怨，是创造中国奇迹不可忽视的重要因素。市场配置力量，不仅能把民营企业、私营企业、个体工商户的积极性调动起来，解放和发展经济生产力，而且能使从事经济活动的人在市场经济的大海里得到淬炼，从而具有奋斗精神、吃苦精神、开拓精神、创新精神，提升其创新能力。这也是使我国经济获得快速发展的一个重要原因。

正是改革开放以来，我们党找到了实现社会主义现代化的正确道路，并创造了中国奇迹，所以完全可以从这条道路中寻求"中国特色社会主义为什么好"的真实答案。

（四）中国道路具有世界历史意义

1956 年，毛泽东就指出：进入 21 世纪，中国的面目要大变，中国应当对人类有较大的贡献。英国历史学家汤因比也曾有类似的发问。几十年后，承继马克思主义对道路问题的一以贯之的持续探索，在马克思主义中国化的历史进程中，中国共产党人把马克思主义与中国具体实际相结合，终于找到了一条能实现社会主义现代化、实现中华民族伟大复兴的中国道路。这条道路为世界发展做出了重要贡献，因而具有世界历史意义。

第一，中国道路使科学社会主义在当代中国焕发勃勃生机。这是中国道路对科学社会主义、世界社会主义的历史性贡献。以《共产党宣言》发表为标志，科学社会主义已诞生 170 多年。20 世纪 80 年代到 90 年代，社会主义在苏联解体、东欧剧变之后一度处于低潮，"社会主义失败论""中国崩溃论""历史终结论"等也曾狂躁一时。然而，中国共产党人顶住各种风暴和压力，坚定不移地走中国特色社会主义道路，并与时俱进地拓展和完善中国特色社会主义道路，不断创造中国奇迹，从而使中国特色社会主义道路越走越宽广，使科学社会主义在当代中国焕发出生机活力。邓小平在党的十二大开幕词中第一次提出"建设有中国特色社会主义"的重大思想时，指出这是总结历史得出的结论。从那时起，中国共产党人就坚定不移地走中国特色社会主义道路。经过几代中国共产党人一以贯之地接力探索，中国特色社会主义进入了新时代。在新时代，中国共产党人更加以永不懈怠的精神状态和一往无前的奋斗姿态为实现强起来而持续奋斗，朝着实现中华民族伟大复兴的伟大梦想阔步前行，进而使社会主义包括科学社会主义、中国特色社会主义走向高潮。

第二，中国道路拓展了发展中国家走向现代化的路径。这是中国道路对发展中国家走向现代化的引导性贡献。实现现代化是世界各国共同的愿望。发展中国家如何走向现代化？这是一个实践课题，也是一个世界课题。"拉美现象"表明：许多发展中国家建设现代化陷入了对西方模式的路径依赖，用西方的"鞋"套本国的"脚"，最终以陷入困境而告终。当时一些拉美国家纷纷走西方的路，不但没有解决好自身的发展问题，反而导致两极分化、环境污染，使本国发展陷入低谷。1978 年以来，中国共产党根据中国的历史、文化、传统、国情，自主选择自己的发展道路，并坚定不移地走自己的路，既解决了中国"欠发展"的问题，又改变了长期以来西方现代化模式占主导地位并垄断话语权的格局，打破了"全球化 = 西方化、西方化 = 现代化、现代化 = 市场化"的思维定式和"美丽神话"，不仅使中国人民富起来了，而且将迎来从富起来到强起来的伟大飞跃。由此，中国道路给发展中国家的最大启示就是：世界上没有放之四海而皆准的发展模式，各个国家走向现代化的途径不是唯一的；发展中国家要走向现代化，不能再走西方的路，而应根据本国的历史、文化、传统、国情，自主选择自己的发展道路，并坚定不移地坚持走自己的路，注重本国发展道路的内生性、独立性、自主性和主体性。只有这样，本国才能获得其生存发展的主动权、主导权。

第三，中国道路给世界上那些既希望加快发展又希望保持自身独立性的国家和民族提供了新的选择。这是中国道路对那些希望解决好本国发展问题的国家和民族的发展性贡献。发展中国家都希望加快发展，又希望保持自身独立。要做到这两点，可以从中国道路中获得启示。中国道路坚持中国共产党的领导，注重基于历史方位并与时俱进地确定战略目标，且采取有效的总体方略并以一张蓝图绘到底的恒力来实现战略目标，还注重市场配置力量，这显然有助于加快发展；同时，中国道路在坚持中国共产党的领导的前提下，积极使党政主导力量、市场配置力量、人民主体力量形成合力，这又保持了中国发展的独立性。其他一些发展中国家希望加快发展，就要坚持本国执政党的正确领导，根据历史和时代的发展变化以及实践发展新要求，正确确定好本国发展的战略目标及其实现战略目标的总体方略，以合理的方式发展市场经济；同时，要保持自身发展的独立性，既要根据本国的历史、文化、传统、国情，自主选择本国的发展道路，把本国生存发展的主动权、主导权牢牢掌握在自己手中，又要坚持本国执政党的正确领导，坚持以本国人民为中心的发展思想，紧紧依靠本国人民，一切为了本国人民，坚持本国人民至上。

第四，中国道路为人类对美好社会制度的探索贡献了中国智慧。这是中国道路对人类发展的创新性贡献。2008年国际金融危机之后，整个世界面临三大根本性难题：全球经济增长动能不足；全球发展失衡；全球治理滞后，这就是所谓的"发展赤字、和平赤字、治理赤字"。中国道路蕴含着"动力、平衡和治理"三种根本机制，可为解决这三大难题贡献中国智慧。中国道路注重解决发展动力问题，蕴藏着强大的发展动力，汇聚着强大的发展能量，具有不断生成的动力机制。比如，坚持中国共产党的坚强正确领导，注重整合党政主导力量、市场配置力量、人民主体力量并形成合力，注重根据历史方位与时俱进地确定战略目标，并采取有效的总体方略予以实施，这必然汇聚成强大的发展动力。中国道路也注重解决发展的平衡问题，蕴含着保持平衡、和谐的因素，具有不断生成的平衡机制。比如，强调坚持中国共产党的领导，这种领导既注重激发经济社会发展的动力，也注重保持经济社会发展的平衡；在所确定的战略目标和总体方略中，也包含着对平衡、和谐、稳定问题的关注；还强调以人民为中心，而以人民为中心，就包含着一切为了人民，把人民对美好生活的向往作为奋斗目标，其中的美好生活，自然包含对共享发展、和谐社会的追求，对人民群众的获得感、幸福感、安全感的关注，对互利普惠的向往。中国道路还蕴含着治理机制，因为坚持中国共产党的领导，就蕴含着中国共产党对国家、社会的治理；立足历史方位，意味着要坚持与时俱进，而与时俱进则意味着不断地推进全面深化改革，全面深化改革的总目标之一，就是推进国家治理体系和治理能力现代化；在总体方略中，包含着协调推进"四个全面"战略布局，在这一布局中，包含全面依法治国，其中就蕴含着治理；注重人民主体力量，更意味着要依靠人民积极参与国家治理和社会治理。这三种根本机制，能为解决全球经济增长动能不足、全球发展失衡、全球治理滞后提供中国智慧。与此同时，近年来一些西方国家出现了诸多困境。资本主导是导致西方困境的总根源。资本主义性质和基因决定了西方国家在各个领域必然遵循资本主导的逻辑。自资本主义在西欧兴起以来，一部世界近代史就是一部资本主导逻辑驱动下的资本主义全球扩张史。历史地看，资本创造了近代工业文明，推进了世界发展。然而就其实质来讲，资本的本性是通过运动实现价值增殖，而资本的运动是无休止的，哪里能够实现价值增殖，它就会出现在哪里。资本主导的逻辑以在全世界范围内追逐和攫取剩余价值为目的，而当西方从其主导的世界体系中过度攫取并挥霍超额利润，使得全球市场出现社会需要严重不足时，当某个阶段市场空间和技术创新的红利被攫取殆尽时，资本主义就必然出现困境。这种困境，在经济领域体现为实体经济不振，在政治领域体现为调节无力，在社会领域体现为贫富差距拉大，在意识形态领域体现为虚伪性暴露。西方困境说到底是以资本为主导的逻辑所导致的制度缺陷造成的，是基因缺陷，这恰恰为中国智慧的出场提供了宏大的世界性场景。中国及时启动改革开放，参与经济全球化，为世界做出了生存性贡献、发展性贡献、和平性贡献、文化性贡献。其核心原因就是在中国共产党的领导下，中国找到了一条立足中国国情、解决中国问题、促进中国成功的中国特色社会主义道路。这条道路是中国为人类对更好社会制度的探索提供的中国智慧：注重利用资本但不被资本所俘获，注重运用资本但不让资本占主导，而是坚持中国共产党的领导，坚持以人民为中心；是一条注重自主创新并具有内生动力的道路，是一条注重凝聚共识并调动各方积极性的道路，是一条既注重中国特色又尊重世界文明多样性的道路。

第五，中国道路在为世界贡献一种正在形成的中华新文明。这是中国道路对世界的文明性贡献。在"地域历史"时代所形成的文明本质上都是"地域文明"或"民族文明"，并不具有真正意义上的世界文明或人类文明。尽管某些国家号称西方文明是普世文明，但若具有历史判断力、实践辨别力和理论思维力，就容易发现：西方文明本质上就是"地域文明"。因为把地域文明说成是普世文明，不仅混淆了一般和个别的辩证关系，未认识到"任何一般都是个别的（一部分，或一方面，或本质）。任何一般只是大致地包括一切个别事物。任何个别都不能完全地包括在一般之中"①，它犯了前提性的错误，而且历史和实践也证明，用西方的"鞋"套自己的"脚"，往往都以失败而告终。马克思、恩格斯在《德意志意识形态》中指出，统治阶级"为了达到自己的目的不得不把自己的利益说成是社会全体成员的共同利益，就是说，这在观念上的表达就是：赋予自己的思想以普遍性的形式，把它们描绘成唯一合乎理性的、有普遍意义的思想"②。当资本运作逻辑导致世界市场和世界交往不断扩大的时候，就逐渐会使"地域历史"走向"世界历史"。世界历史的出现，逻辑上也必然使"地域性文明"走向"世界文明"或"人类文明"。当今世界，一些国家仍然固守于本国、本地区的"地域性文明"而排斥其他文明，制造"文明冲突论"。当今中国自觉主动地反映世界历史发展趋势，在传承中华传统文明相对注重和谐、和合、和而不同、世界大同的基础上，与时俱进地体现时代精神和人类意识，克服自身文明中的不足，与其他文明互学互鉴，逐渐创造出以"和平发展、合作共赢、共创共建、各美其美、美美与共、世界大

①　《列宁选集》第 2 卷，人民出版社 1995 年版，第 558 页。
②　《马克思恩格斯文集》第 1 卷，人民出版社 2009 年版，第 552 页。

同"为核心理念的中华新文明。从上述所揭示的中国道路的核心要义来看，中国道路既注重经济社会发展的创新动力，又注重经济社会发展的和谐或平衡，也注重为实现未来理想的战略目标注入现实的奋斗精神，还注重国家治理；不仅如此，中国道路强调各国发展道路的内生性、独立性、自主性、主体性和多样性，这蕴含着"世界多样""国家平等""文明互鉴""包容发展""互利普惠"的人类文明基因和天下情怀。这种基因和情怀蕴含着中华新文明的元素，经过不断培育和生长，可以形成中华新文明。

第六，中国道路终结了"西方中心论""历史终结论"，打破了西方对于现代化道路解释权的垄断，把世界现代化道路从单选题变成多选题。这是中国道路对世界的理论性贡献。在我国改革开放初期，"西方中心论""历史终结论"甚嚣尘上、盛极一时，它认为西方是整个世界的中心，西方道路是世界上最好的，西方标准就是世界标准，西方的今天就是世界的明天，西方的历史已经达到人类历史的制高点，非西方国家没有自己的历史，它们只有走西方道路才有出路。2008 年国际金融危机发生以后，西方国家逐渐暴露出一系列自身难以克服的矛盾、难题。与此同时，非西方国家尤其是东方国家逐渐发展起来。改革开放以来，中国发展速度惊人，逐步缩小了与西方发达国家的差距，而且对世界历史发展的影响越来越大，正在出现"世界百年未有之大变局"。这表明：现代化的方向无法绕开，但道路可以选择；中国道路是在中国的历史性实践中逻辑地生成的，是具有完全自主知识产权的"中国智造"；中国道路作为一种全新的现代化路径，打破了西方对于现代化道路解释权的垄断，把世界现代化道路从单选题变成了多选题；中国道路终结了"西方中心论""历史终结论"的神话，是对非西方国家走上独立自立现代化道路的有益探索，这是中国对世界的理论性贡献。

（本文原载《中国特色社会主义研究》2020 年第 2 期）

如果检视我国改革开放以来马克思主义哲学的研究，可以说"实践唯物主义"是最为主导的话语。历经多年的讨论，实践唯物主义研究取得了显著的成果，它不仅对于准确地理解和把握马克思主义哲学的变革和实质是非常重要的，而且对于推进马克思主义哲学的研究起了不可估量的作用。站在新的历史起点上，如何重新看待实践唯物主义，或者说，今天谈论实践唯物主义究竟意味着什么，这是需要我们进一步思考的问题。应当肯定，继续加强实践唯物主义一些基本理论问题的研究无疑是必要的，但如果仅仅限于或重复马克思主义哲学变革及其性质、特点讨论的水平和话题又是远远不够的，面对当代社会发展新的实践，需要进一步扩大视野，赋予实践唯物主义以新的时代性内容。值得深入审视的问题是：实践唯物主义的讨论与中国的发展究竟有什么内在关联？实践唯物主义对中国的发展和中国道路的形成产生了什么样的影响？当代中国的发展又对实践唯物主义增添了哪些新的内容、提出了哪些新的课题？对这些问题加以研究，不仅有助于深化实践唯物主义的研究、拓展实践唯物主义的研究空间，而且有助于增强中国道路的哲学自觉，因而有其重要的理论意义和现实意义。本文就此谈一些粗浅的认识。

一

马克思指出："一切划时代的体系的真正的内容都是由于产生这些体系的那个时期的需要而形成起来的。"[1] 实践唯物主义在我国的兴起和发展，事实上就是适应新时期的需要而产生的。虽然从历史

---

[1] 《马克思恩格斯全集》第3卷，人民出版社1960年版，第544页。

上来看，李达在 1937 年出版的《社会学大纲》中就提出过"实践的唯物论"命题，并认为基于对实践的正确理解，马克思"建立了实践的唯物论"，"由于把实践的契机导入于唯物论，使从来的哲学内容起了本质的变革"。但这样的观点限于当时的历史条件和研究氛围，并没有引起多大的重视。真正对实践唯物主义引起广泛关注的是从 20 世纪 80 年代以来我国社会生活发生的巨大变化。作为对当时国内思想状况和现实发展状况的理论反思，全国上下首先兴起了一场真理标准问题的大讨论。关于真理的标准，本来是马克思主义哲学的一个基本的常识性问题，并不特别复杂、费解，但其讨论的意义远不在学理层面，而在其更为重要的政治背景和鲜明的现实针对性。正是通过这样的讨论，重新确立了"实践是检验真理的唯一标准"的基本观点，开启了思想解放的历史进程。既然实践是检验真理的唯一标准，那么，进一步研究的逻辑必然是理论聚焦于实践本身，即重新探讨实践在社会生活中的地位、作用以及在理论发展中的基本性能，由此兴起了实践唯物主义的研究。伴随着思想解放的推进，改革开放和现代化建设的进程也开始启动，并且呈现出逐步加快的势头。这一新的伟大实践更加突出了实践研究的重要性，更使实践问题推向了理论研究的前沿，实践唯物主义因之获得了旺盛的活力。特别是中国发展道路的成功开创，使实践唯物主义获得了新的生机和广阔的舞台。可以说，实践唯物主义的研究在我国有其现实的基础，它是伴随着中国的发展而一步步发展起来的。

实践唯物主义的研究一经兴起，便呈现出多样化的发展势头。但就总体而言，实践唯物主义主要形成了这样两种发展格局。

一是作为哲学形态的实践唯物主义。用实践唯物主义来概括和表述马克思主义哲学，这是研究中的一大成果。对于这一指称或命名，学界向来存有争议，质疑的最直接的理由是：马克思何时将自己的新哲学称为"实践唯物主义"？其实，马克思、恩格斯对自己的新哲学有多种称谓，如"新唯物主义""现代唯物主义""实践的唯物主义"“历史唯物主义”等，这些称谓也并不排斥其他称谓。由于不同情况下强调的重点不同，因而可以使用不同的名称。以马克思没有使用过“实践唯物主义”为依据来否定实践唯物主义，并无道理。在哲学史上，一种哲学的称谓往往不是由创立者本人确定的，而是由后人加以提炼、概括出来的。像近代以来培根的经验论哲学、笛卡尔的唯理论哲学、斯宾诺莎的实体学说、休谟的怀疑论哲学、康德的批判哲学、费希特的同一哲学等，都是当时或后来的学者对他们思想的特质和基本观点的概括。所以，先有思想，后有称谓，这是理论研究中的正常现象。实际上，能否用实践唯物主义来概括和表述马克思主义哲学，并不仅仅是一个称谓的问题，而关键是涉及对其实质的理解和把握的问题。从马克思主义哲学的形成过程来看，马克思的哲学之所以成为一种新哲学、一种“新唯物主义”，就在于确立了科学的实践观，进而以实践为基础创立了新的唯物主义形态。因此，将马克思主义哲学冠以“实践唯物主义”，名副其实。把马克思主义哲学称为实践唯物主义，绝不能排斥辩证唯物主义和历史唯物主义，三者是一致的，都是马克思主义哲学的正确表述。这里重要的问题是如何理解辩证唯物主义的“辩证性”和历史唯物主义的“历史性”。离开了实践，唯物主义的“辩证性”和“历史性”是无法得到透彻说明和理解的。正是借助实践的观点，辩证的观点、历史的观点才有可靠的基石，才能加以合理的理解。所以，就其三者的关系而言，可以这么认为：实践唯物主义是马克思主义哲学的实质，辩证唯物主义和历史唯物主义是其表现形态。或者说，“实践唯物主义是本质特征或根本特征，辩证唯物主义、历史唯物主义这两个基本特征都是从实践唯物主义这一本质特征引申出来的，是这一本质特征必然展开的内在逻辑和理论表现”[①]。通过理论上的正本清源，准确地阐述实践唯物主义及其与辩证唯物主义和历史唯

[①]　杨耕：《当前马克思主义研究中的五个重大问题》，《南京大学学报》2014 年第 4 期。

物主义的关系，应该说这是我国马克思主义哲学研究的一大建树，因而得到学界的广泛认可。

二是作为思想方法的实践唯物主义。这主要体现在实际工作中，尤其体现在党和国家的一些重要的路线、方针、政策的制定和执行中。由于实践唯物主义的讨论和研究一开始就生发于现实基础、现实需要，所以它并不完全是以纯粹的哲学理论形式延续、发展的，而是和中国的社会发展实践紧密结合在一起的，是以思想方法具体渗透于工作实践，尤其是一些重大战略、策略的制定和实施之中的；而且，是以潜移默化的方式发挥作用的。尽管这些思想方法没有被冠以"实践唯物主义"的名称，但就其精神实质或基本特征来说，就是实践唯物主义。这种思想方法主要是以工作中的思维方式、方法论等形式具体呈现出来的。就思维方式来看，主要特点是破除了从"原则"出发的思维方式，确立了实践的思维方式。如破除原有的思想禁锢，坚持解放思想；破除对社会主义的僵化理解，坚持自主探索；破除本本主义、教条主义，坚持理论与实践相统一；破除从概念出发谈论姓"社"姓"资"的思维定式，坚持"三个有利于"的判断标准，如此等等。就方法论来看，就是坚持实践第一的观点，一切从实际出发，依据实践发展的具体情况来看待、处理问题，确定相应的解决问题的方式和方法，包括认识事物的方法、评价事物的方法、改变事物的方法等。正是思想方法的一系列重大转变，改变了许多原有不合理的思想认识，形成和发展了中国特色社会主义理论的新体系，开辟了中国发展的新道路，从而使中国的发展焕发出勃勃生机。值得注意的是，思想方法的确立也并非与学术研究无关，而在很大程度上获益于学术研究的成果。如在理论决策层面中一些重要观点、方法正式提出并做出规范性表述之前，通常就以各种形式出现在学术研究和学术讨论之中，继而形成学界某种共识，最后经过郑重的选择进入决策层面的思想方法之中。因此，学术研究的意义是不可小觑的。

　　总体来说，实践唯物主义在我国的兴起和发展既非偶然的，也非从国外简单"克隆"过来的，而是中国学者和实际工作者在深入理解马克思主义哲学的基础上，结合世情和国情，加以艰辛探索的结果。实践唯物主义体现了中国研究者的独特理解，含有中国式的某种"创造"，因而具有新的时代内涵和民族特色，是对马克思主义哲学的推进和发展。

二

　　经过 30 多年的改革开放，中国的发展创造了世界奇迹，形成了独特的发展模式和道路，令世人刮目相看。对于中国模式和道路，目前国内外有不同看法：一些发展中国家对中国的发展持肯定和赞美的态度，力求从中国的实践中借鉴经验，加快自己的发展；一些西方发达国家对于中国的发展，既有相对客观、公正的评价，也有戒备、警惕和敌意的心理。不管持有什么样的看法，对于中国发展取得的巨大成就谁也不敢随意轻视与否定。既然中国道路是一种新的历史创造、新的文明探索成果，那就必然包含着某种创造的智慧，有其独特的发展理念。从历史上看也是如此，欧洲中世纪的发展是由神学观念支配的，近代以来的发展则是和理性观念相一致的；美国的发展有它的实用主义，英国的发展有它的经验主义，等等。中国的发展当然也有自己的发展理念。对于这样的理念和智慧，我们可能是在实际运用，只不过并未明确加以概括和表述罢了。面对世人的关注，面对各种疑惑、提问，我们应当给予一个比较明确的概括和总结。我们有责任向世界表明中国发展的哲学理念，说明我们从哪里来、走什么路、向哪里去，真正讲好"中国故事"，消除各种疑惑、误解，增强人们对中国道路的认同。同时，这也是我们应当实现的哲学自觉。因为理论的自信、道路的自信就是建立在这种自觉的基础之上的。哲学上的自觉有助于走好中国道路。

　　如果不是从发展的细节，而是从总体上、深层次上来理解和总结的话，那么可以说，实践唯物主义就是中国道路的哲学理念或哲学基础。中国道路就是在这种哲学观念的实际影响下形成和发展起来的。具体说来，实践唯物主义的哲学理念主要是通过下述方面体现出来并发挥作用的。

一是实践理性。中国道路最大的特点是实践理性。这种实践理性既不同于自柏拉图以来所开创的以超感性的世界为对象的纯粹理性，也不同于康德仅限于"道德实践"领域的实践理性，而是真正以现实的社会实践为关注对象的理性。它的基本特点是尊崇实践，不盲从什么清规戒律、原则观念。由这样的准则所决定，理性的基础首先是实践，即理性不是纯粹思辨的产物，最根本的是来源于实践，是对社会实践真实发展状况及其规律的反映和概括；理性的发展依赖于实践，即不同时期、不同历史条件下理性的内涵是不同的，而这种不同并非仅仅是理性自身逻辑发展的结果，而主要是理性自身逻辑与历史逻辑交互作用的结果，其发展的动力归根到底来自社会实践；理性追求和服务的目标是实践，即理性的不断发展、完善，最终的目的是更好地引导实践，认识世界最终是为了改变世界；理性问题的解决也必须诉诸实践，诚如马克思所说，"人的思维是否具有客观的真理性，这不是一个理论的问题，而是一个实践的问题"①。改革开放以来，实践理性在我国的复兴，最明显的标志就是确立了实事求是的思想路线。这一思想路线的要旨就在于不唯上、不唯书、只唯实，一切从实际出发，敢于、善于走自己的路。实事求是思想路线的确立，对于中国道路形成的影响是巨大的。中国道路的成功开创就是依据这样的路线一步步发展过来的。实事求是的实践理性所突出的探索理念、试错理念是非常符合中国国情的，因为中国的幅员这么辽阔、情况这么复杂、发展这么不平衡，没有谨慎探索、不断试错的方式和方法肯定是不行的。当年的英国在其发展过程中，

---

① 《马克思恩格斯选集》第 1 卷，人民出版社 1995 年版，第 55 页。

休谟就一直质疑纯理性因果推理的可靠性，认为正确的认识必须依靠经验；后来的罗素在其分析哲学的阐释中，也是以经验主义为基础，强调"事实"的重要性，认为"事实"是使一个命题或者真、或者假的东西。这些思想不仅与英国的发展直接相关，而且也为我们今天理解中国的发展提供了有益的启示。

实践理性的复兴，不仅端正了实事求是的思想路线，而且突出了实践标准。坚持实践标准，就是自觉地把思想认识从哪些不合时宜的观念、做法和体制中解放出来，从对马克思主义的教条式的理解中解放出来，从主观主义和形而上学的桎梏中解放出来。这对于思想解放，正确制定路线、方针、政策起了重大作用。将实践标准运用于社会发展，便是生产力标准的提出，进而是"三个有利于"标准的倡导。这些标准都对人们的实践活动、对社会发展起了很强的导向作用。正是以这些标准为主要内容的实践理性的重建，使中国步入健康、快速发展的轨道。

二是实践的主体性。强调实践，就意味着强调主体性。这是实践唯物主义与以往旧唯物主义的根本区别。马克思的这样一段话经常被提及："从前的一切旧唯物主义（包括费尔巴哈的唯物主义）的主要缺点是：对对象、现实、感性，只是从客体的或者直观的形式去理解，而不是把它们当作感性的人的活动，当作实践去理解，不是从主体方面去理解。"① 在这里，"实践"与"主体方面"是完全一致的。中国道路的成功开创，就在于高扬了主体性原则。这就是要把人民群众当作历史的主体，充分调动和发挥人民群众的积极性、创造性和能动性，增强社会发展的活力和动力。正如毛泽东所说："没有几万万人民的个性的解放和个性的发展……要想在殖民地半殖民地半封建废墟上建立起社会主义社会来，那只是完全的空想。"② 中国的发展，就在于发挥了群众的首创精神，充分调动了社

---

① 《马克思恩格斯选集》第 1 卷，人民出版社 1995 年版，第 54 页。
② 《毛泽东选集》第 3 卷，人民出版社 1991 年版，第 1060 页。

会各阶层、群体和各种力量的主体性，激发了社会活力。尊重劳动、尊重知识、尊重人才、尊重创造，使得全社会、全民族的智慧和力量得到了最大限度的集中和调动，使中国的发展和现代化建设获得了最广泛、最可靠的群众基础和最浓厚的力量源泉。现在要全面深化改革，其目的也在于通过破除各方面体制机制弊端，取消各种不合理的限制与束缚，以解放和增强社会活力，即让一切劳动、知识、技术、管理、资本的活力竞相迸发，让一切创造社会财富的源泉充分涌流。随着改革的全面深化，必然是社会能量的极大释放。当然，强调发挥主体性，不能忽视历史条件的客观制约性。正因如此，在经过经济高速发展之后，这些年我们的发展开始进入稳中求进的新常态，力求做到又好又快地发展。

三是实践的价值取向。实践唯物主义是和马克思主义哲学的主题密切联系在一起的。马克思主义哲学的主题就是人类解放和人的全面发展。既然要实现人类解放和人的全面发展，那就必然突出实践的基本观点，对人的实践问题予以特别关注。因为实践活动是人的存在的基本方式，是人类社会存在和发展的基础；人的生存发展状况直接受制于人的实践活动的状况。实践唯物主义的使命就是要通过研究实践活动的发展规律，分析和解决实践活动的内在矛盾，推动实践活动的健康发展，从而实现人的解放和全面发展。所以，实践的价值指向就是人的解放和发展。具体到社会发展来说，社会发展的最终目的和价值指向就是要为人的生存和发展创造有利的社会环境和条件，保障人的自由能够得以正常实现，促进人的全面发展。就此而言，社会发展的状况并不仅仅是以社会客体发展或者是以纯经济发展的状况来衡量的，更重要的是以发展的结果对主体的价值关系来确定的。我国30多年来的改革发展，就是逐渐按着这样的价值取向一路走过来的。在其认识上，关于共同富裕的理念、社会主义不是贫穷的理念、"三个有利于"的理念、必须始终代表人民群众利益的理念、社会主义新社会的本质规定就是努力促进人的全面发展的理念、全面建设小康社会的理念、坚持以人为本的理念等，都是这一价值取向的具体体现。尤其是"以人为本"理念的提出和倡导，不仅在发展观念上，而且在实际发展过程中都产生了非常深远的影响。正是按照这样的价值取向，这些年来我们在发展过程中特别注意民生、社会建设、社会公平正义、社会和谐、人的权利、民主与法制等，全方位地保障和促进人的自由全面发展。这是深得人心的发展。

四是实践的辩证法。与西方哲学史上纯粹的辩证法尤其是黑格尔"神秘形式"的辩证法相反，实践唯物主义突出的是实践的辩证法。实践唯物主义本身就内含着辩证的和历史的观点。一方面，实践唯物主义在承认现实世界客观实在性的同时，从来不把现存世界看作开天辟地以来就已存在、始终如一的东西，而是看作由人的活动造成的辩证的、历史的运动过程的结果。辩证法就源于实践的内在矛盾和辩证本性，它是以变化的、具有内在否定性的实践为基础的，因而是一种"合理形态"的辩证法。另一方面，按照实践唯物主义的观点，即使是对现实世界、现存事物辩证运动的理解和把握，也必须在其实践中并通过理性的思维，才能正常进行。也就是说，事物的辩证运动，不是"直观"出来的。实践的辩证法对于我国的改革发展有其实质性的影响。中国特色社会主义的发展就充分体现了这样的辩证法。中国特色社会主义就是立足中国的国情，充分吸收和总结国际社会主义运动的经验教训，在实践中探索出来的。这样的社会主义既坚持了科学社会主义的基本原则，又具有鲜明的个性，因而是植根中国大地、符合中国实际、反映中国人民愿望、适应中国发展进步要求的社会主义。它所富有的实践特色、民族特色、时代特色，生动地反映了实践中普遍性与特殊性、共性与个性、规律与道路等的辩证法。不仅中国特色社会主义道路的开创是这样，而且整个中国社会的发展也是如此。由于坚持按照变化了的实际来对待、处理问题，因而在实践中形成了一系列正确认识、解决现代化建设中矛盾和重大关系的思想，如关于改革、发展、稳定的关系，先富与共富的关系，计划与市场的关系，社会主义与资本主义的关系，独立自主与对外开放的关系，均衡发展与重点突破的关系，公平与效率的关系，速度与效益的关系，顶层设计与摸着石头过河的关系，以法治国与以德治国的关系思想等。对于这些关系的认识和处理，充分体现了实践辩证法的智慧，这在任何辩证法教科书中都是无法找到的，只有在实践这一大课堂上才能学到和掌握。此外，随着改革发展的日益深入，这几年全党上下所强调的辩证思维、系统思维、战略思维、底线思维等，均是实践智慧的具体体现。

五是实践的合理性。实践合理性问题的提出，对于科学发展观的确立和践行影响很大。近年来，科学发展观得到了全社会的普遍认同，并在实践中产生了重大影响，但如何认识发展的"科学性"，学界也有不同看法：有的是从传统意义上的科学角度来理解，认为科学发展就是要以科学的态度来对待发展，按客观规律行事；有的是从人的发展的角度来理解，认为科学发展的核心是"以人为本"，发展是否科学，尺度就是人的发展；等等。应当说，这些看法都是有益的，但在总体的理解和把握上还有待提高。从实践唯物主义的观点来看，发展的科学性就源自实践的合理性。所谓实践的合理性，尽管可以从不同角度、不同方面加以理解，但其基本内涵则是清楚的：一是其合规律性，二是合目的性。合理的实践应是合规律性与合目的性的统一。发展的科学性就是从实践的合理性引申出来的。发展的科学性主要是针对以往发展的不合理性而言的，它既有合乎规律的含义，又有合乎目的的含义，即合乎人的发展这一最终目的。前者反映的是对规律的尊重，后者反映的是对人的尊重；前者体现的是科学维度，后者体现的是价值维度。发展的科学性或合理性就体现了这种合规律性与合目的性的统一、科学维度与价值维度的统一。在我国，科学发展观事实上就是按照这样的理念提出和践行的。这就是在发展过程中，既要重视发展的速度，又要关注发展的质量；

既要关注社会财富的创造和涌流，也要关注社会利益的分配和调整；既要关注经济实力的增长，也要关注经济、政治、文化、社会、生态等各方面的均衡发展；既要关注开发和利用自然为人类造福，也要关注人与自然和谐发展；既要关注群众基本需要的满足，也要关注生活质量的提高和人的全面发展。① 实践合理性观念的彰显，确实成为科学发展的哲学灵魂。

六是实践的探索精神。实践唯物主义在中国之所以受到高度认同并在实践中产生了重大影响，一个重要的原因就在于它鼓励探索创新。探索创新是实践的一种本性。实践之所以具有这样的本性，主要源自人的需要与满足之间的矛盾。在实际生活中，需要的产生总是从人们对现存条件的不满开始的。"自古以来'条件'就是这些人们的条件；如果人们不改变自身，而且如果人们即使要改变自身而在旧的条件中又没有'对本身的不满'，那末这些条件是永远不会改变的。"② 正是需要与"不满"的矛盾，推动了实践的发展，促使人们不断进行探索。在其探索、发展过程中，原有的需要满足了，新的需要又产生了，"已经得到满足的第一个需要本身、满足需要的活动和已经获得的为满足需要而用的工具又引起新的需要"③。这种需要与满足之间的不断转化，就意味着开拓创新。实践是无止境的，开拓创新也是无止境的。实践唯物主义的强调，客观上弘扬和激发了一种创新的精神。这在改革之后不久就突出地显露出来了。邓小平明确指出："没有一点闯的精神，没有一点'冒'的精神，没有一股气呀、劲呀，就走不出一条好路，走不出一条新路，就干不出新的事业。"④ 没有自主探索，没有大胆创新，就不可能走出自己的

---

① 参见《科学发展观学习纲要》，学习出版社、人民出版社 2013 年版，第 21—22 页。

② 《马克思恩格斯全集》第 3 卷，人民出版社 1960 年版，第 440 页。

③ 《马克思恩格斯选集》第 1 卷，人民出版社 1995 年版，第 79 页。

④ 《邓小平文选》第 3 卷，人民出版社 1993 年版，第 372 页。

路、走好自己的路。中国道路前无古人，完全是探索出来的，所取得的成就是创造出来的。离开了探索创新，根本不可能有今天这样的"中国道路""中国特色社会主义"。要继续走好中国道路，推进社会主义建设事业，同样必须坚持不断探索、不断创新。

总的说来，自真理标准问题讨论以来，实践唯物主义对我国理论和实践发展的影响是重大的。它所确立的理念、所发挥的作用，将会随着时间的推移，日益得到彰显。

三

中国的发展并不仅仅是对实践唯物主义理念的运用和践行，同时也是对实践唯物主义的丰富和发展。中国的发展既是一个加速现代化进程的过程，也是一个推进实践唯物主义理论发展的过程。总结概括中国发展对于实践唯物主义的创新和发展，也是我们走向哲学自觉的重要一环。

改革开放以来，中国的发展不仅取得了巨大成就，同时也形成了一系列具有创新性的经验，如渐进改革、扩大开放、稳定协调、科学发展、和谐建设、顶层设计、自主探索等。由于这些经验是和"中国奇迹"联系在一起的，引起国内外广泛关注，所以又被特称为"中国经验"，乃至成为"中国模式"的同义词。

经验之为经验，总是具有一定的参考性和可借鉴性。不具备这些特性的经验不成其为经验。参考性和可借鉴性的依据是什么？简要说来，就是经验中所包含的一定的共通性或普遍性。就实际情况来看，"中国经验"无疑是中国发展的创造，因而具有明显的特殊性。但是，"中国经验"也是在总结世界许多国家、民族发展经验教训的基础上，根据本国的实际情况而逐渐形成的，因而又具有一定的普遍性。而且，"中国经验"不光反映了对中国发展的成功探索，而且体现了对整个人类文明发展的有益探索，从一定程度上反映了人类文明进步的规律。这些普遍性和共通性对于任何国家的发展尤其是发展中国家的发展都是具有一定参考价值的。由此，"中国经验"不论对于中国的发展还是对世界的发展都是一种贡献，值得认真总结。

对"中国经验"加以总结，重要的是要使经验经过提炼，将其中一些重要因素上升为某种理论。由于成功的经验中总是含有一些规律性的东西，因而通过规律性因素的提炼、概括，可以上升为具有普遍性的理论。这并不是要使所有的经验都变成理论，进而将理论变为"一般模式"向世界推行，而是旨在将经验中所内在的理论价值更好地加以提炼概括，凸显其认识论、方法论等多方面的意义，用以更好地指导实践。从经验提升到理论，一方面对经验可以有更深刻的理解和认识，即如毛泽东所说，"感觉到了的东西，我们不能立刻理解它，只有理解了的东西才能深刻地感觉它"①，另一方面对理论本身的研究又是一个推动，可以促进理论内容的丰富和发展。

对中国经验加以提炼总结，可以从多方面推进实践唯物主义的发展。

一是提出新的理论观点。实践在其发展中总是会遇到新情况、新问题，这就会迫使人们形成相关的新看法、新认识，将这些看法和认识加以系统的概括和总结，便会形成新的理论观点。如在实践观问题上，除了对"实践"通常的理解外，学界又根据新的发展实践提出了"创新实践"的概念，以区别于常规实践；在社会发展的标准问题上，除了通常讲的生产力标准外，又提出了人的标准，即把人的发展看作社会发展的最终标准；在对实践基本特性的揭示和描述上，除了通常讲的客观性、能动性、创造性外，近年来又根据发展的成败得失，提出了实践的合理性；在对客观事物和社会现象的评价上，除了通常讲的真理观和历史观外，现在又明确提出必须注意价值观，坚持真理与价值的统一、历史观与价值观的统一，等

---

① 《毛泽东选集》第 1 卷，人民出版社 1991 年版，第 286 页。

等。所有这些理论观点都不是纯逻辑演绎的结果，而是根据新的发展实践概括出来的。这些理论观点在原有理论教科书中很少涉及，现在明确提出来，自然给实践唯物主义增添了新的内容。

二是充实原有的理论。随着实践的发展和经验的积累，原有的认识也会发生相应的变化，其结果是不断丰富和充实原有的理论。如科学发展观的提出，既是对多年来国内外发展实践的经验总结，又是对实践唯物主义发展观的重要发展，它所提出的新观点、新理念，大大拓展和深化了发展观的内容。比如，对于发展尤其是社会发展本身的理解，过去多是从客体方面来阐释的，对人的活动和人的发展虽有涉及但重视不够，现在通过发展经验的总结和科学发展观的讨论，逐渐形成了这样一种认识：发展不能仅仅以客体发展的程度来界定，同时要以发展的结果对主体的价值关系来确定；完整意义上的社会发展，是同人的发展及其价值实现相一致的；社会发展的实质是人的发展。这样的理念进入马克思主义哲学，无疑是对社会发展概念的重要补充和深化。另外，科学发展观所涉及的全面与片面、协调与矛盾、可持续与不可持续、和谐与冲突、全局与局部、当前与长远等关系的观点，并不仅仅是关于具体发展过程的一些对策性意见，而且可以经过适当提炼，直接成为马克思主义哲学发展观的重要组成部分，丰富和发展实践辩证法。

三是修正和完善某些理论。由新的实践所形成的新的经验和认识，往往会与原有的理论认识发生冲突，进而提出严重挑战。在其冲突和挑战面前，是固守原有的理论，还是需要面对新的现实、新的经验？显然是后者。既然是后者，就要对原有的某些理论观点加以必要的调整和修正，使之得以完善。如过去我们在讲马克思主义自然观时，主要突出的是人对自然的改造，突出的是"人化"自然的作用，似乎弱化"改造""人化"不足以显示人的能动性。其实，发展的实践一再证明，对于正常的发展来说，并不是对自然的改造和开发力度越大越好，也不是人化自然的程度越高越好；人化自然应当有一个合理的限度。这就要对原有的"人化自然"理论做出必要的修正。这不是要否定实践唯物主义的"人化自然"观，而是要对其理论阐释更全面、更富有合理性，同时更适合自然与社会的协调发展。因此，修正是发展和完善理论的一种不可回避的重要方式。

需要指出的是，加强"中国经验"的总结，并不排斥发展教训的总结。经验与教训是很难截然剥离的。在现实的发展过程中，"中国经验"固然值得称道，发展的教训也是一种财富，值得重视、回味。从某种意义上说，教训比经验更为深刻，更富有启迪性。通过教训的吸取和总结，可以更好地促进对发展的理论思考，进而推进实践唯物主义的深入研究。实际上，中国在其发展过程中许多重要理论观点的提出，大多是从教训中领悟出来的。正是由于人对自然的过度开发超出了自然的承载能力，以致引起严重的生态危机，才有"生态文明"的提出；正是由于发展的急功近利引起了各方面的比例失调，直接威胁到下一步的经济社会发展和人的发展，才有"科学发展观"的提出；正是由于社会转型、体制变革引起利益关系的调整，导致各种利益冲突、社会冲突，才有"社会公平正义"的倡导……可以说，许多重要理论观点就是由教训"倒逼"出来的。善于从教训的总结中来思考和把握一些带有规律性、本质性、普遍性的东西，这是推进实践唯物主义发展的一条重要途径。总之，无论是经验还是教训，只要通过认真提炼总结，可以从中提升实践唯物主义的研究水平，使其真正富有时代内涵和新的创造。

此外，还要注意的是，提炼总结"中国经验"同时也包括提炼总结群众实践中的经验和智慧。中国特色社会主义是群众的事业，中国的改革发展是群众的实践。离开了群众的生动创造，不可能有今天的"中国道路"，也不可能形成今天的"中国经验"。从根本上来说，"中国经验"的产生，就来自群众的实践、来自群众的智慧。要总结提炼"中国经验"，推进实践唯物主义的研究，必须对群众的首创精神予以尊重，对于群众中鲜活的经验和创造性的哲学智慧予以总结，从中汲取理论营养。从人类思想发展史上来看，大多数情况下，理论往往是落后于现实、滞后于实践的，因而不断汲取和总结群众的实践经验和智慧，这是理论发展创新的必然途径和重要手段。当然，我们不能仅仅满足于"事后总结"，而是应在事后总结的同时提出一些前瞻性的说明和提示，以加强思想性和方法论的引导。

四

在我国，实践唯物主义的复兴与中国的改革发展是相伴而行的。经过多年的讨论，理论研究确实取得了大量的成果并产生了很大的影响。但是，也应当看到，我们的理论研究还没有真正展现出实践唯物主义所具有的那种感染力、影响力，不少理论著述依旧停留于关于实践问题的抽象概括和理论描述，仍然没有完全摆脱意识哲学或理论哲学的研究范式。诚如有的学者所说，"实践唯物主义"没有实践性。应当说，加强一些基础理论的研究固然是必不可少的，但纯粹沿用意识哲学的范式又是绝对不行的，这就要求研究的视野、研究的方式和方法做出相应的调整和转变。

如何改变这种局面？重要的是要回到实践唯物主义的本性。这就是要真正面对现实的实践，而不是面对抽象的"实践"概念。当代社会的实践，特别是中国发展的实践，这是实践唯物主义研究的大课堂，也是其研究的具体对象。面对中国的发展及其提出的新课题，实践唯物主义研究应当有所作为，应当发挥其应有的作用。

由这样的研究对象所决定，研究中必须突出问题导向。面对实践，说到底是要面对问题。当年马克思的实践唯物主义就是在研究当时社会生活中各种经济、政治问题以及工人运动重大问题中创立起来的，现在在其发展过程中，同样需要直面现实问题，并在问题研究、解决中凸显其理论价值。突出问题导向、加强问题研究，首先是要恰当地提出问题。这就是要善于用敏锐的眼光发现问题，并能准确地提炼问题。正如维纳所说："只要我们没有提出正确的问题，那么我们就永远也不会获得对问题的正确答案。"① 这就是说，我们要研究的问题，应当是真问题，不是假问题，更不是把别人的问题当作自己的问题。其次是要合理地研究问题。这就是要充分发挥哲学的"反思"特点，对于社会发展中一些重大现实问题和理论问题加以深刻的理论反思，包括各种"追问"，以廓清认识的迷雾，明确解决的方向和出路。同时要发挥实践唯物主义所具有的"革命的、批判的"功能，用批判的精神和方式来研究问题，善于深刻地揭露矛盾、分析矛盾，以寻求矛盾的合理解决。因此，研究的成果应当具有较强的理论穿透力和社会洞察力，切实能够发挥其社会性的影响。

研究还必须克服路径依赖。在马克思主义哲学研究中，加强与西方哲学的对话、交流是重要的也是必要的，但谨防过多依赖西方哲学来阐释马克思主义哲学和相关重大问题。在一些著述中，有些问题的分析和阐释总想在西方哲学中来寻求，似乎有西方哲学作注脚才感到踏实。这样的研究，无益于推进马克思主义哲学的发展和现实问题的研究。对西方学术的盲目推崇，会妨碍我们的独立思考；对西方理论资源和研究方式的过分倚重，会遮蔽中国问题的真实性质。西方的一些理论信条虽然很诱人，但其往往没有前提、边界和条件。脱离了实践基础和具体条件，非现实性地提出的问题，只能是一些虚假的空洞的概念。

在路径方面，确实需要回到马克思。马克思的"新唯物主义"究竟是以什么样的路径或面貌出场的？显然不是为了解决哲学思想史中某些内在局限或内在矛盾，而是为了揭露和解决现实社会实践的内在矛盾、寻求人类解放道路。易言之，马克思不是在研究哲学的过程中形成和发展自己哲学的，而是在研究现实问题的过程中超越了以往的旧哲学、形成了自己的新哲学。马克思哲学的革命不是

---

① 《维纳著作选》，上海译文出版社 1978 年版，第 175 页。

在哲学领域中发动的，而是在现实社会批判中实现的。马克思的哲学从一开始就与西方哲学走的不是一条道路。现在要推进实践唯物主义的研究，同样需要沿着马克思开辟的道路走。而且，无论是从历史还是从现实看，社会主义的理论和实践问题始终是马克思主义的核心问题，而马克思主义哲学始终是和社会主义学说紧密结合在一起的。离开了这一核心问题，马克思主义哲学就没有独立存在的价值。今天中国最大的实际是中国特色的社会主义，最大的实践问题和理论问题是建设中国特色社会主义的问题，其他问题可以说都是由此问题派生出来的。坚持实践唯物主义，就是要以中国特色社会主义为主题，从哲学上充分阐明中国特色社会主义的理论、道路和制度，为中国的未来发展提供正确的理论指引。

作为实践唯物主义，马克思主义哲学的研究当然要面向现实、体现实践性和时代性，但在具体研究过程中也有一个研究方式问题。关注实践、研究现实，并不是用现有的原理对有关实践问题做简单的诠释，也不是对改革发展的有关政策、措施做一些理论图解和哲学论证，更不是要给各种具体实践问题的解决出具方案。哲学还是要以哲学的方式来研究问题、来与现实结合，最重要的是通过理性思考，从理念上、思维上给实践发展提供有益的提示和参考。

实践唯物主义介入中国发展实践的过程，同时也是实现自己的过程。按照马克思的观点，“哲学”必须在现实中实现，不能在现实中实现的“哲学”只能加以终结。以往的形而上学之所以被拒斥、被终结，就因为它热衷于用思辨的逻辑演绎世界，无法在现实中加以实现。让哲学走向现实生活，使得现实生活不仅为哲学理论提供了丰富的材料和内容，而且为哲学发挥积极作用提供了实际舞台。因此，“哲学不仅从内部即就内容来说，而且从外部即就其表现来说，都要和自己时代的现实世界接触并相互作用”①。简言之，推动

---

① 《马克思恩格斯全集》第 1 卷，人民出版社 1956 年版，第 121 页。

哲学前进的，不是纯粹抽象的思辨，而是每一时代的实践。面对当代中国的发展实践，实践唯物主义应当有所作为。

［本文原载《北京大学学报》（哲学社会科学版）2015 年第 4 期］

中国道路的哲学观念

赵剑英

赵剑英，中国社会科学出版社党委书记、社长，南开大学—中国社会科学院大学马克思主义研究院特聘教授，中国历史唯物主义学会副会长，中国特色社会主义理论研究会副会长

一　从哲学上深刻理解中国道路的历史必然性和合理性

1978 年中国改革开放以来，中国共产党领导中国人民走出了一条独特的现代化发展道路即中国特色社会主义道路。今天看来，中国道路的成功不仅已被时间和实践所证明，而且更从当今中西方经济社会发展现状的对比中得到证明。从时间检验上看，中国经济社会的高速发展持续了近 40 年，而且相对世界经济而言，中高速的增长还在继续，中国发展的长期性和稳定性在世界现代经济史上不能不说是一个奇迹。40 年这样的时间长度足以说明一个事物存在发展的稳定性、规律性和合理性。

从发展的结果来看，中国 40 年来发生了翻天覆地的变化，政治、经济、社会、文化发展取得了巨大成就，人民群众的物质生活水平、综合国力和国家的国际地位大幅提升。

从当今中西方发展对比来看，特别是 2008 年国际金融危机以来，西方发达资本主义国家的发展危机四起，所谓新自由主义"普世价值观"在实践中四处碰壁。当今世界正处于前所未有的大变革大动荡时代。世界经济发展陷入长期低迷和失衡，各种"黑天鹅"事件不断，各种不确定性上升，这些都证明资本主义固有的基本矛盾经过一个时期的缓和后又进入一个被激化的阶段。美国与发达资本主义国家之间的矛盾和利益争夺，以及发达国家与不发达国家之间掠夺和反掠夺的矛盾日益激烈。世界财富集中到少数国际巨商和金融寡头的程度前所未有，巨大的贫富差距和极不平等的现实世界，必然会造成被压迫、被剥削者的不满、反抗和斗争，欧美发达国家大资本家的贪婪不仅受到本国人民的反抗，而且受到发展中国家

（新兴市场经济国家）人民的极力对抗，资本主义政治制度和社会治理受到空前质疑。

　　回眸中国，虽然我们也面临很多发展难题，但是中国发展道路和制度的活力远远胜于西方资本主义国家。这是不容否认的事实，原因何在？大家都在分析、寻找。在我看来，根本原因在于作为执政党的中国共产党执政理念的人民性，即中国的国家权力不是掌握在少数利益集团手里，不是为少数权贵服务的，这使得中国的治理体系有可能更加合理。长期以来，西方国家重点攻击我们的国家治理主要有两点：一是指责我们是非民主国家；二是我们是非个人自由主义（权利）本位。但事实证明，对于我们这样一个世界上人口最多的多民族国家来说，为应对自身经历的深刻变革和与之相互掺杂在一起的很多全球性复杂问题，强有力的国家治理能力是维护中国稳定发展的保障，没有稳定的社会秩序和较快速度的增长，人民的社会经济权利保障是根本无从谈起的。当前，"五大建设"的总体布局、"四个全面"的战略布局和新发展理念，都将进一步完善中国的制度体系，更加关注人民群众的利益诉求，改善民生，促进人的自由而全面发展。

　　中国发展的成功使我们有理由、有底气对我们自己选择的中国特色社会主义道路自信，对我们不断创新的中国特色社会主义理论和不断完善的中国特色社会主义制度自信。中国特色社会主义作为一种新制度文明形态正显示出蓬勃的生命力，我们为人类的发展和世界文明多样性贡献了中国方案和中国智慧，这自然也对西方资本主义制度和意识形态构成挑战。一个国家或民族的自信根本来源于文化自信，文化自信是民族自信的源头。中国道路的选择、中国理论的提出和制度的设计是中华文化在当代的创造性转化和创新性发展，创新的奥秘我认为就在于把马克思主义与中国国情、中国实际和时代特征相结合，在于把马克思主义与中国优秀传统文化相结合，实现了马克思主义的中国化、时代化、大众化。这种双重的结合是中华文化的创新与发展，其理论形态就是以毛泽东思想与中国特色社会主义理论体系为内容的当代中国的马克思主义。这一新型文化的精髓则是一系列的哲学观念。这些哲学观念是破解中国道路成功之谜的精神密码，它们主要有：实事求是、人民主体、人的自由全面发展、批判的革命的辩证法、依存共生等。梳理和分析这些哲学观念，我们可以更好地理解当今中华民族的发展智慧，更深层次地理解中国特色社会主义成功的根源，坚定我们的道路自信、理论自信、制度自信和文化自信。

二　实事求是

实事求是是马克思主义哲学中国化的集中体现，也是对中国革命建设和改革开放发展影响最深远的当代中国哲学观念，它集中表达了马克思主义科学的认识论和方法论。

实事求是出自中国古代的典籍（东汉史学家班固撰写的《汉书·河间献王传》），原本是指一种严谨的治学态度和方法，毛泽东用这一成语概括了马克思主义的哲学观。他在《改造我们的学习》中指出："'实事'就是客观存在着的一切事物，'是'就是客观事物的内部联系，即规律性，'求'就是我们去研究。我们要从国内外、省内外、县内外、区内外的实际情况出发，从中引出其固有的，而不是臆造的规律性，即找出周围事物的内部联系，作为我们行动的向导。"[①] 经过不断的完善，实事求是思想路线的完整表述为：一切从实际出发，理论联系实际，实事求是，在实践中检验和发展真理。其精髓是：解放思想、实事求是、与时俱进、求真务实。实事求是是中国化马克思主义哲学的理论核心，一方面集中表达了辩证唯物主义和历史唯物主义的自然观、历史观以及科学的认识论和方法论；另一方面，它言简意赅，微言大义，体现了鲜明的中国传统

---

① 《改造我们的学习》，《毛泽东著作选读》（下册），人民出版社 1986 年版，第478 页。

文化特色。

实事求是思想路线是以毛泽东同志为核心的党的第一代中央领导集体在十分残酷的革命斗争实践中总结出来的，并在复杂的革命和建设进程中不断深化。毛泽东深刻反思右倾机会主义和"左"倾教条主义给中国革命造成的巨大损失，总结其惨痛的教训，指出，两者虽然表现形式不同，但实质相同，即都不从中国的实际出发，不注重调查研究，两者都险些倾覆中国共产党领导的革命之船。右倾机会主义错误使中国共产党放松了政治上的警惕性，致使中国共产党在国民党发动的反革命政变中损失惨重。由于"左"倾教条主义的错误指挥，本来实力弱小的中国红军积极冒进，造成第五次反"围剿"的失败，被迫长征，在长征开始后不到两个月，红军就由出发时的 8.6 万人锐减到 3 万多人。通过对这些教训的反思，毛泽东提出，必须将马克思主义与中国实际相结合，寻找一条符合中国实际的革命道路，进而形成实事求是的思想路线。在这一正确的思想路线的指导下，中国共产党领导中国人民取得革命的胜利，成立了中华人民共和国。

中国共产党在每一个历史发展阶段、每到重大历史关头，都会带着新的问题对实事求是进行再强调和再阐释，对实事求是每一次阐释都有新的意义，都是一次新的思想启蒙、思想解放，充分体现了正确的哲学观念在认识世界和改造世界的智慧和力量。

在社会主义建设早期，"左"倾错误再度兴起，社会主义建设脱离实际、急于求成、急躁冒进。具体表现为"大跃进"、人民公社化运动以至后来发生"文化大革命"等错误实践，"以阶级斗争为纲"的政治运动给社会主义建设带来严重灾难。1978 年，关于实践是检验真理的唯一标准问题的大讨论开启了思想解放的大幕，为重新恢复和确立党的实事求是的思想路线奠定了哲学基础。在党的十一届三中全会上，邓小平同志作了《解放思想，实事求是，团结一致向前看》的重要讲话①，重新确立实事求是的思想路线。实事求是的思想路线使我们清醒认识我国所处的发展阶段，即中国还处于并将长期处于社会主义初级阶段。从这一基本国情和基本特点出发，我们开辟了自己独特的发展道路即中国特色社会主义道路，确立了"一个中心、两个基本点"（以经济建设为中心，坚持改革开放，坚持四项基本原则）的基本路线，确立了建立社会主义市场经济体制的改革目标，迎来了快速发展的黄金 40 年，创造了人类发展史上的奇迹。

经过 40 年的快速发展，中国不仅解决了温饱问题（7 亿多贫困人口摆脱贫困），一部分人还先富了起来，国家也逐渐强大起来，但也积累了大量的问题与矛盾：改革进入深水区，增长速度进入换挡期、结构调整面临阵痛期、前期刺激政策消化期；信仰缺失、道德滑坡、贫富分化、环境污染等问题凸显；党内部分官员腐败严重，形式主义、官僚主义、享乐主义和奢靡之风突出，面临脱离实际、脱离群众的危险。针对中国的发展进入新的发展阶段，面临新的形势和问题，习近平同志作了《坚持实事求是的思想路线》的重要讲话，他指出："我国已进入全面建设小康社会的关键时期和深化改革开放、加快转变经济发展方式的攻坚时期，我们面临的国内外形势更加复杂多变，新情况新问题新矛盾层出不穷。这些都对我们坚持和更好地贯彻实事求是的思想路线提出了新的要求。"② 这一重温实事求是的讲话是一次新的思想解放的再动员。后来，他在党的十八届三中全会上的讲话中又指出"三个没有变"，即"我国仍处于并将长期处于社会主义初级阶段的基本国情没有变，人民日益增长的物质文化需要同落后的社会生产之间的矛盾这一社会主要矛盾没有变，我国是世界最大发展中国家的国际地位没有变"，再次郑重提醒全党全国人民，要认清和把握我国所处的历史方位和面临的新形势，

① 参见《邓小平文选》第 2 卷，人民出版社 1994 年版，第 140 页。

② 习近平：《坚持实事求是的思想路线》，《学习时报》2012 年 5 月 28 日第 1 版。

避免重犯脱离实际的错误。党的十八届六中全会再次强调："坚持解放思想、实事求是、与时俱进、求真务实，坚持理论联系实际，一切从实际出发，在实践中检验真理和发展真理，既反对各种否定马克思主义的错误倾向，又破除对马克思主义的教条式理解。实事求是的认识论和方法论要求我们坚持从中国仍处于并将长期处于社会主义初级阶段这个基本国情出发，不断研究新情况、总结新问题、解决新问题，不断推进马克思主义中国化。"① 由此，"必须全面贯彻执行党的基本路线，把以经济建设为中心同坚持四项基本原则、坚持改革开放这两个基本点统一于中国特色社会主义伟大实践，任何时候都不能有丝毫偏离和动摇"②。可见，政治路线的正确与清醒是以坚持实事求是这一科学的思想路线和哲学观念为前提的。

三　人民主体

中国共产党自成立之日起，就把全心全意为人民服务写在自己的旗帜上，始终坚持人民主体地位，始终代表人民的利益，具有鲜明的人民性。正如习近平总书记在党的十九大报告中指出的，"中国共产党的初心和使命，就是为中国人民谋幸福，为中华民族谋复兴"。毛泽东提出全心全意为人民服务的宗旨；邓小平把人民利益作为每一个党员的最高准绳；江泽民提出中国共产党要始终代表中国最广大人民的根本利益；胡锦涛提出以人为本的科学发展观；习近平总书记提出坚持以人民为中心的发展思想和工作导向。2016 年 9 月 29 日，习近平总书记在学习《胡锦涛文选》报告会上的讲话中指出："我们要坚持以人民为中心的发展思想，抓住人民最关心最直接最现实的利益问题，不断实现好、维护好、发展好最广大人民根本利益，努力使全体人民学有所教、劳有所得、病有所医、老有所养、

---

① 《〈关于新形势下党内政治生活的若干准则〉〈中国共产党党内监督条例〉辅导读本》，人民出版社 2016 年版，第 25 页。

② 同上书，第 5 页。

住有所居。"① 以人民为中心的发展思想是做好各项工作的重要导向，习近平总书记强调："把以人民为中心的发展思想体现在经济社会发展各个环节，做到老百姓关心什么、期盼什么，改革就要抓住什么、推进什么，通过改革给人民群众带来更多获得感。"② 2014 年 10 月 15 日，他在文艺工作座谈会上的讲话中，提出坚持以人民为中心的创作导向。2016 年 2 月 19 日，他在党的新闻舆论工作座谈会上的讲话中指出："坚持以人民为中心的工作导向，尊重新闻传播规律，创新方法手段，切实提高党的新闻舆论传播力、引导力、影响力、公信力。"③ 2016 年 5 月 17 日，他在哲学社会科学工作座谈会上的讲话中指出："我国哲学社会科学要有所作为，就必须坚持以人民为中心的研究导向。脱离了人民，哲学社会科学就不会有吸引力、感染力、影响力、生命力"④，等等。从毛泽东到习近平，关于中国共产党立党执政的宗旨的思想都是一脉相承的，概括起来就是"人民主体"这一哲学观念。

"人民主体"既是中国共产党坚持的马克思主义历史观、权力观，又是马克思主义价值观。它具有丰富的内涵：一是坚持人民历史主体地位。作为一种历史观，它认为人民群众是历史的创造者，是推动历史进步的根本动力。二是人民是权力的主体，是国家的主人。中国共产党来自人民、植根人民、依靠人民，人民群众是执政党的力量源泉。"得民心者得天下，失民心者失天下，人民拥护和支持是党执政的最牢固根基。人心向背关系党的生死存亡。党只有始

---

① 习近平：《在学习〈胡锦涛文选〉报告会上的讲话》，人民出版社 2016 年版，第 12 页。

② 习近平：《在中央全面深化改革领导小组第二十三次会议上的讲话》，《人民日报》2016 年 4 月 19 日第 1 版。

③ 《论学习贯彻习近平总书记新闻舆论工作座谈会重要讲话精神》，人民出版社 2016 年版，第 9 页。

④ 习近平：《在哲学社会科学工作座谈会上的讲话》，人民出版社 2016 年版，第 12—13 页。

终与人民心连心、同呼吸、共命运，始终依靠人民推动历史前进，才能做到党长期执政，党和国家长治久安，安如泰山、坚如磐石。"①党的权力既来自人民，必然要受人民监督。任何党的干部都没有超越党规和法律之外的权力，行使任何权力都要对人民负责，自觉接受人民群众的监督和批评。三是从价值观上看，坚持人民主体就是执政为民，努力实现人民群众对美好生活的向往。习近平总书记指出："全心全意为人民服务，是我们党一切行动的根本出发点和落脚点，是我们党区别于其他一切政党的根本标志。"②实现好、维护好、发展好最广大人民根本利益，把人民拥护不拥护、赞成不赞成、高兴不高兴、答应不答应作为衡量一切工作得失的根本标准。四是坚持人民主体就是要尊重人民的首创精神，坚持从群众中来，到群众中去的工作方法，充分发挥广大人民群众的积极性、主动性、创造性。深入调查研究，将从群众中集中起来的意见建议，形成政策，服务于人民群众。不搞主观臆断和违背客观规律的"拍脑袋"决策，不追求脱离实际的盲目攀比，不提哗众取宠的空洞口号。

　　坚持人民主体这一哲学观念在中国具有十分深厚的土壤，与中国传统民本思想是十分契合的。民本主义精神是中国传统文化的重要内容。"民惟邦本，本固邦宁"（《尚书·五子之歌》），孟子提出"民为贵，社稷次之，君为轻"的著名观点，影响了中国几千年。唐代李世民认为："君依于国，国依于民。""为君之道，必须先存百姓。"（《贞观政要·君道》）朱熹则认为"天下之务莫大于恤民"（《宋史·朱熹传》），民本思想强调民心向背的重要性。孟子说："桀纣之失天下也，失其民也；失其民者，失其心也。得天下有道：

---

①　习近平：《在党的群众路线教育实践活动工作会议上的讲话》，2013 年 6 月 18 日，商务部网，http://www.mofcom.gov.cn/article/zt _ swbqzlx/lanmuone/201307/20130700218344.shtml。

②　习近平：《在纪念毛泽东同志诞辰 120 周年座谈会上的讲话》，2013 年 12 月 26 日，人民网，http://theory.people.com.cn/n/2013/1227/c40531 - 23954508.html。

得其民，斯得天下矣。"（《孟子·离娄上》）荀子说："君者，舟也；
庶人者，水也。水则载舟，水则覆舟。"（《荀子·哀公》）习近平总
书记说："'政之所兴在顺民心，政之所废在逆民心。'全心全意为
人民服务是我们党一切行动的根本出发点和落脚点，是我们党区别
于其他一切政党的根本标志。"① 民本思想还体现在重现世、重生活、
重人伦的基本生命态度，是一种具有浓重道德色彩的人本关怀，把
人放在一定的伦理人际关系中来定位，注重人的修养，肯定个体的
心性完善。中国共产党强调在密切联系群众的关系中发展自己，强
调在密切这一关系中自觉加强党性修养，具有强烈的道德情怀，这
是中国共产党不同于西方政党的表现。

正是因为坚持了人民主体的历史观和价值观，我们党才始终有
坚实的执政党基础，也才有力量能在极其复杂、充满风险的国际国
内形势下引领中国发展不断取得新的胜利。

四　人的自由全面发展

实现人的全面而自由的发展，这是马克思、恩格斯构想的人类
未来理想社会——共产主义社会最根本的特征，是马克思主义的最
高哲学命题。马克思在《资本论》中把共产主义描述为"一个更高
级的、以每个人的全面而自由发展为基本原则的社会形式"。实现人
的自由而全面发展也是以马克思主义为指导的中国共产党的奋斗目
标，在哲学社会科学工作座谈会上，习近平总书记明确指出了这一
点。他说："马克思主义坚持实现人民解放、维护人民利益的立场，
以实现人的自由而全面的发展和全人类解放为己任，反映了人类对
理想社会的美好憧憬。"②

人的自由而全面的发展包含十分丰富的内容，中国共产党在探

---

① 《习近平谈治国理政》，外文出版社 2014 年版，第 28 页。
② 习近平：《在哲学社会科学工作座谈会上的讲话》，人民出版社 2016 年版，第
8—9 页。

索中国的发展道路中始终践行这一哲学理念。

第一，中国共产党领导的中国革命把贫穷的劳苦大众从"三座大山"的压迫和奴役中解放出来，在政治权利上实现了人人平等，这是人民群众自由而全面发展的基础和前提。但是在以"阶级斗争为纲"的社会主义建设的一段特殊时期，人的尊严和自由全面发展受到严重损害，有的时期甚至连宪法法律也遭公然践踏。改革开放以来，我们不断加强法治建设，实施依法治国战略，不断完善各种法律制度，进一步保障个人权利。党的十八届四中全会首次专题讨论依法治国问题，通过《中共中央关于全面推进依法治国若干重大问题的决定》，对加强社会主义民主政治制度建设和推进法治中国建设做出战略部署，使个人的各种权利得以保障。

第二，大力解放和发展生产力，提高人民群众的物质生活水平。摆脱对"物的依赖"是实现人的自由而全面发展的物质前提。改革开放以来，邓小平从我国贫穷落后的国情出发，指出"贫穷不是社会主义"，社会主义的本质是"解放生产力、发展生产力，消灭剥削，消除两极分化，最终达到共同富裕"。在实现人民群众共同富裕上，我们采取的策略是先让一部分人富起来，先富带动后富，最终实现共同富裕。今天，中国人的温饱问题基本解决了，但还有一部分人仍处于贫困状态，我们正在向全面建成小康社会的目标努力奋进。

第三，提出共享发展，让每一个人都得以自由而全面发展。目前，我国还只有一部分人富裕了，绝大多数中国人民还没有富裕，并且贫富分化比较严重。基于此，习近平总书记提出共享发展理念。他指出："共享理念实质就是坚持以人民为中心的发展思想，体现的是逐步实现共同富裕的要求。共同富裕，是马克思主义的一个基本目标，也是自古以来我国人民的一个基本理想。"[①]共享发展就是让

---

① 习近平：《在省部级主要领导干部学习贯彻党的十八届五中全会精神专题研讨班上的讲话》，人民出版社 2016 年版，第 25 页。

每一个社会成员拥有平等参与、平等发展的权利，让人民群众真正分享国家经济发展的成果，分享发展红利，建成不分地域、不分群体、不分层级、不分民族的全面小康。

为此，我们采取了一系列政策措施以推动共享发展。一是实施协调发展。针对城乡二元结构和城市内部二元结构的矛盾突出，东中西部、东北区域间发展不平衡；社会文明程度和国民素质与经济社会发展的水平不匹配等问题，推动区域协同、城乡一体、物质文明和精神文明协调发展。二是实施脱贫攻坚工程。提出"精准扶贫"的思想，因人因地施策，满足贫困地区、贫穷人群的物质生活需求，共享我们改革开放的发展成果。三是增加公共服务供给，坚持普惠性、均等化、可持续原则，加强义务教育、就业服务、社会保障、基本医疗和公共卫生、公共文化、环境保护等基本公共服务。四是完善分配制度。更好地处理按劳分配为主体和实行多种分配方式的关系，完善劳动、资本、技术和管理等生产要素按贡献参与分配的机制。规范初次分配，加大再分配调节力度。减小收入差别，增加低收入劳动者收入，扩大中等收入者比重，构建和谐稳定的"橄榄型社会"。五是逐步建立以权利公平、机会公平、规则公平为主要内容的社会公平保障体系，从法律上、制度上、政策上努力营造公平的社会环境，维护好个人权利。以上这些政策措施在推动人民群众共享发展上正在取得实效。

第四，重视文化发展，推动人在更高层次上实现自由全面发展。丰富的精神文化生活是人的自由全面发展的重要标志。党的十七届六中全会通过的《中共中央关于深化文化体制改革、推动社会主义文化大发展大繁荣若干重大问题的决定》中指出"物质贫乏不是社会主义，精神空虚也不是社会主义"[1]，这是对邓小平"贫穷不是社会主义"论述的深化。经过近40年的发展，人民群众在物质生活水

---

① 《中共中央关于深化文化体制改革、推动社会主义文化大发展大繁荣若干重大问题的决定》，人民出版社2011年版，第7页。

平极大提高的同时，对精神文化生活的需求日益增强，但我们高质量的公共文化产品却相对缺乏，精神领域还出现了诸如信仰缺失、道德失范、价值观扭曲等与人的自由全面发展相背离的问题。党的十七届六中全会之后，党对中国特色社会主义文化的发展提到更加突出的位置，通过加强意识形态工作、构建社会主义核心价值观、创作优秀文艺作品、发展弘扬中华优秀传统文化、推动中华文化"走出去"、加快推进文化体制改革和文化产业建设等，以满足人民群众不断增长的精神文化生活需求，推动人的更加全面而自由的发展。

五　批判的革命的辩证法

马克思认为："辩证法在对现存事物的肯定的理解中同时包含对现存事物的否定的理解，即对现存事物的必然灭亡的理解；辩证法对每一种既成的形式都是从不断的运动中，因而也是从它的暂时性方面去理解；辩证法不崇拜任何东西，按其本质来说，它是批判的和革命的。"① 马克思的批判性概念是基于历史事实和历史规律基础上的，马克思是基于揭示人类社会发展内在矛盾和资本主义社会特殊矛盾而进行的理论批判和实践批判。他认为整个人类历史是一个辩证否定的过程。对此，习近平总书记作了深刻的把握与阐发，他指出："哲学社会科学要有批判精神，这是马克思主义最可贵的精神品质。"② 他还强调："以勇于自我革命精神打造和锤炼自己……勇于自我革命，是我们党最鲜明的品格，也是我们党最大的优势。"③ 毋庸置疑，批判的革命的辩证法是指导中国共产党领导中国人民推

---

① 《马克思恩格斯选集》第 2 卷，人民出版社 1995 年版，第 112 页。

② 习近平：《在哲学社会科学工作座谈会上的讲话》，人民出版社 2016 年版，第 18 页。

③ 习近平：《以解决突出问题为突破口和主抓手 推动党的十八届六中全会精神落到实处》，《人民日报》2017 年 2 月 14 日第 1 版。

进中国特色社会主义伟大实践的一个重要哲学观念。

第一，中国改革开放实践活动就是一个自我批判、自我革新的历史进程。改革开放政策的出场本身就是对原有计划经济体制下社会主义建设实践模式的反思和批判，改革开放的过程本身就是不断自我革新的过程。正是在这个意义上，邓小平把改革开放看作"中国的第二次革命"。改革就是要打破那些束缚生产力发展的旧观念、旧体制，逐步建立社会主义市场经济体制。当前，历时近40年的中国改革进入深水区，好改的都已经改了，"剩下的都是硬骨头"，需要我们以更加彻底的批判精神披荆斩棘，完成自我革命的历史重任。因此，党的十八大以来，以习近平同志为核心的党中央提出全面深化改革，并在诸多领域推出了全面深化改革的举措。习近平指出："改革既要往有利于增添发展新动力方向前进，也要往有利于维护社会公平正义方向前进。"再如，在正确处理市场与政府之间的关系上，提出充分发挥市场在资源配置中起决定性作用，更好地发挥政府的宏观调控作用，把市场调节由基础性作用改为决定性作用。当然，无论怎么改，都必须坚持正确方向，沿着正确道路推进。"我们的方向就是不断推动社会主义制度自我完善和发展，而不是对社会主义制度改弦易张。"①

第二，中国共产党的自身建设也体现了自我批判和自我革命精神。党的十八大以来，中国共产党深刻反省自身存在的腐败和作风问题，坚定不移推进全面从严治党，加强自身监督，努力把权力关进制度的笼子里。一方面对腐败始终保持高压态势，坚持"老虎""苍蝇"一起打，惩治了一大批贪官污吏。另一方面加强制度建设，出台了《关于改进工作作风、密切联系群众的八项规定》《关于新形势下党内政治生活的若干准则》和《中国共产党党内监督条例》等，并开展党的群众路线教育实践活动、"三严三实"（严以修身、

---

① 《习近平关于全面深化改革论述摘编》，中央文献出版社2014年版，第15页。

严以用权、严以律己，又谋事要实、创业要实、做人要实）和"两学一做"活动。出台这些制度、开展这些活动的核心是要求党员干部对照党纪党规，不忘初心，查找、反思自身的问题，做到自我净化、自我完善、自我革新、自我提高。事实证明，这些措施有力整治了形式主义、官僚主义、享乐主义和奢靡之风，刹住了许多人认为不可能刹住的歪风邪气。党风、政风和社会风气为之一新，党的执政地位得以巩固，党的领导力量得到空前的增强。

第三，坚持问题导向。坚持问题导向实质就是坚持批判思维，要有质疑精神，敢于提出问题，直面问题，设法解决发展中的问题。只有这样，才能实现理论创新、实践创新、制度创新。习近平总书记指出："坚持问题导向是马克思主义的鲜明特点。问题是创新的起点，也是创新的动力源。只有聆听时代的声音，回应时代的呼唤，认真研究解决重大而紧迫的问题，才能真正把握住历史脉络、找到发展规律，推动理论创新。"[1] 另外，在对待国外的理论和经验上也要坚持批判思维，"对国外的理论、概念、话语、方法，要有分析、有鉴别，适用的就拿来用，不适用的就不要生搬硬套"[2]。

六　依存共生

当前，人类社会正处在一个前所未有的大变革大调整时期，经济全球化、世界多极化、社会信息化、文化多样化深入发展，世界各国联系越来越密切，如何处理各种复杂的全球性问题，加强全球治理，促进世界的和平和发展是摆在世界各国面前的一个重大课题。习近平总书记指出："我们正处在一个挑战频发的世界。世界经济增长需要新动力，发展需要更加普惠平衡，贫富差距鸿沟有待弥合。地区热点持续动荡，恐怖主义蔓延肆虐。和平赤字、发展赤字、治

---

① 习近平：《在哲学社会科学工作座谈会上的讲话》，人民出版社2016年版，第14页。

② 同上书，第18页。

理赤字，是摆在全人类面前的严峻挑战。这是我一直思考的问题。"①
习近平总书记根据对当今世界发展新特点的把握，提出了"构建人
类命运共同体"的主张和推进"一带一路"建设的倡议，充分体现
了传统中国哲学和马克思主义哲学一直倡导的依存共生的哲学理念。

依存共生的哲学理念既体现了马克思主义哲学的辩证法思想，
又反映了中国传统哲学的思想精华。马克思主义哲学认为，世界是
一个普遍联系的有机整体，事物之间或事物内部各要素之间都存在
普遍联系，这种联系就是相互作用、相互影响和相互制约。任何事
物都处在既对立又统一的矛盾体中，事物之间以及事物的两个方面
之间既相互依存、不可分割，又相互对立。世界万事万物都是在这
种对立统一的关系中获得曲折性发展、波浪式前进的。中国先哲则
主张"万物并育而不相害，道并行而不相悖"（《礼记·中庸》），
"和实生物，同则不继"（《国语·郑语》）。"和"是指不同事物、
不同要素的和合统一，"同"是指相同东西的简单相加或同一。这就
是说，万事万物在和谐的环境下共生，维护事物的多样性，如一味
地追求单一相同性，则万事万物就失去了发展的生机。中国崇尚正
确的义利观，讲究道义为先，义利兼顾，互利共赢，这些价值观念
都反映了事物间的依存共生思想。

基于依存共生的理念，中国为世界的和平发展提出自己的方案，
这一方案就是习近平总书记所说的——"构建人类命运共同体，实
现共赢共享"。党的十八大以来，习近平总书记高屋建瓴，着眼世界
整体，多次阐释了"构建人类命运共同体"的思想。这一思想是中
国所主张的实现和平发展、建设和谐世界的重要理念基础，它具有
丰富的内涵。

第一，坚持共建共享，维护世界普遍安全。人类生活在同一个
地球上，是一个密切联系、相互依存、对立统一的有机整体，利益

---

① 习近平：《携手推进"一带一路"建设——在"一带一路"国际合作高峰论
坛开幕式上的演讲》，人民出版社 2017 年版，第 4 页。

交融、安危与共，一荣俱荣、一损俱损。世界各国共同面临全球气候变暖、生态失衡、资源枯竭、恐怖主义袭击、食品安全、疾病蔓延、毒品泛滥等问题，没有世界各国的合作，这些安全问题是不可能解决的。习近平总书记指出："世上没有绝对安全的世外桃源，一国的安全不能建立在别国的动荡之上，他国的威胁也可能成为本国的挑战。邻居出了问题，不能光想着扎好自家篱笆，而应该去帮一把。"① 他还指出："在各国彼此依存、全球性挑战此起彼伏的今天，仅凭单个国家的力量难以独善其身，也无法解决世界面临的问题。"②"我们要树立共同、综合、合作、可持续的安全观，营造共建共享的安全格局。"③

第二，坚持合作共赢，谋求世界共同繁荣。中国倡导美人之美、美美与共，坚持双赢、多赢、共赢的利益观，坚持共商、共建、共享原则。习近平总书记提出共同建设"一带一路"的重要思想，就是要走共赢共享之路，加强与其他国家的互联互通和发展对接，推动各国基础设施建设和体制机制创新，带动其他国家的发展。与美国损害多边贸易、逆全球化不同，中国以自己的方式维护和推动世界全球一体化。"在'一带一路'建设国际合作框架内，各方秉持共商、共建、共享原则，携手应对世界经济面临的挑战，开创发展新机遇，谋求发展新动力，拓展发展新空间，实现优势互补、互利

---

① 习近平：《共同构建人类命运共同体——在联合国日内瓦总部的演讲》，人民网，http://politics.people.com.cn/n1/2017/0119/c1001-29033860.html。

② 习近平：《开辟合作新起点 谋求发展新动力——在"一带一路"国际合作高峰论坛圆桌峰会上的开幕辞》，人民网，http://politics.people.com.cn/n1/2017/0515/c1001-29276899.html。

③ 习近平：《携手推进"一带一路"建设——在"一带一路"国际合作高峰论坛开幕式上的演讲》，人民出版社2017年版，第8页。

共赢，不断朝着人类命运共同体方向迈进。"①

第三，坚持交流互鉴，主张开放包容。在全球化和扩大开放的背景下，中国尊重各国各民族文明，维护文明多样性。同时加强各种文明之间的交流互鉴，理性处理与其他文明之间的差异，取长补短、择善从之，以交流交融化解对抗冲突。习近平总书记指出："'和羹之美，在于合异。'人类文明多样性是世界的基本特征，也是人类进步的源泉……每种文明都有其独特魅力和深厚底蕴，都是人类的精神瑰宝。不同文明要取长补短、共同进步，让文明交流互鉴成为推动人类社会进步的动力、维护世界和平的纽带。"②他指出："我们推进'一带一路'建设不会重复地缘博弈的老套路，而将开创合作共赢的新模式；不会形成破坏稳定的小集团，而将建设和谐共存的大家庭。"③

第四，坚持绿色低碳，共同建设一个清洁美丽的世界。中国崇尚和遵循天人合一、道法自然的理念，坚持人与自然共生共存，寻求永续发展之路。中国主张"绿水青山就是金山银山"，绝不吃祖宗饭、断子孙路，用破坏性方式搞发展。同时，中国积极推动世界各国遵守实施《巴黎协定》，呼吁共同应对全球气候变化，并愿意承担相应的责任和义务。④最近几年，环境保护和生态文明建设得到中国政府的高度重视，采取了许多重大措施践行绿色发展的新理念，倡导绿色、低碳、循环、可持续的生产生活方式，加强生态环保的国

---

① 习近平：《开辟合作新起点 谋求发展新动力——在"一带一路"国际合作高峰论坛圆桌峰会上的开幕辞》，人民网，http：//politics. people. com. cn/n1/2017/0515/c1001 - 29276899. html。

② 习近平：《共同构建人类命运共同体——在联合国日内瓦总部的演讲》，人民网，http：//cpc. people. com. cn/n1/2017/0120/c64094 - 29037658. html。

③ 习近平：《在"一带一路"国际合作高峰论坛开幕式上的演讲》，人民网，http：//cpc. people. com. cn/n1/2017/0514/c64094 - 29273979. html。

④ 参见习近平《共同构建人类命运共同体——在联合国日内瓦总部的演讲》，人民网，http：//cpc. people. com. cn/n1/2017/0120/c64094 - 29037658. html。

际合作，建设全球生态文明，体现了一个大国的责任担当。这既是中华民族哲学传统使然，也是遵循唯物辩证法的根本要求。

（本文原载《中国社会科学报》2017 年 7 月 13 日第 1 版）

新时代中国特色哲学理论体系的构建

韩 震

韩震，北京师范大学学术委员会主任、哲学教授，中央马克思主义理论研究和建设工程咨询委员会委员，教育部社会科学委员会哲学学部委员

伴随着中国特色社会主义进入新时代，学术界正在加快推进新时代中国特色知识体系和理论体系的建设。其中，构建新时代中国特色哲学学科体系、学术体系、话语体系是一项特别重要的任务，因为哲学是关于世界观的理论体系，它区别于通常局限于某种具体对象的知识体系；就此而言，所有的知识体系都是以哲学为理论基础的。因此，中国特色哲学理论体系的建设，担负着为其他知识体系建设提供理论基点的重任。

一　新时代中国特色哲学理论体系构建的实践基点

人类在漫长进化过程中所获得的思维特性和达致的思想意识，赋予人们一种在客观实践基础上通过思想把握客观规律的能力，这促使人们得以按照自身需要、通过实践活动，进而技术性地改造客观事物，让客观世界逐步"人化"。人类实践是有意识、有目的的活动，实践能力是伴随着思维能力一并提升的。没有理论思维上的飞跃，就不可能有科学技术的发展。因此，恩格斯指出："一个民族要站在科学的高峰，就一刻也不能没有理论思维。"[①] 哲学是关于思维规律的科学，马克思主义哲学更是深刻揭示了自然界、思维领域特别是人类社会发展的一般规律，依然是我们认识世界、改造世界的强大思想武器。当前，面对复杂多变的国际形势和百年未有之大变局，我们要赢得优势、赢得未来，就必须把马克思主义哲学作为自己的"看家本领"。

哲学是把握在思想中的时代，真正的哲学应该是与具有时代性

---

① 《马克思恩格斯选集》第 3 卷，人民出版社 2012 年版，第 875 页。

意义的社会实践相统一的，因而哲学活的灵魂和思想精华都表现在对民族发展的时代性探索之努力中。一方面，中华民族伟大复兴必须有自己哲学的复兴，必须有民族自主的哲学作为民族复兴历史进程的世界观和方法论，这种哲学也应该体现新时代中华民族的历史观和叙事方式。另一方面，在当今复杂的世界格局中，中华民族要想站在理论和科学的高峰，就必须发展中国化的马克思主义哲学，着力构建新时代中国特色哲学知识体系和理论体系。

新时代中国特色哲学理论体系，就是21世纪中国化的马克思主义哲学。为了构建这一具有创造性的理论体系，首先就是要以新时代中国特色社会主义的伟大实践为基本立足点。作为中国伟大变革时代之时代精神的精华，当代中国的马克思主义哲学必须站在新的历史起点和历史方位，真正把握新时代的基本特征，直面时代问题，反映时代呼声。那么，新时代理论界所面对的人类实践具有怎样的显著特点呢？

第一，中国经济社会在追赶过程中有了迅猛的发展，已经快步赶上了世界发展的潮流，我们在追赶过程中逐渐从"跟跑"发展到某些方面"并跑"，个别领域进入了"领跑"的阶段，在某些方面已经发挥了较强的影响力。

第二，在近现代以来的追赶现代化进程中，中国传统思想已经接受了以认识世界和改造世界为己任的马克思主义思想的锻造，形成了中国化的马克思主义哲学，辩证唯物主义和历史唯物主义已经成为中国共产党人的世界观和方法论。

第三，近代以来，中国思想界在与国外展开思想对话的过程中，基于中国传统思想的"前理解结构"以及马克思主义哲学思想熔炉的锻造，已经将有影响力的外国哲学特别是西方哲学的精华逐步纳入了中国哲学的研究和教育过程之中，外国哲学的许多理论、命题和概念已经被中国学者消化吸收并且不同程度地加以中国化了。也就是说，即使源于西方的哲学思想也已经变成中国思想的构成性部分了。

第四，今天的中国不仅是一个有着几千年文明传统的国度，而且是一个有近 14 亿人口的大国。大国就要有大国之风，大国不能指望事事都效仿别人。尽管中国仍然是在全面追赶过程中的大国，但是我们的思想体系（从人文到高科技、从民生到军事等方方面面）都具有自己独特的文明传统和创建路径，这昭示我们不能事事都照搬和依循他人的蓝图，必须按照自己的具体实际去规划中国发展的路线图。同样，中国需要重新构建自己的精神世界，其中最关键的是需要加快推进自己的知识和理论体系的建设。正是在这样的大变局和大实践中，构建中国特色知识体系问题才显得尤其重要和紧迫。

二 新时代中国特色哲学理论体系构建的思想资源

构建新时代中国特色哲学理论体系，必须坚持以马克思主义为指导，防止在思想的守正创新中犯颠覆性错误。我们必须清醒地意识到，坚持马克思主义的指导地位，不是为了坚持而坚持，这种坚持最终是为了我们事业的发展、民族的进步和人民的幸福。一是历史地看，马克思主义来到中国，解决了当时中国既要启蒙又要救亡的双重困境，而这是中国传统文化和其他外来思想所无法完成的任务。一方面，如果仅仅按照中国传统思想体系来指导当时的社会进程，中国实无法走出封建主义"中世纪"思想的束缚，或只能采取对抗"现代性"进程的"义和团式"的无效抗争——当代某些原教旨主义对现代社会发展的极端主义反应，就是应该吸取的教训。另一方面，如果完全接受西方资产阶级的理论指导，中国这个有着五千年文明的国度就势必会成为西方世界的附庸，完全失去独立发展的可能。许多国家在经济政治文化上失去自主能力的结局，便是明显的前车之鉴。二是现实地看，在马克思主义的指导下，我们不仅在革命方面获得了巨大成功，中华民族得以独立自主，中国人民得到解放；而且在建设方面取得了巨大成就，突出地表现在通过改革开放的伟大历史进程，我们迈上了中国特色社会主义的成功之路。在新时代，我们应该不断接受马克思主义哲学智慧的滋养和熏陶，更加自觉地坚持和运用马克思主义哲学世界观和方法论，努力提高探索解决新时期基本问题的本领，把中国特色社会主义事业推向新境界。

构建新时代中国特色哲学理论体系，还要植根于中国传统哲学思想和智慧，从中寻求助推中华民族生长力和创造力的基础性的精神和观念特质，进而形成中国特色哲学理论的学科体系、学术体系和话语体系。中国是一个有着悠久历史和文化传统的文明古国，中华优秀传统文化是中华民族的"根"和"魂"，是中国人民在世界文化激荡中能够站稳脚跟的根基，是中国特色社会主义植根其中的文化"沃土"。中华优秀传统文化是中华民族的突出优势，新时代中国特色哲学理论体系只有扎根于中华优秀传统思想文化的"土壤"，才能保持一个民族哲学思维持续的生命力。植物根深才能叶茂，思想文化、知识体系、理论体系亦是如此。哲学思想的发展都是以已有的思想为前提的，这种前提不仅是基础，而且也是把握时代问题和理解外来资源的"前理解结构"。一方面，割断了思想的历史，我们就难以理解我们从何而来、身居何处、前往何方。因此，哲学是最具历史性的学科，就如黑格尔所说的，在某种意义上"哲学就是哲学史"。另一方面，脱离了中国思想的根基，按照哲学阐释学的说法，我们就失去了理解外来思想的理论能力。因为思想的理解是需要被理解着的思想的。

构建新时代中国特色哲学理论体系，也要学习借鉴外来哲学的精华，特别是西方哲学的精华，让当代中国哲学更加具有包容性和解释力。发展中国特色并不是排斥外国思想资源，相反，真正具有中国特色的知识体系和理论体系，也应该具有超时空的普遍的世界意义，这就需要我们与世界性的思想资源相互参照。实际上，当我们对某种西方哲学感兴趣时，已经是按照中国的思维旨趣去认识它了。当我们以中国语言去讲某种外国哲学时，它已经在某种意义上变成了中国的思想资源，因为语言本身就承载着中国人的思维方式、理解结构、理论旨趣和价值取向。好的哲学是有自己根基和特色的哲学，但它也必须是更有包容性和解释力的哲学。真正具有民族特色的哲学，不是只囿于自身的内涵和形态，而是比其他哲学思想和理论体系有更加丰富的内涵和更具普遍的解释力，能够以自己的普遍性解释其他思想的特殊性。我们对待外国哲学，一是要了解和研究，二是要不断融通和超越。在这方面，黑格尔的做法也许能够带给我们一些启示。黑格尔不是将历史上出现的哲学体系当作"死狗"或"尸体"扔掉，而是将其变成构建自己哲学体系的组成要素和特殊环节。诚然，任何哲学思想的出现，都有其社会历史的原因作为其合理性的根据。但是，一方面，某些思想可能因为其关注的视角而具有片面性；另一方面，原本合理的思想也会随着社会的发展而显示出其历史的局限性。因此，哲学的创新与发展必须伴随着历史的发展和实践活动的展开，而不断超越原有思想资源局部的、片面的、有限的暂时形态，而发展出更具包容性和解释力的哲学理论。

需要强调的是，哲学思维具有超越性，哲学理论也是不断发展的。因此，哲学是一种具有超越性的理论形态。结合新时代中国特色哲学理论体系的建构，突出哲学超越性的维度尤其重要。第一，新时代中国特色哲学理论体系既要基于实践，也必须超越实践。这就是说，新时代中国特色哲学理论体系不能停留在经验知识的形态上，它必须具有理论的普遍性。第二，新时代中国特色哲学理论体系是马克思主义哲学的继承者和弘扬者，但更加重要的是必须反映时代新特征，不断把马克思主义哲学世界观和方法论推向新的理论境界。马克思主义之所以能指导中国革命、建设和改革取得成功，就在于它不是教条，而是行动的指南。正如恩格斯所说，"我们的理论是发展着的理论，而不是必须背得烂熟并机械地加以重复的教条"①。这就需要我们融通和参照近代以来中国革命文化所孕育的中国化的马克思主义哲学思想和理念，尤其是马克思主义中国化的最新成果。第三，新时代中国特色哲学理论体系既要植根于中国哲学传统，但又必须是中国传统哲学的创造性转化和创新性发展的结果。这就是说，固守的东西是没有生命力的，因而也就不可能成为传统，传统是不断发展的，是有生命力的活的东西。第四，新时代中国特色哲学理论体系要以更加宽阔的胸怀学习、借鉴世界思想文化的优秀成果和精华，但学习、借鉴不是目的，只是手段；所有的学习、借鉴都是为了最终的自主创新；甚至学习和借鉴能力本身，也必须首先有自己的理解结构和支撑这种理解结构的理论形式。总之，在发展当代中国哲学的过程中，我们不仅要融通马克思主义哲学、中国哲学、西方哲学的思想和学术资源，更应该尝试进行融通各个资源的有意义的理论构建。中国特色哲学理论应该是比西方哲学具有更为包容性的体系，也应成为更具普遍性的理论，其中古今中外原有的哲学思想都可成为历史性发展的环节和构成性存在的要素。诚如杜维明教授指出的，"中华民族一定要走出自己的独特道路，而独特道路又是和人类文明的长远发展相配合的"②。

三　新时代中国特色哲学理论体系的理论构成

构建新时代中国特色哲学理论体系，有哪些主要的理论构成呢？简要地说，可以从"新时代中国特色哲学理论体系"这一命题来加以分析研判。

构建新时代中国特色哲学理论体系，第一个关键词是"新时代"。在构建"新时代"的中国特色哲学理论体系进程中，无疑应

---

①　《马克思恩格斯选集》第 4 卷，人民出版社 2012 年版，第 588 页。

②　张梅、杜维明：《儒家如何面对西方文化的新挑战（北京大学高等人文研究院院长杜维明专访）》，《环球时报》2019 年 7 月 5 日第 13 版。

该基于中国特色社会主义进入新时代这一历史方位——新时代的历史方位是中国特色哲学理论体系产生的社会历史背景。马克思主义哲学活的灵魂是实事求是，实事求是地分析和把握各个社会阶段和历史时代的基本现状和发展趋势，是唯物史观的基本原则。那么，何为"新时代"所面临的客观实际呢？按照习近平总书记的说法，"当代中国最大的客观实际……就是我国仍处于并将长期处于社会主义初级阶段。这是我们认识当下、规划未来、制定政策、推进事业的客观基点，不能脱离这个基点，否则就会犯错误，甚至犯颠覆性的错误"①。我们进行哲学思考，构建中国哲学知识体系，同样不仅不能脱离"我国仍处于并将长期处于社会主义初级阶段"这个基点，而且还必须在结合党的十九大报告做出的"中国特色社会主义进入新时代"的重大历史方位判断，准确理解"三个意味着"的深刻内涵，在此基础上深入思考社会主义初级阶段在新时代的阶段性特征，并对之做出哲学上的概括和总结。就此而言，新时代的历史方位、社会主要矛盾的变化及其特征、社会主义现代化强国的战略目标、可资发展中国家参照的新发展理念和发展道路、构建人类命运共同体等，是新时代中国特色哲学理论体系的主要内容。

　　构建新时代中国特色哲学理论体系，第二个关键词是"中国特色"。这个"特色"既有历史的延续性，也有时代的新表征。其在哲学理论上，表现的应该是中华优秀思想文化和哲学智慧在新时代的创造性转化和创新性发展，体现的应该是中华民族伟大复兴的光荣与梦想，反映的应该是关于中国特色社会主义现代化建设历史进程、发展规律及其动力的思考，展现的应该是中国特色社会主义道路自信、理论自信、制度自信、文化自信，凝练的应该是中华民族的价值追求和精神标识。

　　构建新时代中国特色哲学理论体系，第三个关键词是"马克思

---

　　① 习近平：《辩证唯物主义是中国共产党人的世界观和方法论》，《求是》2019年第1期。

主义哲学"。新时代中国特色哲学不是别的什么哲学,而是马克思主义哲学,是中国化的马克思主义哲学,是21世纪的马克思主义哲学。因此,其基本立场是辩证唯物主义和历史唯物主义的世界观;其研究方法是基于辩证唯物主义和历史唯物主义的方法论;其理论旨趣是以人民为中心;其理论源泉和动力来自中国特色社会主义的伟大实践;其理论形态应该在思维层次上考虑问题,着力提高战略思维、历史思维、辩证思维、创新思维、法治思维和底线思维的能力;其理论表述应该是民族的、科学的、大众的。

中国特色社会主义道路是一个前无古人的伟大探索,它缘起于马克思主义哲学的伟大设想,并基于中华民族伟大复兴的事业而兴起。中国特色社会主义进入新时代,这是一个需要哲学大发展的时代,也应该是一个产生伟大哲学的时代。新时代的哲学工作者应该为构建中国特色哲学理论体系而不懈努力。

四 新时代中国特色哲学理论体系的世界意义

新时代创造新思想,新思想开启新征程。哲学作为智慧和思想的事业,与时代和实践相互滋养、相互成就、相互引领。作为新时代的哲学工作者,身处伟大的时代,感受时代的律动,需要确立自觉意识和自主精神,秉持使命担当进行思想创造,不辜负这个伟大的变革时代,努力成为新时代的理解者和阐释者。那么,怎样才能实现当代中国哲学具有世界引领意义的发展,让新时代中国特色哲学成为具有世界引领意义的理论体系呢?

要让新时代中国特色哲学成为具有世界引领意义的理论体系,就必须立足于马克思主义哲学科学世界观和方法论的原则基础,以马克思主义哲学中国化最新成果为引领,构建新时代中国化的马克思主义哲学新形态,以便对中国特色社会主义道路、理论、制度、文化进行深刻的哲学总结和概括。从某种意义上说,发展新时代中国特色哲学就是发展当代中国马克思主义哲学。从哲学研究者自身的思想使命而言，"最重要的就是坚持一切从客观实际出发，而不是从主观愿望出发"①，这是进行哲学研究的方法论原则。一切有志于进行哲学创造的学者，都必须善于分析中国现实状况、研究世界发展大势，恪守实践性的哲学视界，秉持与时俱进的理论品格，从历史趋势和人类未来命运的大视野中深刻认识马克思主义哲学的时代意义和现实意义，持之以恒地推进马克思主义哲学中国化、时代化、大众化，使马克思主义哲学在新时代体现出更加鲜明的世界意义。

要让新时代中国特色哲学成为具有世界引领意义的理论体系，就必须立足世界历史新趋势和时代发展新现实，直面时代发展新问题，把握时代发展新特征，总结时代发展新规律，展望时代发展新方向，进而构建能够赶上时代步伐、解决时代问题、应对时代挑战、引领新时代发展的当代中国哲学理论体系。恩格斯曾经指出："每一个时代的理论思维……都是一种历史的产物，它在不同的时代具有完全不同的形式，同时具有完全不同的内容。"② 越是在时代变革的历史时期，哲学家越是应该树立历史感、责任感和使命感，紧扣现实之维，寻找哲学思考的主题，获得哲学运思的动力，展示哲学智慧的成果。当前，新时代的中国已经进入发展的关键期、改革攻坚期、矛盾凸显期，真正具有时代意义的哲学理论不应回避矛盾、掩饰问题，而应该增强问题意识、坚持问题导向，在直面矛盾中寻找化解矛盾、解决问题和推进矛盾向积极方面转化的方法，推动理论的发展和创新。我们必须把握时代的特点，倾听时代的呼唤，回应时代的问题，真正弄懂、弄通并聚焦面临的时代性难题，奋力推进马克思主义哲学时代化，更好地运用马克思主义哲学观察时代、解读时代、引领时代，进而深刻把握世界历史发展

---

　　① 习近平：《辩证唯物主义是中国共产党人的世界观和方法论》，《求是》2019年第1期。

　　② 《马克思恩格斯选集》第3卷，人民出版社2012年版，第873页。

的脉络和走向。

要让新时代中国特色哲学成为具有世界引领意义的理论体系，就必须立足中华优秀传统思想文化，对源远流长的中国传统哲学进行时代性的丰富、创造性的转化和创新性的发展，形成具有中国特色、中国风格、中国气派的当代中国哲学，使当代中国哲学成为能够进行世界性表达的知识体系。马克思说，"哲学家并不像蘑菇那样是从地里冒出来的，他们是自己的时代、自己的人民的产物，人民的最美好、最珍贵、最隐蔽的精髓都汇集在哲学思想里"①。一个民族只有进行具有时代意义的探索，才能形成具有世界普遍意义的思想；一个民族只有进行引领时代的实践，才能真正走向世界。中国特色、中国风格、中国气派绝不只是形式问题，而是具有实质性的内容特征的表达形式，正像话语不仅仅是语言的形式问题，而是人的思维方式和精神状态的反映，而这种精神状态背后是社会历史的变化。新时代中国特色哲学理论必定是新时代中国精神世界的重建，也必定表现为中国人民价值追求的时代性表达。

要让新时代中国特色哲学成为具有世界引领意义的理论体系，就必须植根中华优秀传统文化和哲学智慧，以开放自信的胸襟广泛吸纳人类历史上所有优秀哲学成果和思想精华，构建符合时代要求的崭新中国哲学学科体系、学术体系、话语体系；并使之在构建人类命运共同体的过程中，运用中国哲学智慧为解决当代世界的全球性难题提供思想方案。在融汇人类哲学智慧的知识体系再创造过程中，我们不仅要突破昔日那种满足消费"舶来"思想观念的心态，更要抛弃那种把"舶来"的思想观念比照中国实际进行"杂拌"的思想懒惰行为。如果还是停留在那样的层次上，那是中国学者的失职。新时代的中国哲学家，应该根据中国的历史传统和现实成功经验，提炼出基于解决中国问题的中国理论，

---

① 《马克思恩格斯全集》第 1 卷，人民出版社 1995 年版，第 219—220 页。

锻造出新时代的中国哲学思想观念，形成中国特色哲学体系的理论框架、思想观念、话语表达，如此方能使中国特色哲学理论具有世界意义和全球价值。我们坚信，中国特有的和谐哲学必然能够超越西方传统的霸权哲学。①

　　[本文系国家社会科学基金重大委托专项"新时代中国特色哲学基本理论问题研究"（18VXK001）的阶段性成果，原载《哲学动态》2019 年第 9 期]

---

　　①　在一个世界范围内民粹主义暗潮涌动的时代，更需要具有世界眼光和全球情怀。就此而言，我们可以大力弘扬中国"天下为公""协和万邦""天下大同"的理念。对此，某些西方学者也有所认识。如布鲁斯·詹特森（Bruce W. Jentleson）和史蒂文·韦伯（Steven Weber）在 2009 年就指出："在不同形式民族主义和其他狭隘自身利益的扩散中，谁将会去构建对一个全球性时代必不可少的这种相互关系呢？……在一个全球化的时代，拥有出于共同利益而非自私自利运用力量的可靠主张，这比以往任何时候都更为必要。"（参见布鲁斯·詹特森、史蒂文·韦伯《国际政治五大理念评析》，原载美国《外交政策》2008 年 11/12 月号，《国外社会科学文摘》2009 年 2 月号）

21 世纪马克思主义哲学
研究的重大使命

任 平

任平，江苏省社科名家，苏州大学教授，中国马克思主义哲学史
学会马恩哲学研究分会会长

十分感谢会议主办方邀请我参加全国首届哲学家论坛，并安排我做大会发言。

刚才李德顺老师提到，他在 2007 年"第七届全国马克思哲学论坛"苏州会议上讲了"打井"和"打井学"。其实，他还提到了另一句话，叫"少插旗子多栽树"，这句话令人印象深刻。我们当然要多栽树，要笃行，不能老跑马圈地、空喊口号而无所作为。但是反过来，研究问题时要把握方向，这也很有必要，不能仅埋头拉车不抬头看路。我们在建构马克思主义哲学当代形态时必须要有"前提反思"环节，即反思追问一个问题：建构形态的合理性根据何在？提出一种当代形态，阐述其形态，必须要有一个评价合理性的标准。否则就很容易在形态建构主张上陷入"各说各话、自说自话"，或前提合理性辩护的陷阱。因此，我的研究才从结果阐释退回到前提批判，就是为了跳出这一陷阱。在 2004 年中国首届哲学大会上，我首次提出"马克思主义出场学"，也算是一种原创的"打井学"。我一直想出版一部"马克思主义出场学视域"的专著，但是，要实现这一任务难度很大，本来想要 2 年写完，但是现在 15 年过去了，还没有写完。我 10 多年来一直在深度反思：当代马克思主义哲学的出场形态到底是什么？一种哲学形态的出场，我们不能仅仅诉诸"我认为"的主观臆断，而是应当深入思想形态建构背后，去发现、探寻让一种形态的思想出场的客观条件，即历史场域和基本路径。这就是形态建构的出场学根据问题。马克思主义哲学当代形态的出场对于历史场域、路径具有天然的依赖性。也就是说，一定的历史场域、路径决定形态的出场场域和出场路径。对其出场根据的追问涉及历史和现实，涉及全部世界历史的场域变迁，研究难度颇大。当代中国哲学形态建构的重要性不用多说。客观地讲，我们进入中华民族伟大复兴的新历史方位，是需要哲学创新也能够实现哲学创新的伟大时代。哲学思想的自我建构适逢其时。那么，思想自我建构的出场场域和路径是什么呢？或者说，21世纪马克思主义哲学研究的重大使命是什么？

第一，马克思主义哲学应当深切关注和研究新科技革命的未来走向，成为引领者。新科技革命是第一生产力，也是推动世界历史前行的主要力量。如果作为研究和把握人类社会发展规律和走向的马克思主义哲学对新科技革命漠不关心，而且对新科技革命的未来走向没有超前的研判和引领，总是被动地去研究新科技革命自发前行带来的社会后果，总是将自己摆在事后应对挑战的地位，那么马克思主义哲学作为先进思想的地位就值得怀疑。当年马克思、恩格斯对于人类科技发展的最新成果总是倾心关注，而且自己就作为爱好者参与前沿研究，并用自己的世界观介入其中，预研和指引科技的发展。例如，马克思在《资本论》中关于"机器篇"的描述，留下了令人吃惊的《数学手稿》，恩格斯更有《自然辩证法》手稿，等等。恩格斯甚至认为自然科学的三大发现就是他们新世界观的自然科学基础。相比之下，今天马克思主义哲学对于"第一生产力"走向的关注有所落后，不如以前关注度高，在新科技革命面前，始终是被动的。对新科技革命可能带来的人类社会变革的方方面面后果总是被动应战，从来没有预测引领科技发展，使其思想的先进性打了折扣。在马克思的时代，哲学家们是非常关注工业革命对人类经济命运的影响的，今天我们确实在这上面非常被动，工作做得不够。例如，面对人工智能时代，第四次、第五次工业革命，我们在这个问题上能不能有一个总体的预测，把未来人类发展的方向明确起来。因为人工智能已经在研究"自由意志"，叩响了哲学的大门，已经在问"什么是人"，对人的本质做重新的定义。有的国家给机器人公民身份，特别是普通智能机器人，认为它们有了自由意志。如果有自由意志，不就是一个人吗，有些国家开始对机器人收税，就是把它们当成了合法公民。因为智能化替代了普通劳动者，"创造了价值"。许多企业实现了无人操作。关于资本劳动的关系就要进行重新界定。这些问题如果不研究，则将严重滞后于时代。

第二，马克思主义哲学要关注全球化文明的重大变革。百年未有之大变局，就是旧全球化时代以"弱肉强食""丛林法则"为标志的旧文明向"文明互鉴""多元平等""合作共赢"的新全球化时代文明转变。这一转变需要哲学发挥最重要的贡献。因为哲学是文明活的灵魂。要特别关注当代全球资本主义的新变化的原因和趋势。今年（2019 年）我在完成上一个国家社科基金重大项目之后，又获批成为国家社科重大项目"当代全球资本主义新变化的原因和趋势的历史唯物主义研究"的首席专家。我的一个基本观点就是：不能把当代全球资本主义新变化的原因仅仅归结为技术问题，而要深度研究"资本创新逻辑"。资本为了摆脱危机和更多获利，不惜将一切可能的社会要素资本化，资本会渗透人类生活的一切方面，出现所谓生命资本主义（如基因剪辑、基因宝宝等）、数字资本主义、生态资本主义、金融资本主义、文化资本主义、新帝国主义、消费社会、景观社会、空间生产转向，等等。如果我们对此不关注、不关心、不把握，那么马克思主义哲学就失去了时代对话力，就不能成为 21世纪马克思主义哲学。对于当代全球资本主义新变化，有两种错误思潮。一种是教条主义，即虽然正确坚持马克思主义哲学的基本原理，但是拒斥分析 21 世纪资本的新变化，总是用低于历史水平的研究来应对时代，这必然不能得出正确结论。另一种是某些国外左派的研究，他们借口现实的变化而放弃唯物史观和政治经济学批判。他们因此走向后马克思主义，误入歧途。正确的道路应当是与时俱进，坚持和发展马克思主义哲学，特别是历史唯物主义，对于资本创新逻辑做重新研究。因为当代全球资本创新逻辑的一个重要特点是其存在超出了单纯的经济领域，跨越到社会一切方面，因此需要站在历史观高度才能重新把握。

第三，是要深刻阐释中国道路与唯物史观的中国逻辑。中国道路本质上是新现代性的，它之"新"其一在于超越了西方资本逻辑主宰的经典现代性道路。后者"弱肉强食"的"丛林法则"必然导致人与人、人与自然、全球分裂三大异化，而新现代性的中国道路则主张用合作共享来实现人际和谐，用绿色发展来解决人与自然的矛盾，用和平、合作、共赢来解决全球分裂。其二是超越了苏联经典社会主义现代性道路。我们中国特色社会主义的现代化用多种所有制共同发展的社会主义市场经济区别于苏联的计划经济和单一公有制体系，创造了新的现代性道路。实践证明，我们的道路较为优越。其三是超越了鸦片战争后的现代性道路。2019 年是五四运动百年纪念年。鸦片战争到五四运动，贯通的一条主线就是向西方资本逻辑下的经典现代性模式学习，其思想的标志形态就是"进化论"，这是西方资本逻辑经典现代性的哲学表达。从洋务运动头面人物到孙中山，甚至青年毛泽东、早年鲁迅和陈独秀都是进化论的拥护者。但是第一次世界大战标志着中国人一向为师的西方文明即资本逻辑的经典现代性道路的破产，中国人在彷徨之际，俄国十月革命一声炮响，给我们送来了马克思列宁主义。十月革命开辟了现代性的社会主义道路，为中国人展示了新的光明前景。在思想上，唯物史观就替代了进化论而被中国先进知识分子所接受。沿着这一道路，中国人根据自己的国情继续用马克思主义进行探索，在反对教条主义斗争中将唯物史观的西欧逻辑转化为中国逻辑，才有了新现代性中国道路，也才有了中国人的"站起来、富起来、强起来"。中国道路是唯物史观中国逻辑的现实基础；而唯物史观的中国逻辑是中国道路的哲学表达。可以说，一个民族的道路只有上升为哲学，才能达成思想的自觉；一种哲学只有转化为对道路的探索，才能实现实践的自觉。如果不解决这一问题，我们的理论转型与哲学表达，永远只能停留在抽象的"打井学"定义上而无所作为。

　　谢谢大家。

　　　　（本文根据作者在首届中国哲学家论坛上的发言整理而成）

探析当代中国哲学形态的方法论问题

欧阳康

欧阳康，国家教学名师，华中科技大学国家治理研究院院长、哲学研究所所长，二级教授，国务院学位委员会马克思主义学科评议组成员

　　各位下午好，祝贺本次会议隆重召开！非常感谢主办方的邀请和热情接待！本次会议规模不大，但很高端！尤其这么多师兄弟们在一块儿探讨哲学，倍感亲切！我回想了一下，大家一起在哲学学术圈已经"混"了40年了。1977年恢复高考后首届考进大学，老师们带着我们一路走来，整整10年寒窗，1988年在中国人民大学哲学系获得博士学位。1988年2月开始，30多年在高校从事教学科研和育人工作，培养了100多个硕士生和博士生。但仍然不断需要回答提问：何为哲学？何为哲学形态？到底是应当"打井"还是应当"研究打井"问题？本次会议的主题非常好，当代中国哲学形态建构，听了前面的发言我很受启发和教益。我发言的题目是：探析当代中国哲学形态的方法论问题，其实也是回到比较熟悉，但始终甚至永远不能一劳永逸地解决的问题，应如何看待中国当代哲学形态问题的研究前提与方法论问题。

一　我对哲学形态问题的认识历程

　　提起这个问题马上会勾起我的回忆。1986年中国辩证唯物主义研究会在西安召开全国"马克思主义哲学与'三论'"学术研讨会，当时讲的"三论"是信息论、系统论、控制论。当时是我从陕西师范大学去中国人民大学哲学系攻读博士学位的第二年，组委会邀请我回西安参加会议，担任了大会的副秘书长，除了积极协助组织会议研讨外，我和好友孙晓文联合提交两篇会议论文：一篇是《马克思主义哲学的发展及现代科学方法论》①，讨论马克思主义哲学的当

---

　　①　欧阳康、孙晓文：《马克思主义哲学的发展及现代科学方法论》，《甘肃社会科学》1986年第6期。

代发展与现代科学技术及其方法论的关系问题；另一篇是《关于哲学形态学的思考》①。当时提出构建哲学形态学，提出要建构当代中国马克思主义哲学形态，客观说来在中国马克思主义哲学界是比较早的。后来改革开放后每个十周年都写一篇纪念文章，1988 年的第一篇是《从真理标准探讨到实践唯物主义的建构》，1998 年的第二篇是《从真理标准探讨到建构马克思主义哲学的当代形态》。1999 年入选教育部"跨世纪优秀人才"，给 10 万元的资助，当时设计的主题是"探索与建构马克思主义哲学的当代形态"，曾经想写一本"马克思主义哲学的当代形态"的专著，经过不少的努力，发表了不少文章，但最后没有写出这本书。到改革开放 40 年时，意识到了一个问题，当代中国哲学形态也许不是靠一本或者几本书可以写出来的，而是一个持续建构的过程，是无数哲学家不断进行探索的过程，在这个过程中，不同的哲学家百花齐放、百家争鸣，各自展现自己的学术风采，探索一系列重要哲学问题，得出自己的答案，建立起自己的哲学体系，形成百花齐放的哲学发展局面，也可以说是充满生机与活力的时代性哲学形态。

从这种角度来探讨哲学形态的历史演进，可以看出，构成这种哲学形态的各种哲学体系和哲学理论，代表着哲学家们立足自己的有限生命和生活体验，努力探寻本质世界和无限世界，提出哲学概念，形成哲学命题，构建哲学理论，形成自己的哲学思想体系，推动哲学形态的发展。他们在一定时期在特定问题探索上能够达到的最高水平，一方面代表着他们在一定时期可能达到的思想极限，具有致极性的特点，也具有非常重要的个体性意义；另一方面在某种意义上也代表着哲学史发展的一定阶梯，构成一定时期哲学形态的内在组成部分。而这些哲学又被后起的哲学家们所批判和超越，产生出更新的哲学成果，建立起更新的哲学体系，从而标志着人类的

① 孙晓文、欧阳康：《关于哲学形态学的思考》，《江海学刊》1987 年第 1 期。

哲学探讨的极限不断地被突破，进入新的时期、新的阶段，构成新的哲学形态。人类的哲学探讨正是在这样的进程中不断开拓和演进的。哲学作为人类的智慧探索活动，通过哲学家们的努力不断地达到个体极限，并努力达到当时的人类哲学思维的特定问题上的认识极限。

正是从这个角度，我们可以更好地理解哲学的本性和功能，深化对于哲学形态及其演变进程的认识。人类文明不断进步的历史是与哲学体系的演变、哲学形态不断更新同频共振、相伴相随的。一代一代的哲学家努力探索哲学问题，探讨人类文明的进步，回答诸多历史与现实问题，探讨诸多理论与实践问题，创造出自己的哲学体系，创造出一个个哲学的丰碑，却也不断引发新的问题，又被后人所不断批判与超越。黑格尔曾经说，哲学史就是一片厮杀的战场，厮杀的结果是留下一片坟场，坟场上有很多的墓碑，其实它们也都代表着哲学发展的一个个历史丰碑，代表当时、当地的情景下探讨哲学问题所达到的一定思想高度。因此每一座墓碑都是有意义的，是人类文明在思想探索方面的表现和记载。

在座的和不在场的诸位，几十年在中国哲学界耕耘，致力于推动中国的马克思主义研究，实际上参与了当代中国马克思主义哲学形态的构建，今天来对这个问题进行历史性回顾与学理性反思，有利于提升当代中国的哲学自觉，推进马克思主义哲学形态的拓展与更新，具有非常重要的意义。

二　探析哲学形态构建的相关核心概念

反思和建构当代中国哲学形态，需要梳理一些核心概念，确定一些前提性问题。

第一，何为"哲学"？这是哲学探讨的最基本前提，而这个前提是不那么确定的。这是哲学探讨区别于科学探讨的最大特点。科学探讨的前提是统一的和公认的，而哲学探讨的前提并不是统一的和公认的。不同的哲学家会从自己对于何为哲学的理解和界定谈起，并以此为出发点探讨哲学问题、构建哲学体系，但不同哲学家尤其不同哲学流派之间对何为哲学存在很大差异和争议，甚至产生了哲学到底是"有定论"还是"无定论"的争论。武汉大学陈修斋先生曾专文对此做过探讨，看来还是很有道理的。当代西方哲学中的人文主义和科学主义对哲学有非常不同的界定。我的哲学课都是从哲学是什么的争论讲起的。

第二，何为"哲学形态"？对哲学的理解决定着对哲学形态的理解。放眼哲学，我们看到的是哲学家、哲学著作、哲学命题、哲学理论等，它们都是哲学形态的构成要素和组成部分，但还不能简单地说就是哲学形态。何为哲学形态？在我们看来，哲学形态是哲学的内容与形式、概念和命题、理论和体系等，在社会历史实践中具体的、历史的统一，内在的逻辑统一性和外在的表现多样性。对于哲学形态可以从不同的角度来理解，例如，包含着作为社会系统内在组成部分的哲学形态，哲学发展史上的不同哲学流派，某种哲学流派发展中的不同历史形态，某一历史时期不同哲学流派的不同形态，等等。

第三，何为"中国哲学"？这方面有很大争论，可以被定义为中国的传统哲学及其历史演变，也可以被定义为在中国的哲学，不仅包含着中国传统哲学，还有近代以来不断引进的外国哲学特别是马克思主义哲学，也有中国学者对于外国哲学的介绍和研究，尤其是当代中国实践基础上产生的具有鲜明中国特色的各种哲学。在当今的中国，中国哲学已经成为一个包含着极为广泛和丰富内容的复杂学术领域。

第四，何为"当代中国哲学形态"？这是个高度复合的综合性概念，对此最少需要从三个角度来加深理解。从地域的角度看，中国这个国度不仅幅员辽阔，文化多样，而且通过长期的改革开放已经高度国际化、全球化了，是既具有高度中国特色也具有高度世界性意义的国家；从时代角度看，当代是从悠久历史文化发展演变而来，既需要历史的汇聚来理解当代，也需要在新时代的高度来理解历史；从学科的角度看，哲学既有其内在的各种国别、各种领域、各种分支、各种传统、各种流派、各种问题和各种形式等，也还有着与自然、社会、人文的各种复杂联系与相互渗透，由此是一种极为复杂的形态。

三　哲学形态与人类文明进步

这里有很多前提性问题需要探讨。例如，到底当代中国的哲学形态是由谁来决定的，哲学的生命力在哪里？世界、人类文明，中国共产党等为什么需要哲学？哲学家、哲学界为什么需要仔细？哲学是安身立命之本，在不同历史时代有很大的差异。

首先，在发生学的意义上，哲学的形成标志着人类文明的高度自觉。在古希腊历史上，只有当泰勒斯说出了水是万物的本源，人类文明才达到了完整形态，人才第一次有了哲学思考，达到了哲理水平，这个时候，人类才不仅是观察眼前的有限事物，还要思考万物；不仅关注万物的现象，还要探索万物的本原；还要用一个本原性的东西来解释无限无数的多样的东西。这也就是西方哲学史的开端。在中国哲学史上，《周易》的产生意味着中国哲学史的发端，它的原初意义在于标志着人们对世界和自我的认识，从最初的经验形态上升到理论形态，甚至是哲学形态，标志着人类文明形态的最初成型。

其次，在一种文明的内部，哲学的功能到底是什么？意味着人类文明的各个层次能够得到一种高度抽象的反观和反思，提升到哲理性境界的自我认识。如果哲学是人的自我认识，那么，哲学的产生就是让人的自我认识从感性的经验层面，进入理论层面，甚至超越一般理论层面而进入哲理层面，构成人类文明完成态的体系。当然这种完成态也是具有相对性的，后续还会不断发展。

最后，哲学的进步表征也推动着人类文明进步。哲学与人类文明的进步之间有三种关系：第一，亦步亦趋；第二，哲学滞后于时代；第三，哲学超前于时代。一般来说哲学往往是随人类文明进步而不断发展的，通常来说，社会存在决定意识，我们对于现实生活的认识是由经验的层次达到理论的层次，进而提升到哲理的和反思的层次，是个亦步亦趋的过程。但在历史上，哲学的发展不一定都是与时代亦步亦趋的，可能会出现另外两种情况：一种情况是滞后于时代；一种情况是超前于时代。哲学滞后于时代时，人们会出现思想理论的迷茫，时代性的困惑，呼唤着一定的先进思想家回答时代之问，造就一定的伟大思想家。先进的思想家、哲学家通过提出和回答时代性的哲学问题，不仅会促进哲学的进步，也会以哲学方式推动经济的、政治的、社会的等不同方面的进步，从而促进社会文明的进步。在这种意义上，在特别关键的时刻，哲学也会引领社会文明的进步，哲学家变成新思想的呼唤者。在这个过程中，在历史上曾经得到了高度发展的东西到了一定时期可能会逐渐消亡，那些在历史上处于萌芽状态的，可能会不断被发掘出来得以发展和壮大，而有些东西是作为人类文明的基准的东西，则会长期存在，但隐藏在文明的深处，需要在一定时期将其意义揭示出来，加以阐释和发挥。伟大的哲学家和思想家们正是在这样的背景下揭示大势所趋和人心所向，从而展示自己的特殊功能和思想价值。

当代中国哲学建构，需要寻找定位，当代人类文明需要什么样的哲学形态？当代人类面临什么样的思想困惑？当代哲学可以解决人类什么样的思想困惑，并从中找到自己的应有价值和定位，探索哲学生存的根基问题。

四　建构当代中国哲学形态的思想资源

当代中国哲学形态建构需要多种资源的整合，需要对话。我们哲学界多年来一直在倡导对话，尤其中西马的对话，也做了很大努力，而且这个对话还是非常必要的。但真正的对话不是简单地把搞中国哲学、西方哲学和马克思主义哲学的人拉到一起开会就叫对话了。我们在这方面搞了很多年，但有一种调侃的说法叫"打通中西马，吹破古今牛"。其实真正的对话不是大家在一起各说各的，而是每一个人心里的对话，是每个人在自己知识结构上认真调整，跨学科学习，真正获得不同哲学的特色和精髓，将其整合起来。当前我们面临的复杂任务，可以从资源角度进行阐发。

当代中国哲学形态建构的第一大资源是马克思主义，包含马克思主义哲学、政治经济学和科学社会主义，马克思主义的哪些资源应当进入当代中国马克思主义哲学，成为当代中国哲学形态的内在有机组成部分。这些年来我们一直强调"回到马克思"，怎么回去？怎么才能超越一个半多世纪的历史间距，回到马克思？另外一种说法是，"马克思是我们的同时代人"，马克思及其思想怎么超越时代间距进入当代人类社会？马克思主义的超越性在哪里？这里有好多问题需要深度探索并在实践进程中解决。还应该注意到，无论我们怎么下功夫都是解释学意义上的。

当代中国哲学形态建构的又一重要资源是外国哲学，尤其是西方哲学。如何学习西方哲学并将其思想精华纳入当代中国哲学形态，这也特别值得研究。中国哲学界中学习、研究西方哲学的人数不少，队伍很大，也非常活跃，不断译介引进西方哲学思想。这里值得注意的是，西方哲学思想是非常分化的，各个哲学家有自己的理论体系。从大的角度看，大体上可以分为人本主义和科学主义这两大流派；从小的角度看，不同的哲学家对很多问题有不同的看法。而我们对西方哲学的研究，在很大成分上是每个人看了其中的一部分，看到了极为复杂的西方哲学中的一些人物、著作、观点，将其引进中国。如果说西方哲学是一头大象，很多西方哲学的研究者是在摸其中的不同方面和部位，缺少足够充分的系统性研究和体系性引进。

这就提出了一个重要问题：西方哲学的哪些内容是应当也可能引进中国并成为当代中国哲学形态的有机内容的？

中国传统哲学应当成为当代中国哲学的历史依据和根基。前些年一直讨论中国哲学的合法性问题。习近平总书记在党的十九大报告中谈到了中国传统哲学与文化的创造性转化和创新性发展问题。从当年张岱年先生提出"综合创新"，杜维明先生等主张"文化中国"，世界哲学大会于2018年8月在北京召开了，我对此一直挺高兴也挺感叹的。在世界哲学大会召开118年后终于来到了中国，来了总比不来好！但也存在一些问题需要进一步探讨。例如，关于世界哲学大会的主题"Learning to be Human"（学以做人），我应邀主持的国际价值与哲学研究会的专题会议，叫"Re－Learning to be Human"（重学做人），很明显就比"学以做人"更具哲学性。"学以做人"是个教育学的命题，讲人从小到大的成长过程，"重学做人"是个哲学的命题，要求人们不断地反思和成长。哲学的功能不是从头开始的，而是反思性的，是教人在社会实践中不断地反思自我，重学做人，这是更加富于哲学性的命题。

有了三种资源并不等于就能构建起当代中国哲学形态。当代中国哲学形态不是三种哲学的隔离性并存，而在于如何实现当代中国哲学的创造性转化和创新性发展、如何实现整合，绝不应该是搬到一起，做成哲学拼盘，而是变成有组织、有内在联系，真正实现从概念到命题到理论到体系到形态的整体性的建构。在这个过程中，我们确实发现问题域越来越宽，问题越来越复杂，个人力量显得越来越渺小。如何更好地走向未来，需要团体协作，构建学术共同体。

五　当代中国哲学形态的多维建构

当代中国哲学形态的建构需要从不同的思路和层次来探讨。所谓内在形态，就是中国哲学的八个二级学科布局：中国哲学、西方哲学、马克思主义哲学、美学、逻辑学、宗教学、伦理学、科学技术哲学。首先这里八个二级学科的划分是不太科学合理的，是国别、领域与流派等不同标准混杂使用的，不利于哲学形态的整体性建构。更严重的是，这八个二级学科图谱对哲学高端人才培养造成极为严峻的偏狭性问题。我们培养的人才越是高端的，其学术视野越是狭窄，进入二级学科甚至三级学科中的某个领域和某个问题，坑挖得很深，但学科之间的对话能力越来越弱，跨学科的研究和对于人类文明的综合性理解能力越来越弱。当代中国哲学的学科分化已经严重地破坏了马克思主义哲学研究的整体性。

就其层次而言，当代中国哲学形态分化为四大层次或者类型。

第一是论坛哲学，很多深层的理论研究在推进，但是自言自语、自说自话的情况非常严重，写成了作品是自我欣赏，说完了没有多少人读，到底能够对社会产生多大的影响？这非常遗憾。当然，也不必过于泄气，还需要继续努力，本来哲学领域就不一定是社会所有大众需要进入的，本来就是在社会的思想层面，是少数人的。但我们总还是希望我们的思想可以多产生一些影响力，现在还是有待提高的。

第二是讲坛哲学，从论坛哲学成果到讲坛哲学的传承令人担忧。很多讲坛还是用很多年以前编写的教科书、很多年前学习的知识经验，运用的是传统的教学方法。哲学教师的专业化和职业化非常薄弱，马克思主义学科的老师和哲学学科的老师的分化，还有研究兴趣偏弱，很难跟上论坛哲学的步伐。

第三是政坛哲学，这是作为中国共产党的指导思想和内在组成部分的哲学，是哲学的现实应用，其最重要的功能就是为论坛哲学提出任务，并及时将论坛哲学研究的成果吸收到官方哲学，以之统摄社会的思想理论和精神价值，传播和教育大众。

第四是大众哲学。当代中国这方面的情况高度分化，也变得更加多样和复杂。随着改革开放，历史哲学文化的重新发掘和解读，西方哲学文化的全面引入，马克思主义的中国化和时代性，各种哲学文化思潮在当代中国前所未有地激荡，当代中国哲学呈现高度多元化和分化状态。哲学思想文化分化与经济政治社会分化相互辉映，形成非常复杂的局面：一方面，不同的哲学思想文化以不同的所有制、生产方式、分配方式和生活方式等作为基础，在不同的人群中有不同的传播与认同，促进了人群的分化；另一方面，每一个人也可能在自己工作、生活的不同领域采用不同的哲学思想文化，形成一人多面的复杂思想情况。这不仅挑战着社会的主流价值和核心价值，也会造成思想的纷争和价值观念的碰撞。当代中国哲学形态构建的最根本动力在于帮助和引领中国的和平崛起，中国和平崛起需要大智慧，不只是实践。

非常感谢萧山市委市政府领导对于本届中国哲学家论坛的大力支持！萧山地区人杰地灵，历史文化悠久厚重，出了不少的优秀哲学家。以后如果能够每年搞一个具有理论和实践意义的课题探讨，一方面可以作为一种重要途径，帮助当代中国的哲学家们更好地走进当代中国社会实践，通过对于萧山经济、政治、社会、文化、生态发展的深入学习调研而提升其思想的实践品格，促进其提升思想境界；另一方面可以促进萧山发展进程中的哲学自觉，提升萧山文化的哲理内涵，并为当代中国哲学形态构建提供优秀资源，做出更加积极的贡献！我们对此充满期盼。谢谢大家！

［本文为欧阳康主持的国家社会科学基金重大项目"大数据驱动地方治理现代化综合研究"（19ZDA113）的阶段性成果］

社会变迁中的中国哲学形态及其建构

王新生

王新生，南开大学副校长，马克思主义学院、哲学院教授，教育部长江学者特聘教授

一　哲学与时代社会生活的关系

讨论哲学形态，应当首先讨论时代与哲学的关系。

哲学毫无疑问有其自身的发展逻辑。这种发展逻辑体现在哲学问题不断向深处推进的过程中从而构成哲学史。然而，哪些哲学问题能够被推进？就像有学者指出的那样，今天我们能够把什么样的哲学果实放进篮子里，从而使其能够在未来的哲学史上留存下来？这确实是一个值得我们思考的问题。从根本上讲，一种哲学成果是不是能够代表它那个时代，是不是有其时代的价值，最终并不取决于哲学自身，而是由它所处时代的社会生活决定的。

在这个意义上，正是时代的社会变迁决定了当今中国的哲学形态，未来的中国哲学形态也必将由社会变迁的逻辑塑造。黑格尔曾经指出，哲学是把握在思想中的它的时代。马克思更是把黑格尔的这一思想与人民联系在一起，他说，"任何真正的哲学都是自己时代精神的精华"，哲学家们"是自己的时代，自己的人民的产物，人民最精致、最珍贵和看不见的精髓都集中在哲学思想里"①。

在这里，"哲学""时代""人民"构成了一个序列，很好地解释了哲学何为的问题。那么，是什么将这三者联系在一起的呢？是需要，即时代人民的需要。马克思说："理论在一个国家实现的程度总是决定于理论满足这个国家需要的程度。"在马克思的理论视界里，脱离了人民需要的国家是一个坏的国家，因此如果一个国家的利益与人民的利益相契合的话，理论满足人民需要的程度也就是它

---

① 《马克思恩格斯全集》第1卷，人民出版社1956年版，第147—148页。

满足国家需要的程度。什么是好的哲学？只有符合时代和人民需要的哲学才是好的哲学，才是有价值的哲学。今天我们讲"以人民为中心""人民主体地位"等命题都需要哲学的根基，而这个时代的哲学就需要做这些工作。

如果当代中国哲学要为人民利益、国家需要以及它们之间的内在关联立理论之基，就需要深刻把握当代中国社会变迁的内在逻辑。也就是说，构建未来中国哲学形态取决于社会变迁的逻辑，而不取决于我们的主观愿望，虽然这并不意味着不需要我们主观努力，不意味着可以不尊重哲学自身的发展逻辑。时代和社会变迁的逻辑决定时代的哲学形态，因此确立时代社会变迁逻辑的优先地位，是我们讨论中国哲学形态及其建构的前提。

二　中国的社会变迁呼呼哲学新形态

我们身处于其中的时代正在发生巨大的社会变迁，正面临百年未有之大变局。这种变迁绝不是仅仅反映在经济领域，而是反映在整个人类社会生活的各个领域，体现在政治、文化、生态、社会等各个方面，因此这种变迁呈现出的是整体性的社会变迁。这种整体性的社会变迁，无疑需要哲学的总体性反思，而不仅仅是具体社会科学的分领域研究。这是一种历史的和时代的需要。中国的社会变迁需要哲学对社会生活的这些总体性变化做出新解释，有新解释才会有新的哲学形态。这个哲学形态必然受制于现实的逻辑。这个现实的逻辑既是时代和历史的逻辑，也是中国的逻辑，它所反映的是当代中国社会变迁的内在逻辑。

三　构建中国哲学形态的三种思想资源

中国哲学形态的构建涉及许多问题，其中有一个问题很重要，即我们应当依据怎样的思想资源进行中国哲学形态构建的问题。

改革开放 40 年，中国经历了深刻的社会转型。这样的社会转型需要新的话语体系，也必然会形成新的话语体系，新的哲学形态在这个新的话语体系中占有重要位置。应当认识到，中国话语体系确实需要主动建构，但它并不是一个纯粹被塑造的过程，同时也是一个形成和演化的过程，因此我们只能在有限制的意义上讨论中国话语和新的哲学形态"建构"的问题，应当同时关注新的话语体系建构所依赖的现实生活条件以及与其关联的先前话语资源。

在中国话语建构和形成过程中，各种思想取向借助不同的理论资源纷纷登场，必然对未来中国话语产生影响。这需要我们认真分析并清醒认识。

首先，是以自由主义为主要代表的西方文化的影响。

当今中国的社会转型始于经济的市场化转型。由于市场经济的原发形态与近代西方自由主义之间亲密的历史联系，以个人权利的优先性为基础的自由主义的规范性主张就非常自然地成为切入中国社会转型时代的思想资源，极大地影响了中国社会转型的走向。在最近 30 年里，中国社会生活各个领域的变化，都可以看到以自由主义价值观为主要内容的西方文化发挥的影响。

必须看到，自由主义虽然总是把它的价值主张看作普世的，看作从普遍人性中推论出来的一般价值理想，但实际上它们是紧连着特定的制度安排的，它们也总是强调只有践行西式民主制度才能贯彻这些价值主张。在制度层面，自由主义试图以自由化、私有化和市场化的西方模式改造中国社会，解决中国旧体制遗留下的问题。和它的规范性主张所产生的持续性影响不同，这种制度安排从一开始就遭到来自传统的、政治的、民族的等各个方面的抵制。

在这种矛盾情形下，自由主义对当代中国话语建构所产生的影响必然包含两个不同的方面，而且这两个方面是相互掣肘的：一方面，自由主义的规范性主张密切应和日益增长的个人权利诉求，为以市场经济为基础的社会生活及其文化的形成提供了推动力。我们必须清楚地看到这一点，并承认它的合理性。另一方面，自由主义的制度设计夹带着全球化背景下国际垄断资本的利益要求，与社会主义的平等理念和我们的国家利益形成冲突。对此，我们必须非常清醒。这种矛盾势必使自由主义对当代中国话语建构的影响呈现复杂的局面。在今后相当长的时期内，如何理性对待自由主义的影响仍将是一个突出的问题。

其次，是中国传统文化的影响。

以儒家理想为基础的中国传统文化所提供的规范性主张与中国民众的内在意识具有天然的亲和性，与中国社会生活的特有品质具有内在的一致性。在当今中国社会转型过程中，这种规范性主张已经成为一种制约资本逻辑无序扩张的"回拽"力量，必将在当代中国话语建构中发挥特殊的作用。然而，这种作用的进一步发挥需要立足于当代现实生活的文化创新。无论是规范层面的"仁爱"之"善"，还是制度层面的"仁政"之"治"，都是忽视个人权利、民主法治的。正如人们已经广泛讨论过的那样，在这里存在着一个传统与现代之间的时空差距。在以市场经济为基础的现代社会，如果没有立足于现实的现代性转换，这种规范性要求很难落实为约束现代人行为之准则，成为规范现代社会生活之制度。如果缺少了这种现代性转换，中国传统文化的规范性内涵所提供的"回拽"性力量将仅仅是"回拽"性的，难以发挥规范性的作用。对于将自然经济条件下的社会生活作为理想生活的儒家伦理精神而言，不难设想它会为深陷于资本主导的现代性迷途中的人们提供一种回望式的精神寄托，但却很难设想它能够成为对无序扩张的资本逻辑的内在批判力量。对于当代中国话语的建构而言，中国传统文化理当担负重要的责任，但为了承担这种责任，它既要面对规范性内涵的现代性创新，也要面对与这种规范性内涵相适应的制度建设方面的创新。

最后，也是最重要的，是马克思主义的主导地位。

　　作为国家意识形态的基础，马克思主义在当代中国话语建构中无疑应当发挥主导性的作用。然而，必须注意到，当代中国社会的市场化转型实践已经将马克思主义理论本身置于必须加以新的阐释才能适应新的社会生活的场景中。正是因为如此，我们才需要在发展的意义上理解 21 世纪马克思主义。马克思主义与自由主义一样是西方现代性的产物，但马克思主义是在反抗资本主义市场制度和资本的逻辑过程中形成和发展起来的。也就是说，对于以市场制度为基础的社会而言，马克思主义原本扮演着"革命者"和"批判者"的角色，在其理论的原初语境中并不包含为市场制度之正义性进行辩护的理论和话语。"社会主义市场经济"不可能不利用资本，也不可能完全消除资本逻辑的影响。在理论解释与现实生活发生冲突时，需要做出改变的不是现实生活，而是理论解释。

　　社会主义市场经济是社会主义与市场经济相结合的创造性实验。这一正在形成的全新社会需要新的理论和话语体系加以阐释。而这一新的理论和话语体系的基础和核心既不可能是自由主义的，也不可能是传统儒学的，只能以适应于社会主义市场经济的马克思主义理论为主导。这便是 21 世纪马克思主义。21 世纪马克思主义并不仅仅是市场制度的批判者，而是兼具对资本逻辑进行批判和为市场制度提供规范的双重功能。21 世纪马克思主义理论的这种双重功能，将突出地体现在它为社会主义市场经济服务的实践上。在这个意义上，我们讲"文化自信"，根本上就是对以 21 世纪马克思主义为主导的当代中国文化的自信。

哲学中国的认识图景

孙　麾

孙麾，中国社会科学杂志社编审，原中国社会科学杂志社副总编辑，中国马克思主义哲学史学会常务理事

在反全球化、逆全球化、民粹主义、保护主义等思潮试图影响国际新秩序的今天，我们首先要承认全球化是历史的进步，人类的存在方式在世界普遍交往中获得了广阔的空间，彼此相互依存度更加紧密，孤立的、内部循环的历史终结了。正如马克思所言："过去那种地方的和民族的自给自足和闭关自守状态，被各民族的各方面的互相往来和各方面的互相依赖所代替了。"① 物质的生产是如此，精神的生产也是如此。各民族的精神产品成了公共的财产，民族的片面性和局限性日益成为不可能。

中国全面加入全球化的过程也是向西方学习的过程，同时也是自我发现、自我变革的过程。全球化与现代性使后发国家受益良多，但融入全球化与接受现代性并不意味着迷失思想自我。在适应世界总的发展趋势中进行文化调适，重构主体性，建构与世界主体间性的积极交往方式，这是中国走向民族伟大复兴，赶上世界历史新议程的哲学思维。这也可以看作我对"哲学中国"这一提法的一个注解。

中国改革开放40年所走过的道路，各路学者对这样一个东方大国社会变迁的历史之谜做了种种评论与解释。我们常常听到的说法诸如国家主义的、政商联合的、权贵资本主义的，甚至还有魔方国家之说，魔方的六个面都有其制度性的典型特征。但总的来说，主要的或基本的还是围绕资本主义与社会主义的制度属性展开探讨和提出判断。

比方说转型社会学家科尔奈把资本主义的经济与政治制度及西

---

① 《马克思恩格斯选集》第 1 卷，人民出版社 1972 年版，第 255 页。

方文明看成是人类社会历史发展的主题和主流。他先于福山表达了非民主国家与社会主义的暗淡前景。他在《中东欧大转型：成功与失望》中认为，资本主义经济制度（指转型国家的经济变革）的出现并不自动保证民主制度的实现，它们实行资本主义经济制度，但是其政治架构并不符合民主制度的最低要求。事实上，资本主义经济制度能够部分地甚至完全地与独裁政权兼容。

美国前国务卿赖斯曾在《外交》杂志上借用西方学术界"权威资本主义"这一概念来概括中国的发展模式。中国这样的国家在没有民主化的前提下，使用资本主义的方式推进了经济的发展。但与美国和其他西方国家所秉持的民主发展模式背道而驰。

左翼的新马克思主义理论家萨米尔·阿明认为，中国的市场经济仅仅是掩盖资本主义复辟的遁词，市场经济是中国官僚阶层像苏联那样用以掠夺国有资产、中保私囊的工具。私有经济一路绿灯地发展，政府对此采取放任的态度，中国走的是一条"地道的资本主义道路"。

面对种种质疑和责难，中国领导人始终强调："中国特色社会主义是社会主义，无论改革开放走到哪个阶段，我们都始终坚持中国特色社会主义道路、中国特色社会主义理论体系、中国特色社会主义制度，坚持党的十八大提出的夺取中国特色社会主义新胜利的基本要求。"但同时我们也十分清楚，今天人类生活的关联前所未有，同时人类面临的全球性问题也前所未有。世界各国人民前途命运越来越紧密地联系在一起。因此，根据新的时代要求，有必要"超越以意识形态划线的老思维，走出相互尊重、共同进步的新道路"。

破解现实提出的学术难题，与西方学术对话，那么，主动设置议题、创造标识性概念是一条能够真正反映中国现实的学术原创性的路径。马克思说："人应该在实践中证明自己思维的真理性，即自己思维的现实性和自身一切思维的此岸性。"

透过种种流行的思想迷雾，在我看来，与其说纠结于经济制度与国家类型的矛盾，强调社会主义如何向资本主义的转变，不如说中国从传统向现代的转变更契合了历史发展的真实逻辑。

改革开放40年，理论界又在回顾邓小平理论中总结经验。研究邓小平理论可以发现，他的重大论断可以说都是在突破姓"资"姓"社"的僵化思维中阐述的。

比方说"三个有利于标准"。

邓小平说："改革开放迈不开步子，不敢闯，说来说去就是怕资本主义的东西多了，走了资本主义道路。要害是姓'资'还是姓'社'的问题。判断的标准，应该主要看是否有利于发展社会主义社会的生产力，是否有利于增强社会主义国家的综合国力，是否有利于提高人民的生活水平。"①

又比方说"社会主义本质论"。

"计划多一点还是市场多一点，不是社会主义与资本主义的本质区别。计划经济不等于社会主义，资本主义也有计划；市场经济不等于资本主义，社会主义也有市场。计划和市场都是经济手段。社会主义的本质，是解放生产力，发展生产力，消灭剥削，消除两极分化，最终达到共同富裕。"②

再比方说"不争论，大胆地试，大胆地闯"③。

"不搞争论，是我的一个发明。不争论，是为了争取时间干。一争论就复杂了，把时间都争掉了，什么也干不成。不争论，大胆地试，大胆地闯。"

"现在，有右的东西影响我们，也有'左'的东西影响我们，但根深蒂固的还是'左'的东西。有些理论家、政治家，拿大帽子吓唬人的，不是右，而是'左'。'左'带有革命的色彩，好像越

---

① 《十三大以来重要文献选编（下）》，人民出版社1993年版，第1853—1854页。

② 《邓小平思想年谱（1975—1997）》，人民出版社1998年版，第460页。

③ 《十三大以来重要文献选编（下）》，人民出版社1993年版，第1856页。

'左'越革命。'左'的东西在我们党的历史上可怕呀！一个好好的东西，一下子被他搞掉了。右可以葬送社会主义，'左'也可以葬送社会主义。中国要警惕右，但主要是防止'左'！"①

那么，突破对中国政治经济结构的理论困惑，不能忽视近 10 年在资源配置、治理体系、依法治国以及从严治党等基本政治架构方面向现代国家的飞跃。

10 年前，中国社会学界对"什么是中国社会转型的实质？"有过一场重大的争论，有关这场争论的权威评论认为，显然，中国社会学正面对着自恢复重建以来最为严峻的一场分歧。这一分歧关系到两种根本不同立场的分野：中国社会转型是中国的社会生活和组织模式包括整个社会实践结构不断走向更加现代和更新现代的变迁过程，还是像转型社会学所主张的，"中国经验"就是在原有政治体制和意识形态背景束缚下成为资本主义的新成员。

这里，有一个历史阐释的原则问题。唯物史观这种历史观和唯心主义历史观不同，它不是在每个时代中寻找某种范畴，而是始终站在现实历史的基础上。

历史有它的制约条件，不能随心所欲地创造。马克思指出："历史的每一阶段都遇到一定的物质结果，一定的生产力总和，人对自然以及个人之间历史地形成的关系，都遇到前一代传给后一代的大量生产力、资金和环境。"② 符合现实生活的考察方法也即"经验的观察"：在任何情况下都应当根据经验来揭示社会结构和政治结构同生产的联系，而不应当带有任何神秘和思辨的色彩。

因此，对于做出改革开放这个历史性决策，习近平总书记强调了四个"基于"：基于对党和国家前途命运的深刻把握；基于对社会主义革命和建设实践的深刻总结；基于对时代潮流的深刻洞察；基于对人民群众期盼和需要的深刻体悟。这是马克思主义的科学方法

---

① 《十三大以来重要文献选编（下）》，人民出版社 1993 年版，第 1856 页。
② 《马克思恩格斯选集》第 1 卷，人民出版社 1995 年版，第 92 页。

论对历史解释的启示，是理论指导实践的成功启示。"40 年来，我们解放思想、实事求是，大胆地试、勇敢地改，干出了一片新天地。"① 40 年的实践充分证明，改革开放是党和人民大踏步赶上时代的重要法宝。

在用中国理论解读中国实践的语境中，全面深化改革是理解中国的一把钥匙。

坚定不移全面深化改革，将改革进行到底，这就是中国向世界坦言的这一代人所承担的使命。引导社会共识的思维努力是哲学家的职责。习近平总书记说："中国人民的成功实践昭示世人，通向现代化的道路不止一条，只要找准正确方向、驰而不息，条条大路通罗马。"② 基于主体性（这个哲学概念至关重要，是 40 年马哲取得的重要成果），在建构中把握"现代性是未竟的事业"这一当代主题，可以概括为"时代之问的存在论基础和方法论原则"。这一基础和原则彻底突破了"对单个人和市民社会的直观"。否则我们就很难再理解和解释 40 年中国哲学界探讨的与国家命运最关切的概念，包括"实践""价值""自主性""主体性""世界历史""普遍交往"，等等，只有"在历史前进的逻辑中前进、在时代发展的潮流中发展"才能理解其中的深刻含义。

面对复杂情势，只有深入改革中去破解难题，才能找到打破"周期率"的制度建构路径和真正解放的出路。包括真正确立市场在资源配置中的决定性作用；政府不再更多地发挥作用而是更好地发挥作用，在承认多元治理主体的前提下提高治理能力的现代化；通过全面从严治党保证公共权力不被滥用；依法治国成为当代中国基础性的治理标志。

只有改革才能防止重走老路，只有改革才能立于世界大势的潮

---

① 习近平：《在庆祝改革开放 40 周年大会上的讲话》，《求是》2018 年第 24 期。

② 习近平：《开放共创繁荣　创新引领未来——在博鳌亚洲论坛 2018 年年会开幕式上的主旨演讲》，人民出版社 2018 年版，第 4 页。

头，只有改革才能谱写现代性的中国内涵。全面深化改革是理解新时代中国的一把钥匙。

在这样一个伟大变革的时代，也有一个重新发现中国的哲学问题。

历史阐释首要的是发现和把握中国道路的历史逻辑以及中国现代化的思想路径。启蒙以来，西方逐渐获得世界力量格局的中心地位，在历史走向世界历史的进程中，处于上升时期的资本主义以自己的经验和意志开始书写经济、政治、文化各方面的世界秩序和等级结构。这种主导性同时固化了对作为"他者"的非西方社会性质的认知。在扩张、征服、强制为主调的世界交往中造成了一种普遍的心理定式——西方是世界的中心。因此，学习西方文明，改造自己的文明就成为非西方世界的路标。这样一种在西方的规定性中被迫应激的发展模式，同时也被钉上了具有封闭性特征的"专制主义"之类的制度标签，并由此划定了先进与落后、传统与现代的界线。在这个过程中西方总是努力将中国排斥在世界文明进程之外，"自从一八四〇年鸦片战争失败那时起，先进的中国人，经过千辛万苦，向西方国家寻找真理。……那时，求进步的中国人，只要是西方的新道理，什么书也看"。① 中国人向往现代化，向西方学得很不少，但是行不通，理想总是不能实现。毛泽东在《论人民民主专政》中一语道破了问题的实质："帝国主义的侵略打破了中国人学西方的迷梦。"②

中国完全独立地实现民族的伟大复兴，以文明的多样性消解了西方中心论的僵化认知，以和平崛起颠覆了强权政治的思维定式。"构建命运共同体"倡导的"共同价值"，说明拘泥狭隘的利益考量和政治中的偏执风格已经与世界历史的新议程和新进程不再适应了。

提出重新发现中国的问题，这是如何能够开始真正地自我理解

① 《毛泽东选集》第 4 卷，人民出版社 1991 年版，第 1469 页。
② 同上书，第 1470 页。

的前提。超越遵循固有思路规定中国的强制解释，真正面向实体性的中国本身及其历史展开过程的现实性。

今天，面对变革的中国，西方各种理论抽象都充满激情地试图提供可以解开这个时代之谜的药方或公式，但这些药方或公式无非是在思维惯性中替换成另一种提法、设想或想象，问题在于，理论的注解必然要受到这个时代本身的历史活动的制约。能够解释世界的理论是由历史的关系，由工业状况、商业状况、农业状况、交往状况促成的。我们正是在这个意义上提出回归历史的具体重新发现中国具有深刻的哲学内涵。

那么，在这个过程当中应该总结过去的一些经验，有两条还是值得我们认真反省的。

第一条，我们反复强调马克思哲学本身的现实观的重大意义，马克思实现哲学革命是通过他的现实观开启的，来实现的，没有这个现实的转向，依然在思辨哲学的封闭的体系当中重拾哲学思维，那么马克思实现不了他的哲学革命，这是马克思对我们的启示。

第二条，在我们党的历史的发展当中，在理论的建构过程当中，在理论的演化过程当中，我们还要不断地对教条主义进行反省，因为教条主义它会凝固、会阻碍我们对实践的探索。此外，在我们还没有形成一套完整的理论的前提下，像邓小平同志说"大胆地闯"，"摸着石头过河"，我们能不能开辟出一条新路来？教条主义总是让我们回到那个文本当中去，一字不改地遵循条条框框，不敢突破传统思维的界限，是一种思想凝固化、神圣化，这个构成了阻碍哲学创新、理论发展的一个重大障碍。

之所以要提出和回顾这一问题，是要说明从今天看"构建人类命运共同体"的提出对深化全球化特别是经济全球化所具有的重要意义。穿越困惑人们的思想背景，可以发现"构建人类命运共同体"实际上跨越了东西方意识形态对立的峡谷，打破了用社会主义或资本主义划界的刻板思维。正基于此，中国才对世界交往中的政治互信、战略互信抱有真诚的期待。

最后，谈一下当代中国哲学的主题和研究路径。

马克思在《中国革命和欧洲革命》中说："英国的大炮破坏了中国皇帝的威权，迫使天朝帝国与地上的世界接触。与外界完全隔绝曾是保存旧中国的首要条件，而当这种隔绝状态在英国的努力之下被暴力所打破的时候，接踵而来的必然是解体的过程，正如小心保存在密闭棺木里的木乃伊一接触新鲜空气便必然要解体一样。"①现在，中国面临的再也不是"英国的大炮迫使天朝帝国与地上的世界接触"这种被迫开放的格局了，中国所处的再也不是"与外界完全隔绝曾是保存旧中国的首要条件"这种避免解体的历史状况了。

中国进入了新时代。

马克思 1853 年对清朝的评论已过去一个半多的世纪，我们虽然不能忘却历史但也不能在中国复兴中以复仇心理重走不列颠入侵东方的老路而强制性与世界交往。

中国走向世界，向世界开放，也是一个不断增强规则意识、按国际通行规则办事的过程，同时也是一个不断自我革新的过程，从而真正建立起作为一个市场经济国家应该获得的国际信任和战略互信。

在中国语境中以时代化为标志的最具原创性的理论贡献和实践创造是什么？一句话，创造性地形成了"社会主义市场经济"。在这个理论背景下，哲学界必须关注和深入阐释"构建人类命运共同体"这一倡导所蕴含的主体间普遍交往背后的哲学思想和中国主张。如果说我们过去对语言学转向，对分析哲学，对海德格尔的存在哲学，对胡塞尔的现象学还恋恋不舍的话，经过了一些反思，在国家战略高度，提出建构当代中国学术话语体系这样的历史任务面前，如果说哲学探讨的是"真理与方法"的问题，那么对中国哲学而言，打

---

① 《马克思恩格斯选集》第 2 卷，人民出版社 1972 年版，第 3 页。

开这个真理大门的钥匙就在"新时代中国特色社会主义"的伟大实践当中，这个方法就体现在解决我们当前全面深化改革开放，新的历史时期所遇到的那些矛盾、那些问题、那些解决的思路和方案当中。马克思主义哲学对中国问题的深切把握、对中国道路的深刻表达、对中国改革的理论创新，这个理论的探讨在思想趋向现实的过程中，构成了当代中国哲学的主题和研究路径。

新的世界历史时代，基于全球化的真正的普遍历史形成的可能性，资源的全球流动和配置，不同制度的充分竞争和融合，不同文化的互相承认和尊重；基于主体间性的各类主体的交往和沟通，共同探讨走出特殊历史冲突的困境，包括文明的冲突、宗教的冲突、民族的冲突、国家的冲突、文化的冲突，等等，需要建构一种突破民族主义的更具有普遍意义的历史观，这种历史观，就建立在人类命运共同体之上，是对人类共同问题的关切和解决。这必然要求在承认不同发展模式、历史条件、经济体制和政治制度的前提下美美与共，在文化多元和文明互鉴中寻求价值共识。

我想用三个概念来概括哲学界所开启的三大意识：一个叫问题意识，一个叫批判意识，一个叫创新意识，由此实现了三个理论自觉。

第一个基于马克思主义哲学，自觉构建新的分析框架，形成新的话语方式，整合各种理论资源的优点，融合各文明的最新的优秀成果。在直接面对中国问题和整个世界的文明对话的过程当中，显示哲学真正的解释力和它的时代活力。在跨学科综合中，显示哲学立于学术前沿的导向性。

第二个基于马克思主义哲学，自觉建构批判的思想路径，其中首要的不是脱离我们所处的历史阶段和历史方位的单纯的意识形态批判甚至文化批判，而是走向历史深处，通过政治经济学的批判，真正揭示社会变革的经济性质，以及由这种性质所决定的社会性质和政治性质。

　　第三个其实就是基于马克思哲学，特别是它改变世界的基本的性质，自觉在中国现实中开发新的原理。其实，至关重要的是，紧扣具有鲜明时代特征和世界历史意义的中国社会存在和社会发展的全部丰富性的基本逻辑，以及这一逻辑展开的历史必然性。偏离了全部实体化内容充分展开的这个基础，理论就会成为无本之木、无源之水，就会沦为形式化的外部反思。

现代性、中国特色与本土学术话语建构

——从马克思主义哲学的视角看

仰海峰

仰海峰，北京大学哲学系主任，教育部长江学者特聘教授

一　现代性构架与中国特色的发展道路

讨论中国特色的发展道路与本土学术话语建构，离不开对世界发展过程的哲学审视，这是我们理解中国的参照系。结合现代西方社会发展的过程，我个人认为，现代社会的发展体现出三重维度：资本逻辑、形而上学与民族——国家的建构。这三个层面相互关联、相互作用，成为现代性的有机整体。讨论中国特色的发展道路以及本土学术话语的建构，就必须澄清这三者的各自内容及其内在关联，从而达到对它们之间关系的透视。

现代社会的发展首先体现为资本的生成与扩张，即资本逻辑统摄地位的确立。这是马克思在《资本论》及相关手稿中着力刻画的问题。资本逻辑的确立，是一次历史性的事件，它标志着社会生产方式的转变，同时也是社会结构形式的根本性转型，这是社会关系的全面重组。按照我的理解，在历史唯物主义中存在着双重逻辑，即生产逻辑与资本逻辑。马克思在讨论人类历史的存在前提时指出，人类要生存，就离不开生活资料的生产与再生产，因此物质生活资料的生产是人类历史的第一个前提。生产逻辑不仅是社会历史的现实运行逻辑，也是我们面对历史时的基本话语。但随着资本主义的产生，资本逻辑取得了统治一切的地位，"资本是资产阶级社会的支配一切的经济权力"。① 这是资本逻辑对生产逻辑的统摄。

根据马克思的分析，资本逻辑体现出如下特征：第一，资本是一种历史性的关系结构，而不是一种物质要素。这是马克思区别于

---

① 《马克思恩格斯全集》第30卷，人民出版社1995年版，第49页。

古典经济学与李嘉图派社会主义者的地方。在这些人看来，资本体现为生产过程的物质要素，从生产要素层面来理解资本，资本就具有永恒的意义，因为只要存在生产过程，就需要物质要素。这是要素决定价值的理论根源，也是李嘉图社会主义所说的要资本而不要资本家的理论根源。"政治经济学家们没有把资本看作是一种关系。他们不可能这样看待资本，因为他们没有同时把资本看作是历史上暂时的、相对的而不是绝对的生产形式。"① 在马克思看来，资本逻辑的确立体现了社会关系的全面转型，他以资本主义条件下的商品交换与前资本主义条件下的商品交换的区分对此进行了说明。在古代社会就存在着氏族与氏族间的商品交换，但这种交换并不具有资本主义的性质，因为它只具有地域性的意义。而在资本主义社会，商品交换具有普遍性，它构成了人们生产与生活的准则，不仅涉及人们的物质生活资料的生活方式，而且涉及人们的心理意识、家庭结构与社会制度变迁。

第二，作为生产逻辑的当代载体，资本逻辑推动着人类社会的发展。根据马克思的论述，资本逻辑的这一作用体现在如下方面：首先，资本逻辑为人类社会的生存与发展创造了丰富的物质财富，这是人类自我发展的物质条件。没有丰富的物质财富，人类就常常陷入为生存而奔波的状态。其次，资本逻辑的扩张性推动了普遍交往与世界历史的进程，使人摆脱了狭隘的地域性限制，这是人的全面发展的历史性前提。最后，起着生产逻辑功能的资本逻辑，本身就体现了人的自主性与独立性。正是在资本逻辑的作用下，现代人摆脱了传统的人身依赖关系，走向了自我发展的道路。虽然在这一过程中，人还处于物的依赖关系之下，但这正是人的自由发展的条件。

第三，以获取剩余价值为目的的资本逻辑，存在着自身无法消

---

① 马克思：《剩余价值理论》第三册，人民出版社 1975 年版，第 301 页。

除的内在矛盾。对于马克思来说，资本的总体化进程并不意味着资本主义社会成为没有缝隙的铁制牢笼，资本逻辑在其现实进程中存在着深层的二律背反：其一是交换过程中的二律背反。根据马克思的分析，商品具有使用价值与交换价值二重性，对于每一商品而言，使用价值与交换价值无法同时表现自身，这是商品存在的矛盾。这一矛盾只有通过与其他的交换才能解决。正是在这一过程中，产生了货币。但货币并没有解决商品的内在矛盾，而只是把这一矛盾普遍化了。正是在这一普遍转让与普遍占有的过程中，创造了一种凌驾于个人之上的异己的社会力量。而且，在交换行为在空间上分裂为买与卖的过程中，已经蕴藏着危机的萌芽，一旦条件成熟，这种危机就会成为现实。① 其二是资本生产过程中的二律背反。资本生产的社会化进程，要求资本生产过程实现一种有意识的总体性调整，否则生产过程中就易产生内在的脱节，这种脱节既包括生产资料方面的脱节，也包括劳动者与生产资料本身的脱节，但在当时，私有制本身并不能实现这种社会化要求。其三是生产过程与交换过程中的脱节。生产中所创造的剩余价值只有交换中才能真正实现出来，从商品生产到商品交换，马克思称之为"惊险的一跳"，这一跳能否成功就直接决定着资本的实现以及资本的循环。马克思认为，自由竞争的市场无法实现两者的协调。其四体现在社会层面，即个人与社会之间的对立。早年的马克思通过对黑格尔市民社会理论的批判，已经揭示出随着资本的来临，存在于市民社会内部的个人利益与集体利益之间的对立状态，而当他进入资本逻辑之后，他实际上揭示了资本与社会之间的二律背反状态，即虽然资本在社会进程中起着重要的历史性作用，但资本的发展却又将人与社会推进到更深的被奴役状态。其五是思想领域本身的二律背反。这一领域的分析首先归功于康德在《纯粹理性批判》一书中对二律背反的揭示，卢卡奇

---

① 参阅《马克思恩格斯全集》第 30 卷，人民出版社 1995 年版，第 147—149 页。

在《历史与阶级意识》中从社会历史的角度进行了较为深刻的论述。思想观念领域中的二律背反，实际上也就表明许多看起来似乎是相对立的理论，在深层上恰恰是一个东西，这就为马克思透视旧的唯物主义与旧的唯心主义提供了洞察力。正是对资本逻辑内在矛盾的考察，马克思才得出自己的科学社会主义结论。

第四，资本逻辑与思想意识、国家的内在关系。这是马克思论述不多，但对于我们认识现代资本主义社会发展史来说又是极为重要的问题。对于资本逻辑与思想意识的关系，在《1857—1858 年经济学手稿》中，马克思在讨论商品交换时曾分析了自由、平等的理念，揭示了资本逻辑在交换层面与现代思想意识的关系；在《资本论》中，马克思曾以商品拜物教为例对资本主义社会日常生活的拜物教观念以及这种拜物教观念在形而上层面的反映进行了简要的分析。按照我的理解，特定时代的生活过程对应于特定的思想型，揭示资本逻辑与思想型之间的关系，这是我们今天从整体上反思当代生活及其观念之间关系的基础，这也是我们从根本上厘清各种学术理念，以便实现学科整合的基础。只有清晰地揭示了两者的内在关联，我们才能真正地透视社会、反思观念。对于资本逻辑与国家的关系，这也是马克思在《资本论》写作规划一开始时就考虑的问题。在 1858 年 2 月 22 日致拉萨尔的信、1858 年 4 月 2 日致恩格斯的信中，马克思在谈到六卷本计划时，都将国家作为单独的一卷，力求揭示资本逻辑与国家的关系，六卷本计划的内容有：（1）资本；（2）地产；（3）雇佣劳动；（4）国家；（5）国际贸易；（6）世界市场。[①] 这一想法在《1857—1858 年经济学手稿》的诸多思考中，仍然有着明确的体现。后来写作计划改变，从而使国家问题没有得到进一步清晰的论述，而且在论及国家与资本的关系时，主要是从资本的性质出发来考察国家的性质，但现代国家的创制与资本主义

---

① 参阅《马克思恩格斯〈资本论〉书信集》，人民出版社 1976 年版，第 124、131 页。

的内在关系，正是过去研究中没有深入的问题。

在对资本主义发展的理解上，一直存在着经济与文化的二元论。在马克思的思想中，资本逻辑构成了解释资本主义社会的核心理念，但韦伯的《新教伦理与资本主义精神》关注的是文化理念与资本主义发展的内在关系。这种文化理念的最高形态就是哲学中的形而上之思，就本文语境而言，这就提出了资本逻辑与近代以来的形而上学的内在关系问题。结合思想史的分析，我认为，资本逻辑与形而上学之间存在着内在的同构关系：资本逻辑构成了形而上学的历史基础，而形而上学在思想层面反映并论证了资本逻辑的合法性。

在近代以来的哲学建构中，"经验""理性""绝对观念"无疑是重要的三个概念。经验论唯物主义在其产生时起就强调感性经验在认知中的基础性作用。就这种哲学与封建神学的关系而言，对感性经验的强调具有对宗教世界的批判、肯定世俗生活世界的意义。在这个意义上，经验论唯物主义与近代以来的资本主义兴起，具有同构性。随着资本主义经济日益普遍化，经验论唯物主义又具有了另一种意蕴，从经验直观出发就是从当下的生活直观出发，这时经验论的唯物主义就成为资本逻辑在日常意识与哲学理念上的反映。马克思在讨论李嘉图关于固定资本与流动资本的概念时揭示了经验论与资本逻辑的内在关联。李嘉图认为："资本有些消耗得快，必须经常进行再生产，有些消耗得慢。根据这种情形，就有流动资本和固定资本之分。"① 李嘉图是从物的属性角度来看待两者的区别的，马克思嘲讽地说："按照这个规定，咖啡壶是固定资本，而咖啡则是流动资本。经济学家们把人们的社会生产关系和受这些关系支配的物所获得的规定性看作物的自然属性，这种粗俗的唯物主义，是一种同样粗俗的唯心主义，甚至是一种拜物教，它把社会关系作为物

---

① 李嘉图：《李嘉图著作和通信集》第一卷，郭大力、王亚南译，商务印书馆1962年版，第24页。

的内在规定归之于物，从而使物神秘化。"① 在古典经济学的建构中，就是从经验出发上升到经济生活的规律，并得出资本逻辑永恒性的观念，并成为资本主义社会意识形态的重要内核。马克思在批判古典经济学家以及蒲鲁东等社会主义者时，都揭示出这种经验论与资本主义社会意识形态建构的内在关系。特别是在资本逻辑取得支配地位之后，它直接支配着大众的日常生活，推动着各种拜物教观念的形成。也正是在这个意义上，经验论唯物主义常常被看作以利益为取向的观念，所以费尔巴哈才将唯物主义看作犹太人卑污的实践活动。

在《1857—1858 年经济学手稿》《政治经济学批判》以及《资本论》等著作中，马克思分析了商品交换与主体观念的内在关系。普遍化的商品交换既需要以独立而自由的主体存在为前提，商品交换的普遍化又进一步确立了主体的自由而平等的地位。没有自由与平等，普遍化的商品交换就无法进行。马克思对此进行总结说："因此，如果说经济形式，交换，在所有方面确立了主体之间的平等，那么内容，即促使人们去进行交换的个人和物质材料，则确立了自由。可见，平等和自由不仅在以交换价值为基础的交换中受到尊重，而且交换价值的交换是一切平等和自由的生产的、现实的基础。作为纯粹观念，平等和自由仅仅是交换价值的交换的一种理想化表现；作为在法律的、政治的、社会的关系上发展了的东西，平等和自由不过是另一次方上的这种基础而已。"② 现代社会的这种自由与古代社会是不同的，这是一种形式平等的自由，这种平等的自由正是交换价值普遍化的内在要求，而古代的自由则是以等级与奴役为基础的，这也决定了在古希腊不可能存在普遍化的商品经济。这种自由与平等确立了个体的主体地位，这正是现代"理性"哲学所要阐发

---

① 李嘉图：《李嘉图著作和通信集》第一卷，郭大力、王亚南译，商务印书馆1962 年版，第 24 页。

② 《马克思恩格斯全集》第 30 卷，人民出版社 1995 年版，第 199 页。

的一个重要主题，在这里"人"是以理性为存在依据的。理性的抽象与普遍化，理性的先行作用，反映了现代社会生活即商品交换世界的内在理念。商品交换的过程就是抽离事物的质的规定性，将物从限定性的存在抽象为普遍化的存在，并形成一种抽象的观念统治。理性对资本逻辑的作用以及资本逻辑对理性建构的影响，这正是近代以来的哲学沉思中内含的关系，这种关系在黑格尔的"绝对观念"的讨论中达到了极致。前面关于德国问题及黑格尔思想的简要分析，就是沿着这一思考维度展开的。

构成现代社会发展的另一个重要因素就是民族—国家，它与资本逻辑、形而上学构成了现代性发展中不可或缺的维度。吉登斯把现代国家建构划分为两个阶段：绝对主义国家时期与民族—国家时期。绝对主义国家时期主要指 15 世纪之后到 18 世纪的西方国家体系的转变。绝对主义国家虽然还具有传统国家的特征，如君权神授等，但它已经具有现代特征，这包括主权的确立，这种主权观成为行政体系或政府的原则；反思性的监控与行政力量的集中与扩张；新的法律机构的发展；财政管理的初步理性化；现代军事的产生与发展；等等。主权的独立，这是形成统一市场的条件，现代军事发展所造成的行政组织方式的变革，成为后来西方企业和行政组织的重要参照，国家对货币的控制权是现代交换的重要条件。吉登斯认为："资本主义的成熟过程，一方面包括土地和产品的商品化，另一方面包括劳动力的商品化。尽管这两方面在发展过程中彼此并不是完全独立的，但第一方面主要与绝对主义国家的发展交织在一起，而第二方面的大规模发展依赖于民族—国家的形成。"[①] 就第一方面而言，绝对主义国家在以下方面推动着商品化的发展："第一，受到保障的、中央集权的法律秩序的产生——这允许并保障着处于发展过程中的一系列契约性权利和义务。第二，国家权力所调控和认可

---

① 吉登斯：《民族—国家与暴力》，胡宗泽、赵力涛译，生活·读书·新知三联书店 1998 年版，第 185 页。

的货币制度的发展。第三，中央集权的税制的形成。"① 现代法律是产权的保障，国家权力的集中是商品货币得以产生的条件，而这些只有对主权国家而言才能存在。绝对主义国家税收的货币化，不仅使现代行政体系与人们的日常生活的整合联系起来，而且推动了商品化的发展。

从绝对主义国家向民族—国家转变的重要标志是工业资本主义制度的形成，对应的正是劳动力商品化的阶段。劳动力的商品化产生了现代意义上的工厂，这使得资本主义经济与现代工业组织形式结合起来，传统的暴力控制开始转变为一种组织形式的监控，从而形成了资本主义、工业主义和政府的行政机构的联合。吉登斯认为这是现代资本主义社会的组织丛结。② 在这个过程中，通过信息对工作过程进行监控从工厂延伸到国家控制层面，这构成了现代国家的内部绥靖过程，这正是民族—国家对资本主义经济活动过程产生作用的途径。在我看来，虽然吉登斯关于绝对主义国家与民族—国家的区分还不是特别明确，但他关于现代国家对资本主义经济活动的影响的分析，是值得我们关注的。在传统的研究中，我们只是从定性的角度来讨论国家的阶级属性，而对于国家是如何促进资本主义经济发展的研究却讨论得不多。

通过上述的讨论，我想说明的是，现代社会发展存在着"结构丛"：资本逻辑、形而上学和民族—国家的一体化。这三个方面是无法简单化约的，它们有其内在的逻辑运行方式，同时又相互作用，共同塑造着现代社会形态。这是我们讨论"中国特色"的发展道路时的一个参照系。

---

① 吉登斯：《民族—国家与暴力》，胡宗泽、赵力涛译，生活·读书·新知三联书店1998年版，第185—186页。

② 同上书，第176页。

二　现代性、中国特色与中国学术的"总问题"

上述所及的三个维度，虽然体现了西方发达国家现代性建构的总体构架，但这并不意味着，每一个国家都遵从同样的现代性模式。在西方发达国家的现代性进程中，不同的国家实际上都面临着选择合乎自己的发展道路问题。这在德国体现得较为明显，而德国的哲学家对此有着自觉的意识。我们不妨以黑格尔为例来加以分析。

在黑格尔生活的时代，英国经过工业革命、法国经过政治革命已经走上了资本主义发展道路。在生产方式上，当时先行发展的资本主义国家正开始从工场手工业到机器大工业的过渡；在经济制度上，自由贸易被当作自然法则；在政治制度上，统一的民族—国家已经形成，并为资本主义发展提供了保证。当英国、法国等资本主义先发国家以民族—国家的方式进入快速发展轨道时，德国还处于封建城邦林立的状态，没有形成现代意义上的民族—国家，更没有形成统一的商品市场。虽然早年的黑格尔憧憬古希腊的城邦社会，对资本主义持一种批判的态度，但经过耶拿时期的研究之后，他意识到资本主义是无法抗拒的。因此，如何面对资本主义，这是黑格尔需要解决的问题。

黑格尔并没有简单地认同英国与法国的道路，而是力图从德国本土情况出发来探索发展资本主义的道路。对当时的德国来说，首要的问题就是建立现代意义上的民族—国家，这是资本主义自由市场得以发展的外部保障。市场经济发展最早的意大利，并没有成为资本主义的强国，一个重要的原因就是当时的意大利并没能形成现代意义上的民族—国家。正是意识到这一问题，马基雅维利才写作了《君主论》。实际上，这本书并不是教君主如何实现专制统治，而是要论证如何实现意大利的统一，并发动民众的力量抵制外来的入侵。意大利的这种情境与黑格尔时代的德国相似，所以黑格尔后来在评论《君主论》时这样写道："这本书时常被人认为是满纸胡说，徒然替虐政张目，所以厌弃不读；而不知道这位作者实在深刻地意识到了当时有成立一个'国家'的必要，因此才提出在当时环境下非得这样就不能成立国家的各种原则。"当哈布斯堡皇朝无力克服分散的诸侯势力时，普鲁士邦的兴起，一方面对前者构成了挑战，另一方面为德意志的统一创造了条件，而这种统一正是德意志发展的前提。理解了这一点，我们就能理解在《法哲学原理》中，黑格尔为什么抬高普鲁士国王的地位了。

但那个时代主流的政治经济学，强调自由市场的作用，反对国家的任何干预，把国家当作"守夜人"，比如斯密就持这种观点。针对这种观点，黑格尔从德国实际出发，并根据他对市民社会的分析，提出了不同的观念。在黑格尔看来，现代资本主义劳动体系和自由市场的发展，使市民社会得以发展起来，市民社会的发展使国家与家庭生活分离开来，自由意志与理性得以摆脱直接伦理阶段，这正是现代社会超越古希腊城邦的地方。但这并不意味着黑格尔无条件地认同以英国为代表的自由市场理念。在黑格尔看来，以劳动分工体系为基础的现代社会，在促进人的能力的发展的同时，又会导致劳动的异化，使人成为技术的附庸。另外，以利己个体为主体的自由市场，并不能真正有效地推动社会共同体的发展，这需要有体现普遍性的国家理性来调控。因此，在黑格尔的市民社会理论中，存在着两个不同的环节：一个是从个人私利出发向普遍性利益上升的环节，如同业公会。但这种普遍性无法摆脱特殊性的局限，因此需要另一个环节，即从普遍性下降到特殊性的环节，如警察。虽然这些环节有利于解决市民社会的问题，但并不能从根本上解决现代劳动分工体系所造成的弊病。因此，问题的最后解决场所是国家。国家并不是自由市场的"守夜人"，而是理性实现自己的场所。这就意味着，德国固然需要引进现代劳动体系和自由市场经济，但德国又不能直接照搬英国或法国的制度。因此，当黑格尔在论证国家理性的重要性时，他没有简单地援引卢梭的"契约论"，因为这种"契约论"的基础恰恰是个体的理性。黑格尔理想中的国家，是能够体现个体与共同体同时发展的国家，这种国家是绝对观念的现代载体。可以说，黑格尔洞察到了现代性建构的主要构架，意识到需要充分吸收英国、法国等发达国家的现代性成果，但这种吸收却是以德国情境为基础的批判与整合，以形成合乎本民族的发展之路。

　　可以说，作为后发展国家，中国遇到了与德国相似的问题。中国现代性的建构，要在特定的空间中浓缩西方发达国家在不同时空中的发展历程，这种"时空压缩"的特性使中国社会的发展比西方更为艰难。在这种情境中，真正需要关注的是中国的独特性问题，即"中国特色"的问题，在我看来，这是当前学术需要关注的核心问题。但这并不意味着只需要将现成的理论直接套用到中国现实，或者是简单地复兴传统文化。我们需要的是对这一问题的透视并在此基础上实现真正的理论创造。

　　在这一理论创造过程中，我们需要一种现代性的"总体性"眼光，把现代性看作资本逻辑、民族—国家、形而上学的有机整体。加之中国现代性建构中的"时空压缩"特征，这更需要将现代与前现代、现代与后现代的复杂关系看作一个整体，在发展市场的同时，实现国家调控与市场逻辑的有机结合，既不简单地依赖市场，又不简单地依赖于政府管制。在这个基础上，我们更要关注合乎中国社会的"形而上"的理性建构。这种形而上既是对当下社会发展逻辑的思想规划，又是对社会发展的反思和批判。实际上，市场逻辑与政治治理中的难题，很多都源自形而上层面缺乏思想力。

　　当西方发达国家实现了从总体上规划现代性的时候，它们的学术研究则走向了专业化和实证化，并将之看作学术研究的世界标准。中国要走向世界，当然需要吸收西方现代学术的长处，遵从学术的普遍标准。但在这样做的同时，我们更需要追问，我们在何种意义上去遵从"世界"标准。在这里至少有两个问题需要加以辨别：第一，形式与内容的关系问题。比如在西方发达国家的形而上学建构中，都运用"理性"这个概念，这看起来具有普遍性的意义，但在对这个概念的具体使用中，不同国家学者却赋予其不同的含义。法国人所讲的"理性"，在黑格尔看来，就没有达到真正的理性的高度。因此，形式的学术标准并没有消除内容的特殊规定。第二，随着西方社会的发展，它们的形而上学之思已经开始从早期的整合性研究转向专业化、实证化的科学分析，而对于中国当下的学术研究来说，在实现研究的实证化、专业化时，我们更需要能够从总体上透视当下社会、为人的存在提供安身立命的形而上学。只有到这个层面，我们才能真正地抓住中国现代性中的"总问题"。而要做到这一点，就需要在跨学科整合中，建构出本土学术话语。

三 总体性与本土学术话语的建构

虽然在资本主义社会的发展中，在直观层面经济因素起着主导性的作用，但通过上面的讨论可以看出，经济、思想与政治结构实际上处于无法割裂的总体关联中，现代社会的发展过程是一个总体化的过程，总体性构成了其发展过程中的重要特征。李斯特对斯密的批评更为清晰地揭示出：对于后发展国家来说，相比于自由贸易，政治统一体的形成并以此引导民族—国家的总体性发展，更为重要。而要形成这一自觉意识，就需要在思想上进行学术辨识，黑格尔哲学在这方面做出了重要探索。虽然学术话语具有普遍性的特征，但各国学术话语的建构都是围绕着本土的根本问题展开的，中国也不例外。这些年，我们经常强调不同学科之间的融合，但如果不能从中国社会的根本问题上敞开场域，不同学科之间的话语沟通，就会陷入比较研究的"恶无限"之中。只有抓住"中国特色"的发展问题，我们才能实现本土学术话语的建构，在这一过程中，总体性的视野与方法是极为重要的。

相比于西方发达国家而言，中国属于后发展国家。1949 年中华人民共和国的成立，使中国成为现代意义上的主权国家，但于经济而言，我们并没有真正地经历过市场的洗礼。从西方社会的发展史来看，市场经济的发展使西方社会能够真正地从传统社会中解脱出来，这种解放首先发生于城市，并且在政治上率先形成了民族—国家。西方社会的整体转型，在我看来，实际是在19世纪后期才开始的，这是市场经济深入日常生活各个角落的时代，也是从政治、经济、思想文化到日常生活的全面整构。中国的政治体制虽然具有优越性，但这种优越性是在超越于市场经济之上的，而如何实现其政治体制对市场合理引导与批判性的超越，这是中国现代政治体制建构过程中并没有真正经历的过程。随着市场经济在中国大地上的展开，如何真正地理解市场并实现对市场经济的批判性超越，这构成了当下中国特色道路中必须深思的问题。这也决定了中国特色的发展道路并不能从一种视角、一门学科出发就可以勾画出来。当经济率先获得发展后，如何实现政治体制的创新并有效地反思与引导市场经济，实现对中国社会发展的总体性规划，这正是现代中国发展中的难题。因此，总体性首先强调的是中国社会发展问题的复杂性，这也是后发展国家中的普遍性问题。在这里，经济的发展总与政治、文化观念的变革联系在一起，经济问题不再单纯是经济问题，而是与政治或文化问题联系在一起。在一定的意义上，政治问题是后发展国家所遇问题的核心，并成为整个问题构架的连接点。这正是当下社会发展过程中总体性特征的表现。

总体性特征的另一个表现在于：相对于先发展国家而言，中国社会发展具有时空聚合的特征。西方资本主义社会发展经历了自由资本主义、组织化资本主义与后组织化资本主义或全球资本主义阶段，在每一特定阶段，它们都有其特定的核心问题并以此引导其他问题的解决。而对于后发展国家而言，这三个阶段会同时在同一片土地上存在，历史上时空分离的发展布局在当下的时空中聚合，特别是对于中国这样一个传统悠久、地域广阔的国家而言，上述特征更为明显。这决定了中国的发展道路更加具有总体性的特征，当然这是一种差异的总体性。它要求我们必须将不同发展水平的各区域加以总体规划，以避免各区域的重复建设、争夺资源的局面。

这里的悖论在于：第一，相对于发达国家的学术分工而言，我们本土学术的分工与细化还有待于进一步提高，但就中国社会发展的更高目标和更高要求而言，我们最缺少的恰恰又是一种总体性的视野与研究方法。第二，与处于早期资本主义社会发展阶段的学者相比，现代社会很难再出现"百科全书"式的学者，而总体性的视野与方法又内在地提出了这一要求。

这些年随着中国社会的发展，国内外的学术交流日益增多，现代学术分工与专业化的研究方法日益成为国内学者从事学术研究的参照。从 19 世纪后期开始，由于现代科学与技术的发展，特别是随着现代分工体系的日益专业化，才出现了现代意义上的学科分工与专业分化。学科分化与专业化，这是现代理性发展的结果，也是现代社会发展的文化动力，它对于我们摆脱"大一统"的思维方式，走向对现代生活的细致分析，是非常必要的。在这个意义上，我们不是要简单地批判工具理性，而是要看到这种理性对中国文化的补充意义。这是近代中国哲学界一直关注的问题。但对于中国学术而言，问题的总体性决定了学术话语建构必须具备总体性的视野，重视总体性的方法。学科分工与专业分化的长处在于：通过专业性的研究能够在某一方面、某一特定的问题域上做深入的讨论，从而穷尽这一问题的方方面面，但专业化也易将作为整体的社会分解为碎片，从而只能部分地理解社会生活及其难题，而作为整体的社会却付之阙如了。这样一种方法，只能越来越拘泥于论证现实社会，而无法实现对当下生活的批判性反思，实现理想性的超越。在这个意义上，我们的学术最缺乏的是：如何对已经分化的理性重新实现整合。要完成这一目的，我个人认为，至少需要做到：第一，能否实现对专业化"理性"的逻辑整合与反思，使看起来互不相干的问题成为一个有机的整体；第二，在充分发展专业化的同时，我们需要意识到，学科的专业化往往拘泥于事实，而缺乏超越事实的"应该"维度，也就是说，当我们将专业化的理性整合为一个逻辑系统时，我们还要有能够超越这一系统的学术能力，这正是"应该"所体现出来的。这种"应该"不是空洞的价值先设，而是从事实中产生的超越。只有实现了这一学术建构，我们才不至于将事实与价值二元化，将总体性的超越性变成一种空洞的道德批判。

要形成总体性的视野，就需要有一种百科全书式的知识，这正是黑格尔在建构自己的哲学时所体现出来的特点。但随着学科分化与专业化，今天已经很难出现黑格尔式的学者。为了解决这一悖论，学派的建构与发展就非常重要。当个人的知识视野受到限制时，学派就能起到视野弥补与学术整合的作用。所谓学派，就是具有共同的学术兴起与问题意识，具有不同的学科背景，但在总问题的框架下能够实现学术整合的学术共同体。① 回到中国语境，这里的总问题指的是"中国特色"问题，对这一问题的洞察与反思，需要在洞察总问题的基础上，实现不同学科之间的知识整合与创新，这是我们建构本土学术话语的依据。在这个过程中，推进马克思主义哲学的原创性研究，成为其中非常重要的环节。

四　推进马克思主义哲学的原创性发展

自 20 世纪 80 年代以来，中国的马克思主义哲学研究取得了长足的发展。一方面，研究者的理论视野得到了极大的拓展，不论是思想史还是历史，都进入马克思主义哲学的理论构架中；另一方面，马克思主义哲学的研究逐渐形成了自身的逻辑，这一逻辑既不同于传统教科书的体系，也不同于国外马克思主义哲学。随着中国社会改革的深度展开，中国的马克思主义哲学研究需要在自身逻辑的基础上，结合国内外学术研究的成果，进一步推进具有中国特色的原

---

① 关于学派问题的讨论，参阅拙文《从分化到整合：重申人文社会科学研究中的总体性方法》，《浙江社会科学》2008 年第 1 期。

创性研究，这既是中国马克思主义哲学研究自身的逻辑要求，也是中国社会转型与发展的内在要求。正如习近平总书记所说的："我们的哲学社会科学有没有中国特色，归根到底要看有没有主体性、原创性。跟在别人后面亦步亦趋，不仅难以形成中国特色哲学社会科学，而且解决不了我国的实际问题。"①

在推进原创性研究中，首先需要确立一种观念：中国马克思主义哲学的学术研究有其自身的发展逻辑。在苏联教科书占主导地位的时期，中国的马克思主义哲学就有一些自身特点的理论内容。自20世纪80年代"实践标准大讨论"以来，经过人道主义与异化问题的争论、实践唯物主义讨论，逐渐确立了本土的理论逻辑与言说方式，这是21世纪之后具有个体特性的解释框架得以形成的基础。理论逻辑的这种进展，既体现了中国学者对传统教科书体系的自觉反省，也体现了中国学者对当下历史进程的思考与审视。可以说，近30年来马克思主义哲学研究，已经有了较为自觉的本土意识，如何在整合国内外研究的基础上，进一步推进马克思主义哲学的原创性研究，使之成为中国社会发展的自觉意识，这是当前马克思主义哲学发展中的根本问题，也是从中国特色的社会主义实践中发展马克思主义哲学的根本问题。黑格尔曾说："哲学是认识具体事物发展的科学。"中国马克思主义哲学研究的原创性努力，就是马克思主义哲学力图具体化的努力，只有在这种具体化的努力中，中国的马克思主义哲学才能真正地回到社会历史，并从历史发展的反思中获得自身发展的问题与理论框架。

其次，需要勾勒马克思主义哲学发展的学术地图。当代中国的马克思主义哲学研究，不仅需要对自身的发展逻辑有着清晰的认识，更需对当前时代的社会发展和思想观念有着清晰的理解，形成学术发展与原创性研究所需要的学术地图。这一学术地图主要有以下几

---

① 习近平：《在哲学社会科学工作座谈会上的讲话》，人民出版社2016年版，第19页。

个参照系：（1）西方资本主义社会发展的历史进程，特别是在这一进程中资本逻辑的形态变迁。从马克思思想产生的历史情境来看，他的理论直接针对的是自由竞争的资本主义，《资本论》揭示了这一特定历史情境中资本逻辑的运行特点及其面临的深层难题。随着19世纪70年代后科学技术的变革和发展，资本主义社会的生产与组织方式都发生了重要的变化，推动着资本主义从自由竞争转向了有限度的组织化状态，虽然资本的本性没有改变，但资本的实现方式发生了重要变化，正是这种变化，才引起了那个时代的一些马克思主义者对资本主义社会经济方式的重构与批判。对资本主义社会的变化以及这一变化的日常生活效应，也推动着当时的一些马克思主义者对马克思的思想进行新的解释与探索。在这种转变中，不能简单地以马克思的思想来评判后来者的对与错，而是要真实地把握社会历史变迁以及这一变迁对日常心理和思想观念的影响，才能看到后来者的努力及其没能解决的问题。在以电子计算机技术为基础的当代社会，资本生产的全球化以及受之刺激而产生的一些原教旨主义运动，则更需要马克思主义者把握这一历史变迁，从而透视时代精神的变化。（2）对中国社会进程的理解与透视。资本主义社会的形态变迁，对当下中国的发展产生了较大影响，西方国家在几百年发展中线性呈现的问题，在中国则以"时空压缩"的方式同时呈现出来，因此，中国当下的社会历史情境有着更为复杂的结构，这需要我们从世界历史和全球化的进程中，剖析中国社会发展的特点及其难题。对于马克思主义哲学研究来说，如果不能关注到这一历史变迁过程，就不可能真正推进原创性研究。（3）对思想史的清理与把握。马克思主义的产生有其思想史的渊源，马克思主义哲学的当代发展同样离不开对当代思想的审视与理解，只有将马克思主义哲学的研究置于这样的思想史进程中，并揭示思想史与历史之间的关联，才能真正地从学术对马克思主义哲学研究加以定位，对思想史上的大家加以定位，既避免对思想大家的简单跟风，又避免思想视野上的盲区，做好学术研究上的整合与重构工作。只有在这样的学术地图中，我们才能明晰马克思主义哲学在当代发展的理论空间与逻辑走向。

最后，研究者本身的独立性与自主性，这是推动原创性研究的重要保证。在《对德意志民族的演讲》中，费希特在谈到德国需要重构自己的民族精神及理性意识时指出："谁丧失了自己的独立性，谁也就同时丧失了深入地影响时代潮流、自由地决定其内容的能力；如果他长期处于这种状态，那么，他的时代的发展以及他本身的那种与他的时代结合在一起的发展，就都取决于支配他的命运的外在暴力；从这个时候起，他根本不再拥有什么属于自己的时代，而是根据外族异邦发生的事件和所处的时代来计算自己经历的岁月。"费希特的这段话指出了独立性与自主性的重要性。今天的马克思主义哲学研究，诚然离不开对世界马克思主义研究成果的了解和把握，但最重要的是不能抛弃本土形成的理论逻辑，忽视中国学者应有的自主性与独立性。只有在坚持研究者的自主性和独立性的基础上，才能真实地推进原创性研究，使马克思主义哲学成为面对中国问题、解决中国问题的哲学。

中国特色马克思主义哲学的
"守正创新"之路

郝立新

郝立新，中国人民大学哲学院教授，教育部长江学者特聘教授，
中国马克思主义哲学史学会会长

　　哲学是把握在思想中的时代。有生命力的哲学必须是回应时代问题的哲学。马克思主义哲学尤其如此。构建中国特色马克思主义哲学，必须首先明确我们面临的时代问题。当前，加快构建中国特色哲学社会科学的呼声很高。本文是在学术界探讨如何构建中国特色哲学社会科学的背景下提出并讨论中国特色马克思主义哲学的问题的。"中国特色"是一个具有时代感和民族感的范畴。"中国特色马克思主义哲学"，是一个具有特定内涵的哲学形态的概念，它既不同于一般意义上的马克思主义哲学，也区别于马克思主义哲学研究"在中国"这样的单纯地域性的指谓。我理解，中国特色马克思主义哲学，是指产生于当代中国，秉承马克思主义哲学根本方法和基本原理，立足于中国社会和世界发展的实践，回应现实和理论重大问题，并具有中国思维和民族话语特点的哲学形态。问题是研究和创新的起点。探讨中国特色马克思主义哲学，需要明晰其研究的必要性、研究的主题、目前遇到的困难以及发展的方向这四大问题。

一　中国特色马克思主义哲学发展的时代语境

　　马克思主义哲学传入中国已经有一个多世纪。马克思主义哲学中国化也有 80 多年的历史。在革命战争时代，既产生了作为中国共产党指导思想组成部分的毛泽东哲学思想，也出现了影响极大的以艾思奇为代表的一批学者的哲学思想。中华人民共和国成立之后，毛泽东哲学思想继续发展，学术界、理论界、教育界对马克思主义哲学的研究、宣传和教育取得了很大成就。在真理标准问题大讨论的推动下，20 世纪 80 年代中国兴起了哲学关注现实的讨论热潮，比如关于东方社会理论、世界历史理论、实践哲学、价值哲学等问题的讨论，都是以一种迂回的形式回应、呼应、反映时代问题。最近这些年，党中央已经走在理论界的前面，比如习近平总书记在纪念马克思诞辰200周年大会上，将马克思主义概括为九个方面，又提出马克思主义实践观、群众观、阶级观、发展观、矛盾观，这是高屋建瓴的，也是对我们理论界提出的"命题作文"。我们哲学界既要深入阐释和论证这些"命题作文"，又要以哲学的方式关注现实，主动契合坚持和发展中国特色社会主义这个理论与实践主题不断拓展哲学研究的问题视域，瞄准社会发展涌现出的新课题展开前沿研究，努力贡献出一大批具有前瞻性、高品质的理论成果。

当前的哲学研究，都需要立足于中国特色社会主义进入新时代这个时间判断之上。21世纪中国的一个标志性事件，就是从改革开放的"新时期"进入新的历史起点上继续全面推进中国特色社会主义事业的"新时代"。新时代是中国共产党人在新的历史条件下对中国特色社会主义进入新的历史方位所做出的新概括，它是具有丰富内涵的政治判断、时间判断、实践判断。从政治上看，新时代意味着中国共产党领导中国人民进行的中国特色社会主义事业达到新的历史高度和开启新的历史征程；从时间上看，新时代从全面建成小康社会到全面实现中国特色社会主义现代化，跨度近40年；从实践上看，新时代意味着中国人民迎来了从站起来到富起来、强起来的伟大飞跃，继续坚持和发展中国特色社会主义，坚定道路自信、理论自信、制度自信、文化自信，努力实现人民美好生活和共同富裕，建成社会主义现代化强国，实现中华民族伟大复兴的中国梦，为世界和平和人类文明发展做出新贡献。新时代既充满了活力和希望，也存在着各种矛盾和挑战，提出了许多新的理论问题和实践问题，需要哲学的回应。哲学的发展，不能超然于这个伟大的时代。

新时代需要中国特色马克思主义哲学的完善。马克思主义哲学在对当代中国现实产生深刻影响的同时，其自身也在内容和形态上与时俱进。马克思主义哲学在中国的发展进程中，在与中国社会实践的结合中，既有选择地继承了中国传统文化的精髓，又批判地吸收了国外思想文化包括现代西方哲学和国外马克思主义的一些成果。中国本土化了的或具有中国特色的马克思主义哲学，不仅获得了具有中国风格或民族特点的新形态，而且融入了中国现代思想文化，成为当代中国文化的重要组成部分。结合新的时代特征和时代境遇，中国特色的马克思主义哲学自身的哲学旨趣与国家和社会的发展需求是紧密相连的。它坚持以新时代的重大课题为导向、以实现人民美好生活和世界和平发展为目标、以中国特色社会主义伟大实践为基础、以中华优秀文化为根基、以中国特色话语体系为载体。不仅具有与中国实践、中国理论、中国价值直接统一的研究范式和立场观点，也有着与中国历史、中国文化和中国精神相关联的思维方式和理论品格。因此，发展中国特色的马克思主义哲学是国家所需、时代所需。

二　中国特色马克思主义哲学研究的时代主题

时代坐标的转换，必然要求哲学重心的转换。如何走好中国道路，是中国特色马克思主义哲学研究的时代主题。中国问题是极其复杂的，中国道路的探索是极其艰难的。解决中国问题需要大智慧，探索中国道路需要新思维。只有揭示中国道路的辩证特质，深入分析中国特色社会主义总体运动的内在逻辑，辨明中国道路的发展方向与"拦路虎"，才能更好地在实践中进行理论总结，为构建中国特色马克思主义哲学、构建中国特色哲学社会科学"添砖加瓦"。

中国道路体现了理论逻辑和历史逻辑的统一。列宁有一句名言：没有革命的理论，就没有革命的运动。在中国的社会主义建设和改革实践中，也充满了理论与实践交互作用的辩证法。中国特色社会主义不是从天上掉下来的，它是科学社会主义理论逻辑与中国社会发展历史逻辑相统一的结果。科学社会主义理论不是空想而是科学，它反映了近现代社会发展的历史必然性，科学预测了社会发展的基本趋势和未来愿景。没有这种科学逻辑也就没有自觉的符合历史规律的社会主义运动。中国社会发展为科学社会主义由理论转变为现实提供了土壤。在科学理论与中国实践的有机结合中，科学社会主义理论与中国社会进程彼此都得以发展、进步。科学社会主义理论在中国实践中得到印证、丰富和发展，而中国社会发展因科学理论的指导而取得巨大成就，并减少了发展过程中的曲折和代价，迅速缩短了中国作为发展中国家与世界发达国家在现代化程度上的差距。实现上述理论逻辑和历史逻辑相统一的主体力量是中国共产党及其领导下的中国人民；这两个逻辑相统一的现实基础是中国人民为实现国家富强、民族振兴、人民幸福目标的伟大实践。

中国道路体现了民族性与世界性的统一。中国特色社会主义是在中国与世界的互动中展开的，是在经济全球化、现代化进程中推进的，也是在世界错综复杂的矛盾中生存和发展的。中国特色社会主义体现了世界社会主义运动发展的历史必然性和追求正义事业的历史选择性。从世界范围或世界历史进程看，社会主义运动是社会基本矛盾运动的产物，中国特色社会主义是一条具有民族特色的道路，也是一条具有世界历史意义的道路。中国实践以其特有的方式印证了马克思主义揭示的社会形态发展的必然规律，或者说，在中国特色社会主义发展的特殊性中蕴含了世界历史发展的普遍性。社会主义是正义的事业，它的旗帜上鲜明地标示着消灭贫困、实现共同富裕。正因如此，科学社会主义理论指导下的世界社会主义运动才能获得世界人民的支持和拥护。中国特色社会主义进入新时代，需要继续扩大对外开放，继续学习和借鉴世界文明成果，继续以宽广的世界眼光来观察世界、研究问题。中国特色社会主义体现了人类的共同价值和世界和平发展的主要趋势。中国特色社会主义的全面推进和进入新时代，是 21 世纪世界历史舞台上的又一华丽篇章。中国实现了由封闭半封闭到全方位开放的伟大历史转折，并积极参与经济全球化进程，推动建设开放型世界经济、构建人类命运共同体，促进全球治理体系变革，反对霸权主义和强权政治，为推动人类共同发展做出了应有贡献。

中国道路体现了前进性与曲折性的统一。伟大的正义的事业既是不可阻挡的，又是历经坎坷、充满曲折的。这种曲折性既表现在它是长期艰难探索和实践的结果，又表现在它的未来也并非一帆风顺，要继续"进行许多具有新的历史特点的伟大斗争"。中国特色社会主义事业是中国革命、建设和改革多重意义上的伟大革命、伟大创举。它的成功，是以长期艰难的探索乃至挫折为代价的，不是轻轻松松、敲锣打鼓就能实现的。之所以会有这种艰难性，一是由于中国特色社会主义前无古人，没有现成经验或模式可以借鉴；二是由于中国经历了漫长的封建社会，以及近代以来中国人民遭受"三座大山"的压迫，导致旧中国社会矛盾复杂、经济文化相对落后；三是由于世界社会主义与资本主义的并存与较量，各种敌对势力和反动的社会力量的存在与干扰。因此，在看到中国特色社会主义凯歌行进的同时，又要清醒地看到中国特色社会主义道路的长期性、曲折性和复杂性，未来还将经历严峻的挑战，还将经历深刻的社会革命，还将迎来无数次艰巨而伟大的斗争。

中国道路体现了传承与创新的统一。在中国特色社会主义的艰辛探索中，中国共产党人始终高举中国特色社会主义伟大旗帜，不忘初心、牢记使命，在理论和实践上都做到了一脉相承，保持了思想、路线、方针、政策的连贯性、一致性。与此同时，中国特色社会主义的理论与实践在探索和创新中呈现出阶段性的飞跃发展。从社会主义市场经济思想的提出和实践到社会主义市场经济体制的确立，从建设小康社会目标的提出到全面建成小康社会目标的确定，从设想基本实现现代化强国的目标到绘制建成富强民主文明和谐美丽的社会主义现代化强国、实现中华民族伟大复兴中国梦的蓝图，从改革开放开启的新时期到继往开来的新时代，中国特色社会主义在向纵深发展，向更高层次迈进。中国特色社会主义的巨大活力还来自它对中华优秀传统文化的创造性转化、创新性发展和对世界文明成果的借鉴。中华优秀传统文化、革命文化是当代中国社会发展的深厚土壤，是中国特色社会主义的文化之根。任何有长久生命力的社会有机体都是不能离开人类文明发展大道而孤立存在和发展的。当代中国的崛起得益于社会主义先进文化的引领，得益于中华优秀传统文化的滋养，得益于对世界文明成果的学习和吸收。没有继承就没有延续，也就没有创新的基础；同样，没有借鉴也不可能实现真正的创新。

三　中国特色马克思主义哲学面对的理论问题与现实挑战

真正的哲学是时代精神的精华。运用马克思主义哲学智慧分析中国道路，是为了更好地直面现实，解决中国特色社会主义建设发展中面对的突出问题。我们应该看到的是，虽然马克思主义哲学在中国特色社会主义的伟大实践中快速繁荣发展起来，哲学学科体系不断健全，研究队伍不断壮大，研究成果不断增加。但仍面对着许多新问题、新挑战，需要从理论与现实中观察与反思，发挥出哲学关注社会现实与引领时代精神的重要作用。

哲学对时代问题关注不够、聚焦不够，存在脱离时代及其重大问题的现象。主要原因是两个方面：一是对马克思主义哲学自身的实践品格认识不足，轻视对现实问题的研究，热衷于书斋式的学问。二是理论准备不足和哲学视野不够，停留在几十年一贯制的研究方法或传统的理论话语上，拒绝方法论的创新和哲学理论的更新，缺乏对世界哲学和科学理论发展新成果的借鉴与吸收，因而难以形成对重大现实问题和理论问题的深度哲学研究，难以形成有中国特色和强烈现实感的哲学热点问题。其实，改革开放以来，我国马克思主义哲学在学术研究和现实研究有机结合上形成过一些好的传统，在关注和回应社会实践发展中提出的重大问题方面取得过不少的成就。但是，与时代进步和社会发展要求相比较，哲学的作用仍显得苍白。以哲学特有的方式关注现实重大问题的传统需要在新的历史条件下继续保持和发扬。

哲学自觉和自信不足，仍未摆脱哲学研究的"学徒"状态。满足于对西方哲学研究范式和西方哲学问题"学着说""照着说""跟着说"的思维习惯，缺乏"对着说""反着说""接着说"的批判性思维和创新性思维。20世纪80年代以来，国外哲学特别是国外马克思主义哲学研究著述被大量翻译介绍进来，对中国马克思主义哲学研究产生了很大影响。关注和重视国外的研究成果无疑有助于促进我们对西方社会的了解和对新的哲学视野、哲学方法的学习。但如果缺乏批判性地分析和借鉴，而仅仅停留在"外哲"或"外马"的话语或语境中，那么是不可能真正建构起中国特色马克思主义哲学的。

哲学的语境错位，即忽略传统和现代、国外社会发展和中国社会发展的不同情境的差异。对马克思文本中在特定语境下提出的范式、观点不加条件限制地泛用乃至滥用，把西方学者在西方社会条件下提出的某些观念简单地移植到中国问题的分析中来。例如，简单套用"后现代的"话语来分析中国当前的问题；忽略不同社会制度的区别而放大"资本逻辑"的作用和使用范围；缺乏对西方文明和东方文明特别是中华文明的全面比较和分析，产生"西方文明中心论"或"东方文明中心论"的偏颇。

当今世界历史发展和世界格局发展变化所带来的世界性问题，需要中国的哲学面向世界。当今世界历史发展出现许多新特征，世界历史进程正在发生重大而深刻的变革。社会主义在曲折发展，资本主义遇到新的危机，全球化向纵深拓展，世界格局正在发生新变化。恐怖主义、单边主义、核竞赛、难民问题、气候问题成为困扰全世界的问题。自由主义的理念在现实面前处处碰壁、遭遇尴尬。全球公正、国际秩序的问题或再次更加凸显。世界正在经历百年未有之大变局；"变局"的根本原因和内在规律值得深入研究。东方世界与西方世界的关系如何，中国在世界变化格局中的地位如何，正在形成的新的世界体系将会怎样，这些问题都需要在新的世界历史视野下进行研究并做出回答。

新科学技术特别是人工智能、网络技术等的发展对社会生活各个领域产生了深刻影响。人工智能对人类道德和思维提出了新的挑战。信息化是现代化的主要标志和主要趋势。网络已经成为当代社会生活、工作的纽带和工具，网络信息技术全面融入社会生产生活，深刻改变着全球经济格局、利益格局、安全格局。信息技术革命日新月异，对国际政治、经济、文化、社会、军事等领域的发展产生了深刻影响；数字化、网络化、智能化深入发展，在推动经济社会发展、促进国家治理体系和治理能力现代化、满足人民日益增长的美好生活需要方面发挥着越来越重要的作用；互联网越来越成为人们学习、工作、生活的新空间，越来越成为获取公共服务的新平台。马克思主义哲学创始人对当时的每一项新的重大科学发现都感到欢欣鼓舞，并对科学技术的社会作用给予高度重视。今天，我们依然需要保持这种对待科学技术重大进展或成果的哲学敏感。

哲学发展必须面向现代化。中国正在置身于现代化进程之中。一般现代化进程中的矛盾、现代化发展的规律，各个国家的现代化与世界现代化进程的关系，中国现代化的内驱力、内在矛盾和发展模式，等等，呼唤着现代化的哲学和哲学的"现代化"。中国现代化进程是在各种错综复杂的矛盾中存在和展开的。社会主要矛盾的转化、社会主要矛盾的解决、社会发展不平衡不充分的问题，已成为当下社会发展的突出问题；"中等收入陷阱""修昔底德陷阱""塔西佗陷阱""马尔萨斯陷阱"在困扰着人们。这些问题或矛盾需要哲学智慧的回应与解答。

四 中国特色马克思主义哲学的发展路径

直面中国特色马克思主义哲学的理论问题与现实挑战，需要当代中国马克思主义哲学立足新时代，把握中国和世界发展的历史大趋势，遵循哲学自身的特点和发展规律，深入发掘马克思主义哲学的精髓，充分吸收中国传统哲学资源和国外哲学发展新成果，融汇中国传统哲学智慧和西方哲学智慧，在内容和形式、理论和方法上不断突破，发展创新。

在"中国特色"上下功夫。中国特色不仅仅表现在语言风格上，更重要的是体现在立足中国实践、总结中国经验、解读中国道路、概括中国理论、回答中国问题上。正确把握中国社会发展、世界格局变化、科学技术发展的新特点、新问题，以深化改革开放以来兴起的中国特色的实践哲学、发展哲学、生活哲学、价值哲学等为抓手，聚焦人民美好生活、社会发展不平衡不充分、现代化发展道路、精神价值世界、人类命运共同体等重大问题，梳理和提炼中国传统哲学精华和马克思主义哲学研究已有的成果，深化对中国特色社会主义实践和理论中蕴含的哲学思想的研究，力求凝练具有中国风格的新的学术概念和研究范式，形成中国特色的哲学话语体系和学术体系。

寻求新的哲学生长点。秉持"立历史之潮头，发时代之先声"的使命感，认真捕捉重大和紧迫的理论前沿问题，努力发现新的哲学生长点，铸就体现时代精神和民族特色的哲学理论。一要找准重要的理论和现实问题，并加以深入研究，如社会发展理论或新发展观与社会主要矛盾转化，世界历史理论与人类命运共同体的构建，现代化理论与传统向现代的转化机制和规律等，日常社会生活与价值观念嬗变等，都是亟待加强和深入研究的问题或领域；二要加强哲学方法论的整体性研究，形成历史研究、经典研究、原理研究和方法研究有机结合的研究范式；三要以马克思主义哲学为主导，深入探索传统哲学和现代哲学、中国哲学与外国哲学之间的契合点或连接点，使马克思主义哲学成为与中国传统哲学和外国哲学的精华相融通的当代中国哲学智慧。

　　高度重视和加强新时代马克思主义哲学的专业教育，加强中国特色马克思主义哲学的教育。加强马克思主义哲学学科建设、专业教育，具有十分重要的意义。新中国 70 年思想理论建设的一个宝贵经验，就是高度重视马克思主义哲学的教育，用科学的理论武装全党和教育青年学生。马克思主义哲学是中国共产党人的看家本领。中国特色高等教育的重要经验和重要成就之一，就是在大学开设马克思主义哲学专业和课程，培养和造就了一大批具备马克思主义哲学素养的人才，这些人才在社会主义建设事业中发挥了重要作用。当前，高校马克思主义哲学专业教育和课程建设有所削弱，必须引起重视。我们不仅要充分认识马克思主义哲学专业建设的特殊性和重要性，认识进行中国特色马克思主义哲学教育的紧迫性，而且要认识中国特色马克思主义哲学作为通识课开设的必要性。

　　促进哲学跨学科、交叉学科的研究。融汇马克思主义哲学与中国哲学、西方哲学的研究成果，吸收和借鉴传统的、外来先进的合理元素；消除或化解马克思主义哲学内部的条块分割或学科壁垒，加强对马克思主义哲学各分支的整体性和系统性研究，推进马克思主义的伦理学、科技哲学、美学、政治哲学、经济哲学、价值哲学、管理哲学等具体领域之间的互动研究与整合研究。积极展开国际学术交流和学术对话，使中国的马克思主义哲学研究者进一步了解和走近世界哲学，也让世界进一步了解中国的马克思主义哲学研究。改革开放以来，国外哲学特别国外马克思主义哲学研究对我国马克思主义哲学研究产生过较大影响。一是传统的西方马克思主义，如早期西方马克思主义者卢卡奇、科尔施、葛兰西等人的思想，以及后来的法兰克福学派和结构主义的马克思主义学派；二是当代欧美马克思主义研究的各种哲学流派，以及德国、日本的马克思和恩格斯著作的文献考证和研究；三是当代国外政治哲学思潮，如自由主义、社群主义等。与这些流派或哲学思潮的交流与论战，客观上能促进我国马克思主义哲学研究者的思考。一方面，我们需要认真对待国外学者取得的研究成果，了解他们对国外资本主义社会的批判和对世界发展趋势的分析，了解其提出问题的角度和研究问题的方法，吸收其合理因素；另一方面，要注意甄别良莠，对于违背马克思主义哲学基本立场、观点和方法的错误思潮，应进行分析批判。

探索构建中国特色马克思主义哲学形态。如果把 20 世纪 30 年代毛泽东《实践论》和《矛盾论》的问世，以及艾思奇《大众哲学》的发表作为开端，马克思主义哲学中国化至今已走过 80 多年的历程。改革开放以来，中国哲学界的学者在中国化的马克思主义哲学研究方面推出了大量论著，或者说在中国特色马克思主义哲学的研究上做了许多努力，取得了许多成果。目前讨论的"中国特色马克思主义哲学"概念，是以改革开放以来中国特色社会主义的理论与实践为背景，以中国特色社会主义进入新时代为重要契机提出来的。现在论及的"构建中国特色马克思主义哲学形态"，主要是指在新时代的语境下，确立与中国特色社会主义进入新时代相适应的，能够引领或指导中国未来社会进步、实践发展和精神前行的，具有中国风格和中国气派的马克思主义哲学的研究范式、话语体系、理论形态。

构建中国特色马克思主义哲学形态，需把握原则、内容和形式（体系）等几个方面。一是在构建原则上，应以习近平总书记《在哲学社会科学工作座谈会上的讲话》精神为指导，坚持三个"体现"的原则，即"体现继承性、民族性"，"体现原创性、时代性"，"体现系统性、专业性"。要继承马克思主义经典作家创立的哲学思想，继承中国传统哲学思想的精华，继承马克思主义哲学中国化长期积累的成果，继承中国特色社会主义理论中的哲学思想；要吸收人类哲学智慧特别是当代世界哲学研究的新成就，体现或反映新时代的时间要求和思想精华，力求在哲学方法、概念、观点、体系等方面创新。要遵循哲学研究和哲学教育发展的规律，全面系统地阐释马克思主义哲学的理论观点和理论体系。二是在内容上，既要全面反映马克思主义哲学的基本思想，又要突出体现中国特色社会主义理论体系中的创新成果和中外学术界的最新成果。要结合中国社会实践和思想理论发展的实际，及时概括和总结当代中国的新发展观、社会矛盾观、核心价值观等具有原创性的思想，深入阐释"人和自然是生命共同体""构建人类命运共同体"等重要思想和命题，充分吸收学界在本体论、认识论、历史观、辩证法、价值论、方法论等领域的研究成果。三是在形式或体系上，要积极研究探索和总结概括出符合科学理论原则和哲学内在逻辑的学术理论体系、教科书体系和表达方式，倡导百花齐放、百家争鸣。

总之，走好新时代中国特色马克思主义哲学的"守正创新"之路，既要回归和坚守马克思主义哲学的本性和使命，又要超越狭隘的眼界和陈旧的研究范式，赋予当代中国马克思主义哲学研究以新的活力。马克思主义哲学崇尚实践，具有强烈的时代性和现实感。在当代中国，马克思主义哲学就像经常被比喻为的报晓的雄鸡和智慧的猫头鹰那样，既充当了当代中国社会改革与发展的理论先导和思想支撑，又对探索中国道路过程中的智慧和经验进行了总结和概括。因而研究马克思主义哲学不应仅局限于历史、文本，而要把理论同现时代的实践生活联系起来；不应仅是对"过去"的研究，而且要关注"现实"和"未来"。相较于其他哲学理论或哲学学科，马克思主义哲学应更加强调对时代生活的深层次把握和对未来趋势的前瞻。不能把对现实问题的哲学研究等同于哲学点缀或经验式的论证，也不能肆意发挥、"标新立异"，离开马克思主义哲学之根本。发展中国特色马克思主义哲学、构建中国特色马克思主义哲学形态，就是在发展 21 世纪的马克思主义，发展当代中国的马克思主义。

多样互补：混合型经济结构的潜能和优势

郭　湛

郭湛，中国人民大学荣誉一级教授，教育部社会科学委员会哲学学部委员、学部秘书长，中国辩证唯物主义研究会副会长

中国改革开放 40 余年，逐步发展起一种混合型的中国特色社会主义经济结构。在这种经济结构中，以社会主义公有制经济形式为主导，包容并发展了其他所有制经济形式，形成多样互补的生产关系体系，成为促进当代中国乃至世界生产力发展的新经济形式。同改革开放之前单一僵化的社会主义计划经济体制相比，这是一种具有中国特色的混合型经济结构和制度模式。从唯物史观的高度看，社会物质生产归根到底是历史发展的决定性因素。当代中国长时间保持经济增长的较高速度，成就了举世公认的"中国奇迹"，根本原因就在于我国向混合型经济结构体系的变革，全面并深入地解放了中国社会的生产力。中国当代社会发展的潜能和优势，从经济基础上说，就是多样互补的混合型中国特色社会主义经济结构的潜能和优势。

一　从历史走向未来的现代社会

我们现今生活于其中的现代社会，是人类历史长河千年万年流淌至今的产物。在这个意义上，社会发展是一个自然历史过程，有其内在的不以人的意志为转移的规律性。正如马克思、恩格斯所言：我们周围的感性世界"是历史的产物，是世世代代活动的结果，其中每一代都立足于前一代所奠定的基础上，继续发展前一代的工业和交往，并随着需要的改变而改变他们的社会制度"[①]。现实的人是历史的存在，最现实的问题就是要知道自己处于怎样的时空环境，从何处来，向何处去。了解已有历史给予我们的现实条件，把握历

[①] 《马克思恩格斯选集》第 1 卷，人民出版社 2012 年版，第 155 页。

史发展的基本趋势，发挥个人和群体作为主体的自觉能动作用，正确认识和改变世界，就能卓有成效地参与人类历史的创造。中华人民共和国成立70年，特别是改革开放40年，是中国人民在共产党领导下自觉能动而又卓有成效地创造当代中国乃至世界历史的宏伟历程。

中华文明有五六千年有文字记载的历史，在历史上曾经长期处于世界前列，是当时世界上最大的经济体，多次处于世界文明高峰之上。所以，在经历近两百年落后状态后，当中国将再度登上世界之巅时，用"崛起"已不能确切描述这个历史事件了。如果说初次问鼎世界第一大国地位可谓"崛起"，那么，再二再三回到世界前列这个位置就是"复兴"。中华民族即将迎来中华文明在当代的伟大复兴。至于说这是中华文明在人类历史上第几次复兴，则需要详细的历史考证和论证。在西方发生文艺复兴和工业革命之前，中国的商周、秦汉、唐宋乃至明清之际，无论经济、政治、社会、文化都曾居于当时世界前列，这一点是没有疑问的。

当然，我们不能沉浸在以往历史中，满足于祖上曾经如何风光的回忆。有志气有抱负的中华儿女应当继承和创新古老的中华文明，以自己不懈的奋斗在当代和未来实现和延续中华民族伟大复兴，并为人类命运共同体的构建做出卓越贡献。自觉的实践行动是以自觉的理论认识为指导的。我们在当代实践中的自觉行动，应当建立在对当代中国和世界发展现实和发展趋势自觉认识的前提下，这样才不至于在充满复杂性和不确定性的环境中陷入困惑、迷茫或盲目。

面对复杂多变的现实世界，人们感到困惑的问题很多，而在当代最大的也是最深层的困惑，是社会经济形态及其发展趋势问题。因为我们知道，整个社会的现实基础在于经济，这种现实是由历史发展而来的，不了解历史就不理解现实。理解现实的矛盾或问题，洞察历史的大势或规律，才能在不断的探索中解除困惑，解决面对的现实矛盾或问题。当代中国经济和社会的迅速发展及其在世界范围内影响力的增强，使我们不仅在实践领域而且在理论领域中越来越接近世界舞台的中心。直接面对当代中国和世界重大矛盾或问题的中国自然科学和人文社会科学研究，将会做出越来越重要的理论贡献，产生越来越深远的实践影响。

人类从传统社会转变到现代社会，世界进入资本主义时代，创造了不同于中世纪的现代文明。这是一种以资本主导的商品生产和市场经济为特征的文明形态。随着资本、商品、市场的全球性扩张，现代经济越来越全球化，这就是马克思所说的"世界历史"时代。资本主义经济是私有制生产关系的现代形态。现代资本主义的发展和资本文明的扩张具有历史的必然性。恩格斯说："根据唯物史观，历史过程中的决定性因素归根到底是现实生活的生产和再生产。"[①]"经济运动是最强有力的、最本质的、最有决定性的。"[②]"通过各种偶然性来为自己开辟道路的必然性，归根到底仍然是经济的必然性。"[③]

从唯物史观的立场看，社会经济关系即生产关系的总和，从根本上决定着社会存在和社会意识的历史面貌。那么，当今中国和世界正处于怎样的历史时期？从社会经济形态来看，当代中国和世界处于怎样的经济关系即生产关系之中？在不断涌动的历史潮流中，现代社会将如何走向未来社会？

二　过渡时期多种经济形式并存

现代社会从世界范围的总体来说，多数国家依然处于资本主义时代。当今世界的全球化的主要特征是资本的全球化，或者说是资本主义的全球化。但20世纪以来的世界已不同于此前的世界。在资本主义占据主导地位的世界上，自俄国十月革命以来，资本主义与

① 《马克思恩格斯文集》第10卷，人民出版社2009年版，第591页。
② 同上书，第601页。
③ 同上书，第669页。

社会主义的经济形式并存、互动和转化的情况时有发生，几乎成为社会变化的"常态"。当然与此同时，还有其他经济形式的存在和变化，所以不仅是两种形态，而且是多种形态的生产关系并存互补和转化。列宁在1918年就指出，当时俄国经济制度中有如下几种成分："（1）宗法式的，即在很大程度上属于自然经济的农民经济；（2）小商品生产（这里包括大多数出卖粮食的农民）；（3）私人资本主义；（4）国家资本主义；（5）社会主义。"① 他在1922年说："向共产主义的过渡也可以通过国家资本主义，只要国家政权掌握在工人阶级手中。"② "这是一条引导我们前进，走向社会主义和共产主义（社会主义的最高阶段）的路线，决不会引导我们倒退到封建制度去。"③

"二战"结束，继苏联之后，包括中国在内世界上一些国家建立了社会主义制度，20世纪中期以后一度形成社会主义和资本主义两大阵营的对立。在激烈的世界性竞争中，苏联和东欧僵化的制度模式束缚了经济发展。当时一些政治家也曾有过改革的愿望，甚至提出所谓"新思维"，但由于错综复杂的历史原因未能成功。最终导致苏联解体、东欧剧变，许多国家放弃社会主义、回到资本主义。然而历史没有如福山所说的那样到此"终结"，历史过程中的挫折和反复并不意味着历史不再前进。中国依然坚持社会主义道路，通过改革开放不断探索和创新，呈现出勃勃生机。

人们不禁要问，既然现代世界是由资本主义全球化主导的，那么为什么还有社会主义经济和政治制度立足之地？中国特色社会主义经济在当代世界经济体系中建立并发展的根据何在？或者说，在一个资本为主导的当代世界上，像中国这样的社会主义经济制度得以存在并发展的原因何在？回顾一个世纪以来的世界历史，应当承

---

① 《列宁选集》第3卷，人民出版社2012年版，第522页。
② 《列宁选集》第4卷，人民出版社2012年版，第709页。
③ 同上书，第710页。

认，从经济制度的历史性特征看，资本主义经济制度和社会主义经济制度都属于现代社会经济制度范畴，本质上都是商品经济、市场经济社会形态。只不过由于各种所有制和经营方式不同，由于与相应的政治法律制度和社会意识形态的关系不同，资本主义偏重于私人性即个体性，社会主义偏重于社会性即公共性。而在经济、社会和文化中的私人性和公共性是对立统一的，在辩证的矛盾关系中相互联系、相互依存而又相互转化。无论采用哪种制度形式，社会生活中的私人性即个体性同社会性即公共性的关系都是必须面对的现实矛盾，而对待和解决这一问题的立足点或侧重点可能完全不同。但现代世界包括每个国家内部的各种经济形式并不是水火不相容的，它们可以并存、共处、竞争、转换，在多样互补中发展。20 世纪世界经济制度色彩反复变换的历史过程，深刻表明生产关系中的个人性、私人性与社会性、公共性对于生产力发展作用的消长，导致国家社会治理和观念意识形态重心的偏移。

20 世纪 30 年代西方国家的经济危机以及随之而来的"二战"，动摇了人们对于私人资本主义的信念。法国学者托马斯·皮凯蒂说："许多国家选择了在更大程度实行干预主义。……人们开始思考不同类型的'混合'经济，在传统的私人财产形式之外寻求对企业的不同程度的国家所有权，或者至少是对金融体制乃至整个私人资本主义经济体制实行强有力的公共监管。""当时的法国实行混合经济，在某种意义上说是没有资本家的资本主义，或者至少可以说是规模最大的一些企业不再受私人资本控制的国家资本主义。"[①] 这种"国有化"浪潮也发生在其他国家，例如英国。法国的公共所有制在1950—1980 年的兴盛之后，从 1980 年起滑落到很低水平，私人财富（包括金融资产与房地产）到 2010 年接近 6 年的国民收入，是公共财富总额的 20 倍。私人财富和公共财富的对比关系不断变化，始终

---

① ［法］托马斯·皮凯蒂：《21 世纪资本论》，巴曙松译，中信出版社 2014 年版，第 137—138 页。

不变的是其形态的多样性。"如今的发达国家并不只有一种资本主义形态或组织生产方式：我们生活在混合所有制经济中，尽管不同于'二战'后人们所设想的混合所有制经济，但至少非常真实。这在未来还将继续存在，甚至会越发丰富多彩：新的组织和所有权形式将继续涌现。"① 现代经济形态的多样性和变动性是一个基本事实，而生产关系即经济关系变化和调整的根源就在于生产力发展的要求。

严酷的历史和现实反复告诉我们，在以资本为主导的世界上，并不是任何形式的社会主义都能站住脚的。早期空想社会主义"乌托邦"式的试验，巴黎公社走社会主义道路的尝试，苏联及东欧式社会主义的探索，都相继失败了。至今依然坚持社会主义道路的国家，也曾受到苏联模式的影响，有过失误或曲折，只因为坚持从本国国情出发，改革开放，走具有自身特点多样化的市场经济发展道路，才取得成功。对于这些国家来说，首要的任务是发展经济、保障民生、稳定社会。如果经济低迷、民生艰难、社会动荡，任何制度都会遭遇困境乃至危机。

在总体上处于资本主义时代的世界上走社会主义道路的国家，从宏观大历史的尺度看，实质是进入了向未来共产主义社会转变的"过渡时期"。这将是一个漫长的至少需要几个世纪的发展历程。世界历史发展中的这个过渡时期，处在两种社会形态转换的长过程中，其经济结构必然是多样混合的，呈现出亦此亦彼、亦旧亦新的状态。如果只有单一纯粹的一种形态，那就不是过渡时期，而是前过渡时期或后过渡时期了。适应这种过渡时期的思维方式，理应是多样性的思维，正视多样性生产关系即经济关系的并存。面对不同经济关系并存的局面，不仅要看到它们之间的区别、对立和竞争，还要看到它们之间的联系、统一和合作。按照唯物辩证法的理解，在矛盾各方之间既有相互排斥的一面，也有相互补充的一面，构成对立统

---

① ［法］托马斯·皮凯蒂：《21世纪资本论》，巴曙松译，中信出版社2014年版，第497页。

一关系。在简单化的"以阶级斗争为纲"的思维方式中，人们片面强调矛盾的斗争性甚至对抗性，否认矛盾的同一性以及互补性，歪曲了社会生活的辩证法。这种形而上学的思维方式不能合理地解决社会矛盾，特别是生产力与生产关系的矛盾。以往社会主义运动中最大的问题就在这里。

明确我们仍处于由资本主义向共产主义转变的大历史时期，首先就要承认，以资本为主导的市场经济，以及由此而来的各种生产关系形态，这是历史发展的现实经济前提。在此种生产关系的形式中发展生产力，进而带动整个社会的发展，是向未来新社会形态转变的物质基础。特别是对于经济落后的发展中国家，让所有符合现代化进程需要的生产方式得到发展，无疑是其发展的主要形式，甚至可能是目前所能采取的唯一的现代形态。

其次也要承认，发展变化的多样性是过渡时期经济形式的常态。已经走上社会主义道路的国家，由于历史条件和自然与社会环境的复杂性，也不能局限于单一的经济形式。既要坚持社会主义公有制的主导地位，以社会主义生产关系解放生产力；也要允许乃至鼓励其他所有制经济形式的发展，全面发展社会生产力。在本国内部和国际之间向资本主义生产关系开放，推动市场经济健康发展，由此逐步形成多样互补的混合型经济结构。

最后还要承认，起主导作用的社会主义经济代表历史进步的方向。与资本主义经济形态共处的社会主义经济制度，必须坚持在历史发展中的主导作用。不坚持这种主导作用，就意味着放弃自身存在的权利。现代社会经济生活中，人的私人性与公共性是最基本的矛盾关系。资本主义生产关系偏重私人性，社会主义生产关系偏重公共性。二者的极端形态各有利弊，需要妥善处理二者关系。在现代社会中，公有制和其他所有制经济形态各有所长，可以各得其所、优势互补。

三 发挥系统综合的潜能和优势

中国改革开放 40 多年来，我们到底形成了怎样的产业结构和经济制度？可以说，我国已经形成一种多层级的产业结构和以公有制为主体的经济制度，建立了包容资本主义经济形式，并向全球市场开放的中国特色社会主义市场经济结构，广泛而又深入地融入全球化的世界经济体系之中。在这种通过改革不断改善的经济结构中，我们以社会主义公有制经济形式为主导，包容并发展了各种类型的其他所有制经济形式，形成富有开放性和包容性的多样互补的生产关系体系，成为全面而又有效促进当代中国乃至世界生产力发展的经济形式。同改革之前单一僵化的社会主义计划经济体制相比，这是一种具有中国特色的混合型经济结构和社会主义市场经济制度模式。

社会经济形态从单一的公有制经济形式向兼具公有制和非公有制两种经济形式转变，究竟是历史的进步，还是历史的倒退？对于历史过程中的问题，只能历史地、具体地看，而不能超历史地、抽象地看。比如说，20 世纪末香港、澳门回归，将来海峡两岸和平统一，中国"一国两制"的范围越来越大，这是中国的进步还是倒退？当然是历史的进步，而且是中华民族实现伟大复兴的重要标志。对此，我们不能单纯以生产关系、经济制度的"纯洁性"来判断历史过程是否进步，而应采用生产力标准，看它是否有利于社会生产力的发展。如果有利于解放和发展生产力，就是合理的、进步的。中国改革开放形成的这种混合型经济形态即生产关系，对于中国和世界生产力发展的作用如何？40 余年来中国经济和社会的发展已经确定无疑地做出了回答。中国的实践证明，多样而又互补的混合型经济结构具有巨大的创新发展空间和潜力，可以使社会生产力开拓不断优化的发展路径。至于这种经济形态的历史走向，未来的人类历史会做出回答。

正如有的美国学者指出的，"较之美国，中国有两个优势：其一，中国加入自由市场游戏的时间较美国短，尽可能吸取我们的经验教训；其二，中国政府尚未像美国那样已被强大的私有企业所垄断。这意味着，中国可能有机会为其经济发展另辟蹊径，从而在享有市场经济的要义精髓的同时，避免资本主义的弊病"①。中国借鉴和利用了当代西方资本主义生产方式的优势，又避免了单纯资本主义经济模式的弊端，形成多种经济形态既相互竞争又相互合作的态势。同单一僵化的经济形态相比，多样互补的经济模式显然更具有综合优势。这种混合型的生产关系整合为社会的经济基础，无疑具有综合的性质。在这个意义上可以说，由私有制的资本主义向公有制的共产主义转变的整个过渡时期，生产关系即经济关系是混合型的，具有系统综合性，可以称为"综合经济基础"。

从唯物史观的立场上看，社会物质生产归根到底是决定性的因素。而中国之所以能够长时间保持较高的经济增长速度，根本原因在于我国由单一型向混合型的所有制的改革，全面解放了社会生产力。中国经济运行如同"海纳百川，有容乃大"。生产关系是生产力要素的结合方式。任何特定的生产关系都有其长处和局限，多样互补的生产关系结构，更有利于全方位、持续性地发挥社会生产力的巨大潜能。当代中国经济和社会发展中显示的潜能和优势，从经济基础层面上说，就是多样互补的混合型中国特色社会主义经济结构的潜能和优势。这是新中国成立70年来，特别是改革开放40年来我国经济和社会发展的基本经验。对这一历史经验的理论总结，有利于我们理解唯物史观关于生产力和生产关系矛盾运动的基本原理，掌握变革生产关系以解放生产力的方法论，克服简单、片面、僵化的思维模式，正确运用历史辩证法的思维方式，推进历史唯物主义理论创新。

---

① 〔美〕巴恩斯:《资本主义3.0》，吴士宏译，南海出版社2007年版，第8页。

　　在唯物史观的视野中，立足当代看未来，凡是现实的都是要被超越的。马克思说："资产阶级生产形式是一种历史的和暂时的形式。"① 无论经过怎样漫长和曲折的过程，人类历史终究是要向前发展的，不会轻易"终结"在某个历史形态上。从本性上说，人是主体性存在，社会是公共性存在。社会公共性以人的主体性为前提，而人的主体性也以社会公共性为条件。社会公共性的增长是社会进步的重要尺度。未来的共产主义社会，作为"自由人的联合体"，是人的主体性和社会公共性发展的理想状态。如果说在今天想象这种社会状态，似乎是一种"乌托邦情结"，那么可以借用英国学者鲁斯·列维塔斯的话来回答："乌托邦是对企盼更好的存在方式这一欲望的表达。"② 中国特色社会主义的实践，正在把人们梦寐以求的理想一步步变为现实。只要这种努力持续下去，中国和世界越来越多的人参与进来，建构人类命运共同体也就不再遥不可及。

（本文原载《中共宁波市委党校学报》2020 年第 1 期）

---

　　① 《马克思恩格斯文集》第 10 卷，人民出版社 2009 年版，第 50 页。
　　② ［英］鲁斯·列维斯塔：《乌托邦之概念》，李广益、范轶伦译，中国政法大学出版社 2018 年版，第 11 页。

中国道路：现代文明转向与社会主义创新的思想自觉

漆　思

漆思，西北政法大学副校长，二级教授，中国人民政协理论研究会理事

中国道路的实践探索是引领现代文明转向与社会主义创新发展的世界历史事件,具有重大而深远的世界历史意义。现代中国已不是传统社会的"中国之中国"与"亚洲之中国",而是当今全球化大变局中的"世界之中国"。中国在 20 世纪以来现代世界历史发展进程中的地位与影响与日俱增,不仅与举世瞩目的东方大国实现现代化复兴的"中国奇迹"有关,更与中国道路所引领的现代文明转向和社会主义创新的历史大势契合。立足唯物史观的当代视野,阐发中国道路引领的现代文明转向与社会主义创新的历史逻辑和价值理念,把握思想中的新时代,实现新时代中国特色社会主义创新发展的思想自觉,为当今世界格局变革与人类文明发展提供中国理念和中国方案,这是在新时代阐发中国道路应有的历史视野与思想立场。

一　中国道路与现代文明转向的历史逻辑

现代文明变革通常是指由西方率先启动的从农业文明转向工业文明的社会革命。西方社会经由文艺复兴、地理大发现、宗教改革、启蒙运动、科技革命、工业革命、资产阶级政治革命等一系列社会变革,形成了西方模式的现代文明,在资本逻辑推动下构建了资本主义社会,并通过殖民主义全球扩张,形成了"东方屈从于西方"的现代世界格局。中国道路的实践探索,推动了西方模式主导的资本主义现代文明的深刻转向,开启了现代世界格局的历史性变革。

1. 中国道路与资本主义现代文明的转向

马克思基于对西欧社会历史变革经验的考察,认为现代社会即资产阶级社会或者现代文明即资本主义文明,资本主义成为现代文明的代名词。马克思开始将资本主义现代文明视为具有普遍性意义的世界历史变革，但马克思晚年通过对东方社会发展道路的深入思考，认为现代历史发展存在着跨越资本主义"卡夫丁峡谷"的可能性。马克思主义把对现代文明的批判聚焦于资本主义的历史批判，在世界历史的开创中扬弃资本主义现代文明，探寻科学社会主义的新道路与新文明。

按照唯物史观的考察，由于生产力与生产关系的矛盾运动，在资本主义现代文明内部孕育了不断消解资本主义的现实的共产主义运动。马克思指出："共产主义对我们来说不是应当确立的状况，不是现实应当与之相适应的理想。我们所称为共产主义的是那种消灭现存状况的现实的运动。"① 资本主义的发展史，同时也是不断超越资本主义现代文明的社会主义运动史。以往历史上的社会主义革命，虽然时有爆发，如法国巴黎公社的革命实践甚至包括俄国革命实践，但始终没能找到真正超越资本主义文明的社会主义道路。

列宁领导的十月革命试图建立超越资本主义文明的社会主义文明，但由于俄国社会历史的特殊性以及列宁的去世，使得俄国社会主义实践并未能探索出真正超越资本主义现代文明的社会主义道路。斯大林及后继者更关注的是如何建立和巩固苏联国家政权，立意并非在于自觉创建一种真正超越资本主义现代文明的社会主义文明。实际上苏联后来对内的高度专制和对外的殖民主义、霸权主义行径，更表明了探寻社会主义道路的艰巨性与曲折性，这是需要我们重新审视的重大历史课题。这一重大历史课题的根本问题在于：如何才能探寻到真正超越资本主义现代文明的社会主义道路并实现社会主义的创新发展。中国道路的实践探索，其重大历史使命与世界历史意义也正在于此。

考察世界社会主义发展的历史，正是中国道路让中国这一东方

---

① 《马克思恩格斯选集》第 1 卷，人民出版社 1995 年版，第 87 页。

古老文明焕发了生机活力并实现了现代化的新生，探索超越资本主义现代文明的社会主义文明，开启了社会主义创新发展的新境界。20世纪以来中国共产党领导中国人民一直艰辛探索革命与现代化的中国道路，从毛泽东探索"中国革命道路"与"中国式的现代化"，经过邓小平坚持"走自己的路，建设有中国特色的社会主义"，到习近平高举中国特色社会主义伟大旗帜，把中国特色社会主义推进了新时代。"中国特色社会主义，是科学社会主义理论逻辑和中国社会发展历史逻辑的辩证统一，是根植于中国大地、反映中国人民意愿、适应中国和时代发展进步要求的科学社会主义，是全面建成小康社会、加快推进社会主义现代化、实现中华民族伟大复兴的必由之路。"① 中国道路探索的实质，就是坚持社会主义发展方向，通过实践探索，创建真正超越资本主义现代文明的社会主义文明，为人类文明真正走向世界历史时代提供中国经验和中国智慧。中国道路的创新实践，实现了对西方资本主义道路及传统社会主义模式的双重超越，探索出了中国特色社会主义的发展道路。

2. 中国道路与社会主义的实践探索

中国道路实践探索中的重大问题，就是要回答"什么是社会主义，怎样建设社会主义"这一中国特色社会主义建设的首要的基本问题。马克思主义经典作家在批判考察资本主义的基础上揭示了走向未来共产主义的基本原理，由于没有社会主义的实践经验，对现实的社会主义创建不可能提出具体规划，需要历史实践做出现实的回答。苏联与东欧社会主义建设的历史教训表明，能否自觉坚持社会主义道路并推进社会主义创新，决定着社会主义发展的前途命运。毛泽东进行了新民主主义革命、社会主义革命与社会主义建设的中国道路的开创性探索，为探索中国革命与社会主义现代化建设的中国道路奠定了重要基础。邓小平在总结中国社会主义建设的经验教

---

① 《十八大以来重要文献选编》（上），中央文献出版社2014年版，第118页。

训时指出："但问题是什么是社会主义，如何建设社会主义。我们的经验教训有许多条，最重要的一条，就是要搞清楚这个问题。"① 邓小平指出："社会主义本身是共产主义的初级阶段，而我们中国又处在社会主义的初级阶段，就是不发达的阶段。"② "社会主义的本质，是解放生产力，发展生产力，消灭剥削，消除两极分化，最终达到共同富裕。"③

习近平指出："邓小平同志开创了中国特色社会主义，第一次比较系统地初步回答了在中国这样经济文化比较落后的国家如何建设社会主义、如何巩固和发展社会主义的一系列基本问题，用新的思想观点，继承和发展了马克思主义，开拓了马克思主义新境界，把对社会主义的认识提高到新的科学水平。"④ 中国特色社会主义道路，既不照搬资本主义现代文明的西方模式，也不照搬传统社会主义的苏联模式，而是坚持解放思想、实事求是，建设有中国特色的社会主义，开创了社会主义创新发展的新篇章。

中国道路的探索，是科学社会主义理论逻辑与中国社会发展历史逻辑相统一的伟大实践。马克思主义经典理论主要批判了资本主义文明，揭示了科学社会主义的基本原理，但如何建设社会主义文明，需要通过当代中国马克思主义的创造性历史实践来做出回答。以毛泽东思想为指导的中国革命与中国社会主义现代化建设，正是中国道路探索的历史与理论起点。改革开放以来中国探索建设有中国特色的社会主义，形成了邓小平理论，标志着中国道路探索的理论自觉与实践自觉。经过"三个代表"重要思想和科学发展观对中国特色社会主义理论的发展，党的十八大以来中国特色社会主义进

---

① 《邓小平年谱（1975—1997）》（下卷），中央文献出版社2004年版，第1037页。
② 同上书，第1203页。
③ 《邓小平思想年谱（1975—1997）》，中央文献出版社1998年版，第460页。
④ 《习近平谈治国理政》，外文出版社2014年版，第22页。

入新时代,确立了习近平新时代中国特色社会主义思想,这是马克思主义中国化的最新理论成果,形成了当代中国马克思主义,标志着中国道路探索的重大创新。

习近平指出:"中国特色社会主义进入新时代,意味着近代以来久经磨难的中华民族迎来了从站起来、富起来到强起来的伟大飞跃,迎来了实现中华民族伟大复兴的光明前景;意味着科学社会主义在二十一世纪的中国焕发出强大生机活力,在世界上高高举起了中国特色社会主义伟大旗帜;意味着中国特色社会主义道路、理论、制度、文化不断发展,拓展了发展中国家走向现代化的途径,给世界上那些既希望加快发展又希望保持自身独立性的国家和民族提供了全新选择,为解决人类问题贡献了中国智慧和中国方案。"① 中国道路的实践探索,坚持了科学社会主义的发展方向,契合了中国社会现代化发展的需要,避免了成为资本主义现代世界体系的附庸,超越了西方资本主义现代文明模式,提供了发展中国家快速实现现代化的中国经验,开创了当代社会主义创新发展的新境界。

二 中国道路与社会主义创新发展的价值理念

中国道路引领了现代文明转向,实现了对资本主义发展模式与传统社会主义发展模式的超越,为当代社会主义创新发展提供了价值理念。深入总结和阐发中国特色社会主义实践探索的价值理念,成为推进新时代中国特色社会主义发展的重大课题。

1. 中国道路的自主发展理念

中国道路是中国人民主宰自己的命运、探索中国特色社会主义的自主发展道路。邓小平指出:"只有社会主义才能救中国,只有社会主义才能发展中国。……为什么说我们是独立自主的? 就是因为

---

① 习近平:《决胜全面建成小康社会 夺取新时代中国特色社会主义伟大胜利——在中国共产党第十九次全国代表大会上的报告》,人民出版社 2017 年版,第10 页。

我们坚持有中国特色的社会主义道路。否则，只能是看着美国人的脸色行事，看着发达国家的脸色行事……那还有什么独立性啊！"①"中国的事情要按照中国的情况来办，要依靠中国人自己的力量来办。独立自主，自力更生，无论过去、现在和将来，都是我们的立足点。"② 中国道路在革命与社会主义建设、改革开放的各个历史阶段都贯穿着自主发展的主导理念。毛泽东领导的新民主主义革命，追求的目标正是建立独立自主的社会主义新中国，中国人民站起来了，终结了近代以来中华民族内忧外患的命运。历史表明，中国革命的胜利不是照搬别国革命的模式，不是盲从共产国际的主张，而是立足中国社会的历史与现实，探索出了中国革命的成功道路。中国道路是从中国实际出发，在学习、借鉴世界先进经验的同时，决不放弃独立自主的主张，不追随新自由主义的"华盛顿共识"，不相信"历史的终结"，不盲从当代资本主义发展模式，也不固守传统社会主义发展模式，而是选择了自主融入全球化的改革开放战略，坚定不移地坚持走中国特色社会主义道路。雷默指出："中国人希望控制和管理自己的全球未来，并使其具有地方特色。这使他们本能地反对那种后华盛顿共识的解决方案，使他们自始至终远离第一世界的经济建议，北京决意找到自己的道路。"这就需要我们旗帜鲜明地坚持社会主义的自主发展道路："历史经验告诉我们，建设社会主义最重要的不是有没有详尽的蓝图，而是有没有认清社会主义方向的视野？有没有不相信历史已经终结的睿智？有没有不折不挠地迈向社会主义未来的勇气？有没有不断探索实现社会主义理想新途径的胆略？"自主发展是中国道路探索的主导性理念，放弃了独立自主性，就丧失了坚守社会主义发展方向的战略定力。

2. 中国道路的人民本位理念

人民本位是中华文明的政治传统，也是中国道路的价值立场。

---

① 《邓小平文选》第3卷，人民出版社1993年版，第311页。

② 同上书，第3页。

人民性是革命、建设、改革、发展成功的根本保证，中国道路探索的成功充分印证了坚持人民本位的政治智慧。毛泽东领导的人民革命，成功探索了新民主主义革命道路，建立了中华人民共和国，并由此开启了中国社会主义现代化的伟大事业。邓小平领导的改革开放是中国人民探索中国特色社会主义的伟大实践，始终把人民答应不答应、人民拥护不拥护、人民满意不满意、人民高兴不高兴作为工作的出发点和归宿。"三个代表"重要思想提出"始终代表最广大人民的根本利益"，要求立党为公、执政为民。科学发展观提出了以人为本的理念，要求"利为民所谋，权为民所用，情为民所系"。胡锦涛指出："中华文明历来注重以民为本，尊重人的尊严和价值。早在千百年前，中国人就提出'民惟邦本，本固邦宁'、'天地之间，莫贵于人'，强调要利民、裕民、养民、惠民。今天，我们坚持以人为本，就是要坚持发展为了人民、发展依靠人民、发展成果由人民共享，关注人的价值、权益、自由，关注人的生活质量、发展潜能和幸福指数，最终是为了实现人的全面发展。"① 习近平指出："坚持以人民为中心。人民是历史的创造者，是决定党和国家前途命运的根本力量。必须坚持人民主体地位，坚持立党为公、执政为民，践行全心全意为人民服务的根本宗旨，把党的群众路线贯彻到治国理政全部活动之中，把人民对美好生活的向往作为奋斗目标，依靠人民创造历史伟业。"② 中国特色社会主义进入新时代，坚持以人民为中心的发展理念，自觉坚守为中国人民谋幸福、为中华民族谋复兴的初心使命。

3. 中国道路的开放兼容理念

开放兼容是中华文化的精神特质，是中华文明历久弥新的文化

---

① 《胡锦涛文选》第 2 卷，人民出版社 2016 年版，第 438 页。

② 习近平：《决胜全面建成小康社会　夺取新时代中国特色社会主义伟大胜利——在中国共产党第十九次全国代表大会上的报告》，人民出版社 2017 年版，第 21 页。

基因，也是中国道路成功的独特优势。中国历史上无论对来自印度的佛教、对西方文明特别是对马克思主义以实现中国化方式的吸收兼容，还是对现代世界文明中市场经济、科学技术、管理制度、政治文明以及学术思想的吸收消化，充分表明中华文化一直是追求"和而不同"、文明互鉴的开放性文明体系。中国在改革开放和自主融入全球化的进程中，以解放思想的时代精神反对教条主义，以海纳百川的开放胸襟实现自我革新，将当代世界先进文明吸收兼容，创建了中国特色社会主义新文明。改革开放以来的中国道路探索，正是中国向世界开放兼容的创新实践。习近平指出，中国人民始终上下求索、锐意进取，坚持立足国情、放眼世界，既强调独立自主、自力更生又注重对外开放、合作共赢，既坚持社会主义制度又坚持社会主义市场经济改革方向，既"摸着石头过河"又加强顶层设计，成功开辟出一条中国特色社会主义道路。中国人民始终敞开胸襟、拥抱世界，坚持对外开放基本国策，打开国门搞建设，成功实现从封闭半封闭到全方位开放的伟大转折，成为世界经济增长的主要稳定器和动力源，为人类和平与发展的崇高事业做出了中国贡献。我们应始终秉持开放兼容理念，推进新时代中国特色社会主义的发展创新，推动全球化时代人类文明的包容性发展。

4. 中国道路的学习创新理念

学习创新是中华文明自强不息的深层动力，也是中国道路成功的重要法宝。雷默指出，"北京共识"的第一个定理是"使创新的价值重新定位"，"利用创新减少改革中的摩擦损失"，"创新社会有一种允许试验与失败的环境气氛"。雷默认为："邓小平的两点主张极其重要。第一点，允许试验和失败。第二点，发展过程中的一个不言而喻的道理是，政策行动的结果通常难以预料。毕竟，促成迅速的和向前的变化的这种合力，过去往往会导致中国分裂。这说明必须有一定程度的国家控制，以便制止失败的试验，防止造成过于严重的损失。"中国道路的核心概念就是"从创新和公正中得到极具影响的实力"。解放思想为学习创新提供了前提，使各种人为的教条和牢笼得以破除，空前深刻地解放了人民的想象力和创造力，促进了生产力的大发展。在探索中国革命和社会主义现代化建设的道路时，毛泽东在学习继承的同时勇于创新，开创了中国革命和建设的新道路。邓小平指出，资本主义也有计划，社会主义也有市场，计划与市场都是经济手段，要勇于学习一切先进文明建设社会主义。社会主义新文明就在于比资本主义文明拥有更强的学习创新能力。江泽民指出："创新是一个民族进步的灵魂，是一个国家兴旺发达的不竭动力，也是一个政党永葆生机的源泉。"① 提倡理论创新、知识创新、科技创新、体制创新、文化创新等全面创新体系，从中升华出与时俱进、开拓创新的指导理念。胡锦涛提出了以人为本的科学发展观与和谐社会、和谐世界的战略构想，鼓励自主创新，建立创新型国家。习近平更加注重学习创新的重大意义，明确提出了"依靠学习走向未来""创新驱动发展战略"，开创了新时代中国特色社会主义发展的新境界。中国道路的实践探索是一项前无古人的创新事业，不学习就没有动力，不创新就没有活力。中国人民依靠学习创新，有信心、有能力开创出中国特色社会主义新文明，不仅能实现中华文明的伟大复兴，也必将惠及世界文明的发展进步。

5. 中国道路的和谐共存理念

和谐共存是中华文化的价值传统，也是中国道路的价值追求。中国文化的和谐共存智慧，使中华文明成为对内具有凝聚整合能力、对外具有涵容同化能力的包容性文明体系。"和谐是最优的共在策略，因为和谐最充分地体现了合作最大化、冲突最小化的共在原则。"中国道路的探索，在当代彰显着和谐共存的人间正道。雷默指出："如果说创新是'北京共识'第一个定理的核心，那么第二个定理就是努力创造一种有利于持续与公平发展的环境。资本过去20

① 《江泽民文选》第3卷，人民出版社2006年版，第64页。

年在中国造成的问题促使中国的决策者和领导人寻求一种新的'协调的'经济发展。"邓小平将和平与发展确认为当代世界的主题，坚持和平共处的和平发展道路。科学发展观坚持以人为本，主张构建和谐社会、和谐世界。习近平指出："构建人类命运共同体，建设持久和平、普遍安全、共同繁荣、开放包容、清洁美丽的世界。要相互尊重、平等协商，坚决摒弃冷战思维和强权政治，走对话而不对抗、结伴而不结盟的国与国交往新路。要坚持以对话解决争端、以协商化解分歧，统筹应对传统和非传统安全威胁，反对一切形式的恐怖主义。要同舟共济，促进贸易和投资自由化便利化，推动经济全球化朝着更加开放、包容、普惠、平衡、共赢的方向发展。要尊重世界文明多样性，以文明交流超越文明隔阂、文明互鉴超越文明冲突、文明共存超越文明优越。要坚持环境友好，合作应对气候变化，保护好人类赖以生存的地球家园。"① 习近平提出构建人类命运共同体、人与自然生命共同体，正是中华和谐共存文化的当代传承与创新发展，必将深远影响人类文明的发展。

中国道路蕴含的价值理念，共同构成了完整统一的有机整体：自主发展是中国立场，坚持走自己的路，成为建设中国特色社会主义的立足点，引导中国道路坚守社会主义发展方向；人民本位是中国观点，这是中华文明的政治传统，对人民性的坚守是中国道路的根本价值取向，昭示中国道路是开辟人民创造历史的伟大事业；开放兼容是中国气度，这是中华文明继往开来、守正创新的文化特质，赋予中国道路以海纳百川、有容乃大的胸襟来兼容同化一切世界先进文明；学习创新是中国方法，在当代形成了解放思想、实事求是、与时俱进、开拓创新、超越自我、勇于革命的时代精神，成为中华文明走向复兴的重要法宝；和谐共存是中国道统，倡导天下为公与

---

① 习近平：《决胜全面建成小康社会　夺取新时代中国特色社会主义伟大胜利——在中国共产党第十九次全国代表大会上的报告》，人民出版社 2017 年版，第58—59 页。

命运一体,坚持和平发展道路,倡导构建人类命运共同体、人与自然生命共同体,这是具有世界历史意义的中国理念。

中国道路蕴含的价值理念,实质是对西方现代文明观的超越和社会主义价值观的重建。"从国际的视角看,改革开放以来中国成就的取得也吸引了国外各种各样审视和分析的目光,从而凸现了中国现代化道路的比较意义。如果说中国模式对于发展中国家来说更多的是发展经验问题,那么对西方国家尤其是美国来说则更多是一种价值问题。对很多西方人来说,中国模式就是对西方价值的挑战和竞争。"中国道路的价值理念,从社会关系上注重平等共享,从国际关系上注重合作共赢,从文明关系上注重开放互鉴,从人类自身关系上注重命运一体,从人与自然关系上注重和谐共存,关注人民幸福,提升生命境界,促进社会文明进步,实现人的自由全面发展和人类解放。习近平会见联合国秘书长古特雷斯时指出:"我们所做的一切都是为人民谋幸福,为民族谋复兴,为世界谋大同。"① 雷默指出:"如今,这个国家发现自己不仅拥有一些经济手段来帮助这个世界,还拥有另外一个手段,那就是它的典范作用。"这种典范作用其实正是中国道路的价值观所具有的影响力,这就需要我们坚守社会主义的价值理念,自觉为新时代中国特色社会主义发展进行价值奠基。

三　中国道路与新时代创新发展的思想自觉

中国特色社会主义进入新时代,形成了习近平新时代中国特色社会主义思想,为中国道路在新时代的创新发展提供了思想指引。深入阐发习近平新时代中国特色社会主义思想对中国道路实践探索的重大意义,推进新时代创新发展的思想自觉,从而为当代世界格

---

① 《习近平会见联合国秘书长古特雷斯强调　为人民谋幸福　为民族谋复兴　为世界谋大同》,人民网,http://world.people.com.cn/n1/2018/04/09/c1002 – 29913061.html。

局变革与人类文明发展提供新的中国经验与中国智慧。

1. 中国道路与发展新时代马克思主义的思想自觉

马克思主义唯物史观揭示了社会历史发展的规律，阐发了人的自由全面发展和人类解放的价值旨趣，这为中国道路指明了根本方向。中国共产党从成立之日起就把马克思主义作为前行的精神信念，不断推进马克思主义中国化、当代化、大众化、世界化。习近平指出，"马克思主义必定随着时代、实践和科学的发展而不断发展，不可能一成不变，社会主义从来都是在开拓中前进的。坚持和发展中国特色社会主义是一篇大文章"，"我们这一代共产党人的任务，就是继续把这篇大文章写下去。坚持马克思主义，坚持社会主义，一定要有发展的观点"。① 党的十九大报告系统阐述了新时代坚持和发展中国特色社会主义的基本方略，为中国道路在新时代的发展创新进行了顶层设计与战略规划，需要在实践探索中推进理论创新，实现新时代马克思主义的自觉创建。

第一，在新时代传承发展马克思主义的理论自觉。立足唯物史观的当代视野，深入阐发马克思主义关于科学社会主义的理论逻辑与马克思主义中国化发展的历史逻辑，对新时代中国特色社会主义的实践经验做出理论总结，深入把握习近平新时代中国特色社会主义思想关于马克思主义创新的理论实质与核心要义，阐发新时代中国特色社会主义观、当代中国马克思主义观、21世纪马克思主义观、世界大变局观、人类命运共同体观、人与自然生命共同体观等新时代中国理念的思想内涵与理论意义，激发当代马克思主义穿透重重迷雾解答时代重大问题的理论洞察力与思想活力，赋予其鲜活的当代性与生命力，发展新时代马克思主义。

第二，关注世界大变局与人类发展命运的思想自觉。把握当代世界格局变革与人类思想观念的革新，特别是把握人工智能革命、

---

① 《习近平谈治国理政》，外文出版社2014年版，第23页。

智慧社会来临引发的社会文明形态革命及意识形态创新趋势,把新时代马克思主义的理论建构置于现实生活之上,注重时代性、人民性、创新性、思想性、学理性、全球性的理论阐释,塑造新时代的时代精神与价值理想,推进新时代马克思主义创新的思想自觉,为实现"两个一百年"奋斗目标、实现中华民族伟大复兴的中国梦、构建人类命运共同体、人与自然生命共同体提供思想指引。

第三,回应当代西方意识形态挑战的建构自觉。以新自由主义、民主社会主义、第三条道路为代表的当代西方意识形态对当代马克思主义提出了诸多挑战。主动回应西方意识形态提出的挑战,需要立足马克思主义当代视野开展深入比较,融通古今中外文化,拓展新时代马克思主义的时代内涵、政治内涵、文化内涵、精神内涵、思想内涵,坚持马克思主义在意识形态领域中的指导地位,发挥其在当代社会的思想引领,提升马克思主义的说服力、阐释力、引导力和感召力,推动新时代马克思主义的实践建构。

第四,注重新时代马克思主义创新的话语自觉。话语体系是时代精神的理念表达,话语体系创新引领时代观念的变革。新时代马克思主义创新的重大课题,就是必须反映新时代的精神要求,探讨构建新时代的经济基础、制度保证、价值体系、文化精神与社会生活等现实生活基础,把握改革开放和全球化进程中人们的心理认同、情感认同、政治认同、思想认同,提高文化软实力与国际话语权,讲好中国故事,传播中国声音,塑造中国形象,阐释中国特色,提供中国理念,自觉推进新时代马克思主义话语体系构建。

2. 中国道路与传承发展中华优秀传统文化的文化自觉

中国道路根植于中华文化传统,中华优秀传统文化作为中国道路的文化根基,从深层次影响着当代中国人的思想观念和价值追求。习近平指出:"博大精深的中华优秀传统文化是我们在世界文化激荡中站稳脚跟的根基。""要讲清楚中华优秀传统文化的历史渊源、发展脉络、基本走向,讲清楚中华文化的独特创造、价值理念、鲜明特色，增强文化自信和价值观自信。"① 新时代中国道路的发展，需要处理好继承民族传统文化和实现创新发展的关系，从博大精深、源远流长的中华优秀传统文化中汲取营养，将中华优秀传统文化的思想精华、价值理想、道德精髓融入当代社会生活实践之中，使之成为中华民族精神生命的源头活水，成为当代中国人屹立于世界民族之林的"精气神"。

我们一度在现代化进程中忽视甚至贬低了传统文化的当代价值，使民族精神培育和价值理想教育缺少了民族文化的坚实根基。人民有信仰，民族有希望，国家有力量。一个民族成功的现代化是建立在对其优秀传统文化传承和发展的基础上，割断了与传统文化的历史联系，最终导致文化传承的割裂和文化价值的迷失。中国道路的自信需要从文化价值层面进行奠基，文化价值的自信是中华民族立于不败之地的信心之源，是推动中国道路发展创新的精神根基。在新时代我们要自觉推进中华优秀传统文化的创造性转化和创新性发展，促进社会主义核心价值观与道德文明的现实构建。

第一，筑牢社会主义核心价值观与道德文明的现实生活根基。只有发展经济改善民生，提高人民生活水平，增进人民福祉，才能让人民安居乐业，才能让社会淳风化俗，才能使人民在满足物质生活需求的基础上增强社会主义核心价值观与道德文明构建的自觉性。新时代的社会主义核心价值观与道德文明构建，要切实把民生改善、人民福祉增进与道德素养提升内在结合起来，强基固本，筑牢社会主义价值观与道德文明构建的现实生活基础。

第二，物质贫乏不是社会主义，精神空虚也不是社会主义。社会主义精神文明建设，需要文化教育作为先导性的促进要素和保障条件，以此来开发民智，提升国民素质，保障人民群众的精神文化权益，从而为社会主义精神文明建设提供坚实的文化教育支撑。有

---

① 《习近平谈治国理政》，外文出版社 2014 年版，第 164 页。

知识不等于有文化,有文化不等于有教养,需要高度重视人文素质教育在人格塑造中的基础性地位,坚持立德树人,培养担当民族复兴大任的时代新人。

第三,社会风气的改善需要健全民主法治的社会治理。没有民主就没有社会主义,没有法治也没有社会主义,良好的社会风气有赖于民主法治的社会治理。社会风气的改善,要重视以民主法治为核心的良好社会治理体系的构建,增强社会治理能力,创造安定团结、和谐有序的社会秩序,为新时代的道德文明建设提供治理体系的制度保障。

第四,人文教化与道德修养是维系世道人心的根本。世道的改善重在人心的改善,净化社会风气要从净化人心开始,让人的心灵充满友善,让光明的德性得以开显。通过人文教化与道德修养,从人的内心播种道德的种子,启发良知,崇德向善,塑造社会良好风尚,弘扬社会正能量,使国人精神振奋、价值自立、信仰坚定,推进新时代世道人心的建设。

马克思曾指出,问题是时代的口号,是表现自己内心状态的最实际的呼声。习近平强调:"问题是时代的声音,人心是最大的政治。"[①] 构建人类命运共同体和人与自然生命共同体的伟大构想,是解答当代世界重大问题的时代良知,是源于中华文化精神和新时代精神提出的中国理念,体现了新时代中国道路探索对当代共同体构建的使命自觉。构建人类命运共同体和人与自然生命共同体,需要深入挖掘和阐发中华优秀传统文化的当代价值,为当代共同体构建进行思想奠基。中华文化的当代价值,既体现着中华性又体现着人类性与世界性,中华文化必将在中华优秀传统文化的现代转化中为人类文明发展开辟新境界。人无德不立,国无道不兴,需要创造性地转化中华优秀传统文化,陶冶心灵,涵养德性,变化身心气质,

---

① 《全国政协举行新年茶话会　习近平发表重要讲话》,《人民日报》2015 年 1 月 1 日第 1 版。

提升生命境界。我们既不能陷入历史虚无主义而拒斥传统，也不能崇洋媚外而盲目推崇西方价值观，而是要激发中华优秀传统文化为当代世道人心的重建提供中国智慧。中国道路的文化影响力与中华文明应有的世界地位还不相称，需要立足新时代深入开拓中国特色社会主义的发展创新空间，探索中国道路的理论形态、治理体系、文明形态与精神价值，从理论与实践、道路与制度、文化与价值等层面推进新时代中国特色社会主义的创新发展，从科学性与价值性、现实性与超越性、理论性与实践性、全球化和本土化的内在统一中推进新时代中国道路的实践创新。当代人类社会发展正处于大变革的关键时期，没有思想引领，世界就会迷失方向，未来就会没有希望。站在新时代，怀抱新使命，展望新文明，这是现代文明转向与社会主义创新的世界历史时代。伟大的时代呼唤伟大的思想，中国道路在新时代的实践探索，需要有引领现代文明转向与社会主义创新发展的思想自觉，以开创世界格局变革与人类文明发展的新境界。

（本文原载《社会科学战线》2019 年第 12 期）

当前时代，我们该如何看待中国哲学？

张志强

张志强，中国社会科学院哲学研究所所长、研究员，中国哲学史学会副会长

　　在党的十九大报告中，习近平总书记提出了新时代中国特色社会主义思想和基本方略，明确了当代中国的历史方位。在新时代中国特色社会主义思想当中，关于中国特色社会主义文化的内容构成、性质作用以及发展方向，习近平总书记也给出了明确的指示，他说："中国特色社会主义文化，源自于中华民族五千多年文明历史所孕育的中华优秀传统文化，熔铸于党领导人民在革命、建设、改革中创造的革命文化和社会主义先进文化，植根于中国特色社会主义伟大实践。发展中国特色社会主义文化，就是以马克思主义为指导，坚守中华文化立场，立足当代中国现实，结合当今时代条件，发展面向现代化、面向世界、面向未来的，民族的科学的大众的社会主义文化，推动社会主义精神文明和物质文明协调发展。要坚持为人民服务、为社会主义服务，坚持百花齐放、百家争鸣，坚持创造性转化、创新性发展，不断铸就中华文化新辉煌。"①

　　中华文化是发展中国特色社会主义文化必须坚守的立场，而不断铸就中华文化新辉煌，需要以马克思主义为指导，立足当代中国现实，结合当今时代条件，坚持对中华优秀传统文化的创造性转化、创新性发展，发展出面向现代化、面向世界、面向未来的，民族的科学的大众的社会主义文化。这可以说是新时代中国特色社会主义思想的中华文化观。我们既要着眼于中华文化的五千年传承，更要强调中华文化立足当代现实和当今时代条件的创造性转化、创新性发展；我们一方面要看到中华文化的根源性意义，另一方面也要理

---

　　① 习近平：《决胜全面建成小康社会　夺取新时代中国特色社会主义伟大胜利——在中国共产党第十九次全国代表大会上的报告》，人民出版社 2017 年版，第 41 页。

顺中华文化与革命文化、社会主义先进文化的关系，我们必须能够从中国特色社会主义实践的基盘上，在马克思主义的指导下，把中华文化创造性转化和创新性发展为面向现代化、面向世界、面向未来的，民族的科学的大众的社会主义文化。新时代中国特色社会主义思想的中华文化观，可以指导我们正确认识中国哲学的性质和内涵。

《在哲学社会科学座谈会上的讲话》中，习近平总书记有这样一段表述，他说："中华文明历史悠久，从先秦子学、两汉经学、魏晋玄学，到隋唐佛学、儒释道合流、宋明理学，经历了数个学术思想繁荣时期。在漫漫历史长河中，中华民族产生了儒、释、道、墨、名、法、阴阳、农、杂、兵等各家学说，涌现了老子、孔子、庄子、孟子、荀子、韩非子、董仲舒、王充、何晏、王弼、韩愈、周敦颐、程颢、程颐、朱熹、陆九渊、王守仁、李贽、黄宗羲、顾炎武、王夫之、康有为、梁启超、孙中山、鲁迅等一大批思想大家，留下了浩如烟海的文化遗产。中国古代大量鸿篇巨制中包含着丰富的哲学社会科学内容、治国理政智慧，为古人认识世界、改造世界提供了重要依据，也为中华文明提供了重要内容，为人类文明作出了重大贡献。"①

这段表述正是对中国哲学史宏伟画卷的完整刻画和全幅展现，也是对中国哲学丰富内涵及其伟大意义的深刻揭示和准确定位。中国哲学是中华文明传统中富有特色的思想体系，"体现了中国人几千年来积累的知识智慧和理性思辨。这是我国的独特优势"②。作为中华文明的核心内容，中国哲学"延续着我们国家和民族的精神血脉，既需要薪火相传、代代守护，也需要与时俱进、推陈出新"③。习近

---

① 习近平：《在哲学社会科学工作座谈会上的讲话》，人民出版社 2016 年版，第4—5 页。

② 同上书，第 17 页。

③ 同上。

平总书记的教导,为我们指明了在当前时代准确认识中国哲学的理论内涵、历史地位和精神使命的方向,可以有效地帮助我们澄清许多关于中国哲学的误解和曲解,为中国哲学的当代发展提供了一个深刻而且清晰的指引。

关于中国哲学的性质和内涵及其在现代条件下的功能和地位,中国哲学学科史上一直有不同的认识。这些不同的认识大致可以归纳为如下三个方面:一是关于中国究竟有没有哲学的问题,这是一个自现代学科意义上的中国哲学学科建立伊始便出现的问难,始终成为困扰中国哲学学科发展的问题,在前些年更引起了学界的广泛讨论。如何看待这个问题,涉及对中国哲学独特性的认识。二是关于中国哲学在现当代条件下的存在形态问题。曾有海外新儒家学者提出,传统文化已经是花果飘零,已经成为失去了肉体躯干的"游魂"。这种看法,严重干扰了我们对中国哲学现实形态的体察和把握。其中蕴含着关于中国文化和中国哲学的深刻误解。三是关于中国哲学与时代的关系问题。中国哲学作为一种承载传统智慧的思想系统,其性质是否必然是保守的,其精神是否必然是复古守旧的,这些问题都关乎对中国哲学与时代性关系的理解。因此,如何看待中国哲学传统本身的时代性,实质上就是如何理解中国哲学传统中的创造性格。

对于以上三个方面的问难,我们有必要正本清源,廓清误解和曲解,深化当前时代关于中国哲学的正确认识。

一　中国究竟有没有哲学的问题关乎对中国哲学独特性的认识

早在20世纪30年代初,在为冯友兰先生的《中国哲学史》一书所写审查报告中,金岳霖先生就提出了"中国哲学"和"哲学在中国"的区别。之所以提出这种区分,是根据一种"普遍哲学"的观念而来。所谓"普遍哲学",是指形式和实质都是哲学的。而所谓"中国哲学",则有一种困难,它究竟是"有哲学的实质而无哲学的形式"还是"有哲学的形式而无哲学的实质"呢？实际上，这种看法的本质，是把中国哲学看成一种"普遍哲学"的次级形态或者说不纯粹的形态，是形式和实质不能兼得的形态，这是一种根据"普遍哲学"的标准做出的判定结果。那么，为了让中国哲学具有哲学性，就必须运用"普遍哲学"的形式来重新组织和叙述中国思想的材料，从中发现具有"普遍哲学"实质的内容，从而构造出"普遍哲学"意义上的"中国哲学"。不过，"哲学本一西洋名词。今欲讲中国哲学史，其主要工作之一，即就中国历史上各种学问中，将其可以西洋所谓哲学名之者，选出而叙述之"。于是，所谓"中国哲学"，从根本上讲就是用西方哲学叙述中国学问中具有西洋哲学性质的内容而成立的学问。"中国哲学"在确立自身的同时，却走到了自己的反面。如果这样来看待中国哲学的话，那么便意味着中国没有哲学，只有哲学的素材。

实际上，这样一种看待中国哲学的态度在当前时代依然有其市场，特别是在分析哲学的视野之下。如果我们仍然抱持一种普遍哲学的哲学观，那么中国哲学就只能是一种次级哲学或不纯粹的哲学，或者干脆就是一种有待建构的哲学素材而已。这说明，为了正确地对待中国哲学，我们必须正确地理解"普遍哲学"。那么，究竟有没有一种"普遍哲学"，或者说"普遍哲学"究竟是在何种意义上才是可能的，这首先是需要检讨的问题，而这个问题的实质是如何看待普遍性的问题。我们或许也可以这样说，"普遍哲学"正是建构那种一元独断的普遍性的方式。

希腊形而上学中的形质论传统，正是这种"普遍哲学"的根本特征，形质论也正是建构普遍性的形而上学。在此我们无法详细描述西方哲学关于普遍性问题的思考过程，我们需要指出的是，"普遍性"的确立方式，恰恰是西方哲学的题中之义。这种普遍性的哲学确立方式正是西方普世主义的来源。正如法国人类学家路易·迪蒙所指出的，普遍主义必定意味着一个价值等级的构造，一个边缘与中心的结构。一种普遍主义必有一种承担的主体，这个普遍主义的担纲者在说服别人接受其普遍主义的同时，实际上也在说服别人接受担纲者的特权地位。这是西方普遍主义的论证和表达方式，它意味着谁掌握了普遍主义的话语权，谁就成了中心。

作为中国文明认识世界和改造世界的核心原理的中国哲学，实际上有着自己关于普遍性的确立方式，有着自己关于普遍性的认识方式。仁是中国哲学的核心价值理念，"天地万物，一体之仁"中的"一体"，也是一种对"一"的体认方式，或者说对普遍的体认方式，但仁所确立的这种"一"或"普遍"却有自己独特的方式。从根本上讲，仁是一种贯通差别的平等感，是在不取消差别的前提下的"不分别"，是在相互不同的个体之间建立起来的共同感。因此，仁作为一种价值，它不是通过普遍性的论证、不是作为更高一级的概念或形式而存在的，它是一种道德感通的状态，一种在具有差别性的世界当中，在具有个别性的个体之间，产生出不分别的共同感和平等感的能力。仁是包容一切差别的，仁不是无差别的齐一，仁是不齐以为齐的不分别和真平等。作为中国哲学的核心理念，仁的确立方式和其价值内涵，正是中国文明对于普遍性的看法，它也是中国文明确立自身的普遍性意义的特有方式。这正是中国哲学之为中国哲学的独特性所在。中国哲学提供了另外一种关于哲学的可能，它不依赖任何普遍哲学和普遍性的预设，却找到了一种使天下世界的共同性得以可能的哲学方式。也正是在此意义上，中国哲学为中国文明所展现的道理，提供了一种高度自觉的哲学自信。

二　中国哲学是否是"游魂"关乎对中国哲学现实形态的把握

"游魂说"是海外新儒家对于中国文化在现当代中国现实中的存在样态的一种比喻性说法。"游魂"当然也是海外新儒家对自身所谓"花果飘零"状态的一种自况，一种对于脱离了中国文化土壤之后的"中国文化"的自况。不过，在这种自况当中蕴含了一种批判性的情绪，所谓"游魂"不仅是指无法与肉身躯体结合的状态，更是对这种灵魂与肉体分割状态的批判。在他们看来，"游魂说"所指的正是中国文化与中国现实之间的分裂状态。

实际上，关于中国文化与中国现实之间的分离还有另一种说法，就是所谓"新中原"说，这是 20 世纪 90 年代中国台湾地区以中华文化道统自居来对抗大陆地区的一种意识形态建构。如果说"游魂说"是一种颇具悲情的批判态度，那么"新中原"说则是一种积极的建构。这种积极的建构之所以可能，正在于"道统"说所依据的义理性实际上已经被观念化了，成为一种抽象的普遍价值，因此也具有了某种西方普遍主义的味道。根据这种道统论的普遍主义，谁掌握了"道统"，谁就成为中国文化的代表，甚至极端而言，中国文化可以与中国无关。这实际上正是近世以来东亚世界发生的种种华夷变态说的流衍和变种。

将中国文化与中国现实加以分离甚至对立的做法，实际上是对中国哲学的历史和文明功能的深刻误解。中国哲学是以天下共同体为基本视域的，正如中国是作为天下之中而成其为中国的一样。中国的创生就是"天下一家"的天下秩序的确立，中国的创生就是大一统的天下共同体秩序建立的标志。在这个统一体出现的同时，也诞生了一种价值的关怀，亦即秩序得以可能的道理。这就是中国哲学的诞生。因此，中国哲学的核心关切正是"天下一家"的天下秩序本身。作为一种想象的天下共同体的秩序，背后支撑它的是天人相应的宇宙观和历史观。"汤武革命，顺天应人"，就是在说明一种好的政治秩序，必须顺应天人。而天人之间则是"天视自我民视，天听自我民听"的"天命靡常，惟德是辅"的德命观。而德命观也是一种历史观，因为"天命不可知"，唯一可知的是历史，所谓"殷鉴不远，在夏后之世"，必须从历史经验当中总结教训，而历史经验则是天人互动的历史留存，是对天人相应、以民为本的历史经验的总结。在此意义上，中国的历史，都是天人互动的结果，从根本上讲,中国历史就是以人民为中心的历史。中国哲学则是对中国历史经验的理论总结,是对中国文明的核心价值的原理化。因此,作为一套价值原理的中国哲学,不可能脱离历史和人民。

正是这个意义上,中国哲学的现实形态始终存在于中国人民的创造性实践当中,存在于中国历史在挑战中不断延续的过程当中。中国哲学的现实形态是对中国人民所创造的历史的理论自觉和哲学表达。只要作为政治和文明体的中国存在,中国哲学就存在。而正是因为中国哲学的存在,中国的实践才会始终具有天下共同体也就是人类命运共同体的视野和胸怀。换句话说,中国哲学是为中国文明的伟大复兴、为人类命运共同体的建设而不断努力的力量。因此,没有脱离中国大地和人民实践的哲学"游魂"。

三　中国哲学是"复古"还是"创造"关乎中国哲学与时代关系的理解

近年来关于中国哲学的争论当中,一个很重要的问题就是如何看待中国哲学与时代的关系问题。在过去很长一段时期里,作为承载传统智慧的中国哲学,其中大量内容都是被作为唯心主义的糟粕来对待的,被看作时代进步的对立面。对于中国哲学的落后性和停滞性的看法,实际上与对中国的落后性和停滞性的看法相伴随的。与此呼应,近年来又出现了一种在复古守旧的意义上肯定中国哲学的潮流,把中国哲学传统看成是一种抵抗时代变革的力量,看作恢复传统纯正性的资源。

实际上,这两种看法都是建立在对中国哲学的同一种判断之上,都把作为传统载体的中国哲学看作现代的对立面,将传统与现代完全对立起来。

传统与现代的对峙,或者说古今问题,始终是现代中国思想史的核心主题之一。用古今问题来置换中西问题,实际上是从晚清到五四思想主题转换的重要方面。近年来,思想界又重新燃起了讨论古今问题的热潮，其中一个显著的特点是重新把古今问题和中西问题结合起来，更为复杂地讨论现代性与中西文明的关系，更为深刻地理解"传统"的创造问题。

所谓传统的创造问题，实际上就是中国文明中"究天人之际，通古今之变"的道理，也正是"周虽旧邦，其命维新"的道理。关于传统的创造问题，实际上就是用源流互质的历史认识论来看待传统时得出的结论。"源流互质"的方法论，就是历史性地、动态地把握历史的方法，它强调历史根源与历史发展之间的相互规定性，一方面历史发展不断深化我们对历史根源的认识，而另一方面对历史根源的认识又必须不断地将历史的发展统摄于自身的根源当中，使历史在根源与发展的互动当中赢得一种高度自觉的主体性，不断从根源中创造出新的主体状态和新的历史局面来。源流互质是对传统的本质是保守性和创造性相融合的说明。

中国所以为中国的原理，是要从中国创生的那个时刻讲起的。创生或者说诞生是一个事件，这个独一无二的事件具有何种意义，实际上取决于诞生之后的成长，取决于成长的延续和成长的意义。诞生的主体取决于诞生后的成长对主体的确认。这就是马克思讲的"从后思索"。成长不断赋予诞生以意义，而同时成长的意义也在这种赋予中不断诞生。成长就是不断诞生。诞生在不断诞生中赢得自身的根本性意义，而不断诞生则从诞生中获得自身的统一性意义。诞生与不断诞生正是主体性的生成。中国文明既是一次诞生的结果，更在无数次不断诞生中延续和成长，生生不息，既久且大。正是在此意义上，中国才是历久弥新、既久且大的中国，中国文明的传统是苟日新、日日新、又日新的，是在不断创造中存续的。中国哲学的核心主题正是对这种生生不息和日新道理的原理性揭示，因此，中国哲学就是对中国之所以为中国的原理的揭示。

根据这种原理，中国哲学的精神当然是对传统的保守，但却不是对传统的固守，而是在不断创造中保守传统，在不断生发中光复传统，这才是中国哲学的核心要义。任何将传统和现代对立起来的理解，任何将保守和创造对立起来的看法，任何将中华文化与革命文化、社会主义先进文化对立起来的看法，都没有把握住中国哲学的究天人之际、通古今之变的核心原理，都没有把握住古老中国"旧邦新命"的文明和历史的道理，都没有把握住中华优秀传统文化创造性转化和创新性发展的道理，都没有把握住不断创造中华文化新辉煌的意义所在。

对以上三方面问题的澄清，就是对中国哲学的核心要义的阐明。准确地揭示中国哲学的核心要义，可以让我们对中国哲学的道理充满信心，对不断铸就中华文化新辉煌充满信心，对在马克思主义指导下，坚守中华文化立场，实现中华优秀传统文化创造性转化和创新性发展的、熔铸了革命文化和社会主义先进文化的新时代中国特色社会主义文化充满信心。

习近平总书记说："站立在960万平方公里的广袤土地上，吸吮着中华民族漫长奋斗积累的文化养分，拥有13亿中国人民聚合的磅礴之力，我们走自己的路，具有无比广阔的舞台，具有无比深厚的历史底蕴，具有无比强大的前进定力，中国人民应该有这个信心，每一个中国人都应该有这个信心。我们说要坚定中国特色社会主义道路自信、理论自信、制度自信，说到底是要坚定文化自信。文化自信是更基本、更深沉、更持久的力量。历史和现实都表明，一个抛弃了或者背叛了自己历史文化的民族，不仅不可能发展起来，而且很可能上演一场历史悲剧。"①

让我们以习近平总书记的话相共勉，为中华民族的伟大复兴而努力。

（本文原载《中国哲学史》2017年第4期）

---

① 习近平：《在哲学社会科学工作座谈会上的讲话》，人民出版社2016年版，第16—17页。

后　记

中国道路催生当代中国哲学形态。中华人民共和国成立以来，中国共产党领导中国人民坚持马克思主义基本原理与中国具体实际相结合，不断实现理论创新，开辟中国特色社会主义道路，完善国家治理体系和治理能力现代化，在自己的发展道路上实现了伟大的历史性变革，取得了辉煌的发展成就。这一伟大变革与成就充分证明了中国道路的正确性、中国理论的科学性和中国制度的优越性，彰显了中华文化的先进性，也体现出当代中国哲学的智慧和力量。

深入探讨中国道路的哲学之道，提炼丰富中国特色社会主义的哲学形态，为民族伟大复兴提供哲学智慧的支撑与引领，成为当代中国哲学工作者的重大历史使命和艰巨任务。

基于此，我策划组织了"中国哲学家论坛"。该论坛每年举办一届，邀请国内知名哲学家一起探讨全球化时代的重大哲学问题。2019年，"首届中国哲学家论坛暨当代中国哲学形态研讨会"在浙江萧山召开，有17位国内知名哲学家参会。会上专家们各抒己见，奉献了最前沿的哲学思想，碰撞出激烈的哲学火花。

今后，中国社会科学出版社会把每届论坛发言结集出版，以飨读者。在本书付梓之际，衷心感谢大力支持首届论坛的浙江萧山区委、区政府，特别是区委宣传部的各位领导，也感谢应邀出席首届论坛的各位专家学者。

赵剑英

2020 年 6 月 24 日

萧　山

　　萧山，钱塘江南岸一颗璀璨的明珠。地处东经 120°04′22″—120°43′46″，北纬 29°50′54″—30°23′47″。总面积 1420 平方千米，常住人口 150 万。公元 2 年建县，1988 年撤县设市，2001 年撤市设区。

　　历史悠久，举世瞩目。萧山，有 8000 年的跨湖桥文化，是越王勾践卧薪尝胆之处，是浙东唐诗文脉之源，是大诗人贺知章、演义作家蔡东藩、画坛巨擘任伯年和政治家汤寿潜等历代名人的故乡，是"中国最令人向往的地方"，是"中国最有吸引力城市"，是"中国最具海外影响力的城市"。

　　临江近海，位置优越。拥有浙江省唯一的空港——萧山国际机场，杭州铁路枢纽的重要组成部分——杭州南站；是沪、杭、甬三市往来的中间站，也是华东地区的交通枢纽之一。沪、杭、甬等高速公路穿境而过，距上海港、宁波港仅 180 公里和 150 公里。

　　经济繁荣，跨越发展。萧山是中国综合实力最强的区（县、市）之一，是浙江省首个 GDP 冲上千亿元的区（县、市），连续多年全国县域经济综合实力排名第七、浙江第一。坚持智能制造、优势制造、未来制造，培育优势产业集群，建设数字经济新制造中心。拥有亚洲制造业示范基地、中国汽车零部件产业基地等美誉。

　　城市建设，日新月异。萧山优化城市发展格局，中、东、南三大区域协同发展。以国际化为标准布局中部都市中央活力区；以产城人文融合为目标打造东部智能制造引领区；以"两山"为导向，整合生态资源、人文资源和产业资源打造南部生态经济样板区。

民生富饶，生活优质。萧山城镇居民人均可支配收入、农民人均可支配收入均居浙江省前列，相继被评为全国文化、体育、科技先进县（市、区），国家卫生城市，国家级生态区。

2016 年，G20 杭州峰会，主会场选址萧山；2022 年，杭州亚运会，萧山又是重要承办地。当前的萧山，"后峰会、前亚运"、浙江"大湾区大花园大通道大都市区"建设、杭州"拥江发展"三大战略机遇扑面而来。百万萧山人民在区委、区政府的坚强领导下，秉承"奔竞不息、勇立潮头"的萧山精神，奋力打造"新时代全面展示中国特色社会主义制度优越性的重要窗口"示范样板。